田义勇　著

P33 同一之本性

P35 同一走向其反

P63 斗争与德行　P212 差异结合成为对抗

P69 否定性是内在脉搏

海德格尔："能够理解'否定'之人是多么之少，而在这些理解中能够扎根'否定'之人又是多么稀罕。"

（《哲学论稿》中译本，P207，2014）

我异故我在

P255 概念和它的之同一　P264

P258 概念变成了自然之创造者

P260 一必然有二

P243-244 较高之律令包含低级之律令

"异在论"思想者哲学文化随记

P245 自由就是概念之同一性

P249 对象性和我性

P525 《精神现象学》

上海人民出版社

自 序

在此奉献给读者的，是我多年来的读书笔记、讲课讲座回顾，以及相关心得体会，主要收集了2022年之前的部分。这里面有许多即兴、随意的思想断片，甚至不乏胡言乱语。这是因为其中很多是即时的思考记录，具有强烈的“思想现场性”。或许会有些粗糙、琐屑、凌乱，但特点是率性、纯真、直接。

作为一部随想录性质的书，它有一个核心思想，即“异在论”。“异在论”作为概念在学术界还相当陌生。我在编辑整理自己的《异在论视域下的思与诗》书稿的时候，顺便也搜索了一下学术界运用“异在论”概念的情况。目前为止，就我所见，仍然仅仅是王嘉军教授及其学术评论使用这个表述。王嘉军教授的博士论文及其后来的出版物我都拜读过，他所说的“异在论”实际上就是法国哲学为主的“他者哲学”①，叶秀山先生主编的《西方哲学史学术版》曾经概括为“异的哲学”②。而我的“异在论”实际上一方面是基于中国古代文化，一方面是基于黑格尔哲学、马克思哲学，当然后来也受过法国哲学的启发。

作为个人独创的思想体系，“异在论”最早源于我硕士阶段古代文学专业学习时期（2002—2005年）。当时我的研究方向是唐宋文学，宋代尤其北宋是我特别关注的重点。北宋时期，在政治方面提出“异论相搅”③的思想；苏轼因为反对王安石而揭

① 王嘉军：《存在、异在、他者：列维纳斯与法国当代文论》，上海：上海社会科学院出版社，2019年版，第149页。

② 叶秀山、王树人：《西方哲学史学术版》第1卷，南京：凤凰出版社，江苏人民出版社，2004年版，第238—264页。

③ 李焘：《续资治通鉴长编》卷213，神宗熙宁三年，北京：中华书局，2004年版，第5169页。

露过“同”对于文风的危害性[①]。苏轼的尊重个体差异的思想尤其引发了我的共鸣，故在硕士论文《通才的智慧：苏轼思维特征研究》中曾经详细论述过苏轼的反“同”而倡“异”的相关思想。后来阅读马克思《1844年经济学哲学手稿》，里面反复着“异在”这个概念，然后是带着这个“概念意识”深入阅读黑格尔哲学，加深了我对“异在”的理解。最后则是追溯到《左传》《国语》《论语》的相关“和同”思想（特别是“和”基于“不同”，批判“同则不继”）。

总体来说，我的“异在论”是跟法国哲学不一样的。其一，它的基础是中国的“和而不同”思想，但是颠倒了表述的逻辑关系，强调“唯异方能和”；第二，它的基本意图还是实现中国传统文化的彻底变革和重建；第三，它吸收黑格尔哲学但又批判黑格尔哲学。

作为一部驳杂不一的读书思考随想录，它见证了我长期以来的艰难困苦的思想探索历程。为了创构“异在论”，我常常朝思暮想，其中冷暖唯有自知。由于其中感想零星记录于不同时期，故难免有前后重复乃至于矛盾的地方。对于整理自己的思想探索，我本应从容以待来日。然而，“新冠”疫情汹汹而来，彻底改变了我的生活、工作以及思想。时不我待，唯有以粗糙乃至于低劣的方式编就此书模样了。

此中肯定有无数错误，此书欢迎一切批判。

---

① 苏轼：“文字之衰，未有如今日者也。其源实出于王氏。王氏之文，未必不善也，而患在于好使人同己。自孔子不能使人同，颜渊之仁，子路之勇，不能相移。而王氏欲以其学同天下！地之美者，同于生物，不同于所生。惟荒瘠斥卤之地，弥望皆黄茅白苇，此则王氏之同也。”（《答张文潜县丞书》）

目 录

辩证法与“颠倒律”

黑格尔哲学

老子哲学

其他哲学

文化比较随笔

异在论

哲学的基本要求

毫无疑问，海德格尔是可以与康德、黑格尔并列的哲学大家。但海德格尔仍然有其问题。其实西方哲学界对他的批判甚多。这是正常的。哲学的最基本的精神就是批判精神。譬如，中国哲学，批判精神也非常突出，孔孟、老子对于当时的社会的批判都是毫不留情的。

除了最基本的批判精神，还要平等对话。对比海德格尔前后期，就发现一大问题。他前期是哲学家，讲道理，论证过程明晰。他后期近乎牧师传道，神秘兮兮，美其名曰诗意，其实就是不肯在公共话语平台上进行交流。其实早在《存在与时间》中，他对于“常言”“闲言”就大批特批了。于是他求助于诗，这固然有其重要的意义；但，其弊端就是，失去了共同对话的基础。黑格尔在《精神现象学·序言》中，就批判过这种“超凡脱俗”的习气。

如果我用一个近年来我独造的概念，这第二个基本要求就是“平阶性思维”。也就是说，我们大家都是并列的，是置身于他者中的一员。即使是天才哲学家，也不能高高在上，不能搞传达“圣谕”那一套。把自己设置在高于一切的顶点上，那就是“异阶性思维”。王阳明很伟大，但他的“异阶性思维”很严重。他高高举起一个东西（比如“良知”），这个东西就是“高阶存在”，其他“低阶存在”就降格贬低。海德格尔也一样，他高高举起“诗”，就大大贬低“技术”“图像”。

“高阶存在”必须“平阶化”，必须降到低处，非但不能高高在上行使裁断众生的资格特权，还要接受“低阶存在”的约束，要想办法获得“低阶存在”的拥护与理解。老子的“道”的弊端就在于它与“低阶存在”是疏离的，对后者是排斥否定的。

批判精神与平等对话之间是紧密联系的，但容易对立起来。因为，批判往往是高高在上的，难免有“众人皆醉我独醒”的架势，就容易膨胀到“传道者”的优越感，凌驾和蔑视一切众生。所以，得有平等对话的要求约束。再真理独觉的先知，也得按照平等对话的方式，老老实实地讲道理，周密连贯地论证，这是程序要求或过程规定。不讲程序，不管过程，那就是哲学“皇帝”，是“宣旨”而不是讲理。

“大道与共”

读黑格尔《逻辑学》的《概念通论》，当思考概念是一个什么样的装置？它是自身与他者的枢纽，它实现了自身与他者的共聚。因此，概念的本质功能就是“集置”，就是把矛盾各方集中在一起。海德格尔讲逻各斯，把其本义还原为“集置”（中译本《演讲与论文集》《林中路》《同一与差异》《在通向语言的途中》皆有关键词“集置”的论述），可与此会通。

异在论的主题可以归结为一个词就是“大道与共”。何谓“与共”？就是让一切相异者共同在场，共同参与，共同实现。从反面讲，异在论的主题就是“大道反独”，反对“独体论”，反对把宇宙视为某一绝对者的“独舞”。异在论从字面上讲，就是“关于异的共在的理论”。追求“共在”，反对“独在”，这是异在论的基本立场。

“是”的本质是平阶化的关联运动，它让平阶者得以关联与共，它营造一个共同体。但是，这个平阶化的关联者却由中介者、第三沟通者而超越于被关联者、关联项，它跃迁为高阶存在，而关联项却跌落为低阶存在。平阶化的关联是如何转化为异阶化的关联的？异阶性的关系是如何呈现为辩证法的基本关系的，那平等关系是如何被不平等关系所取代的？

矛盾对立关系的本质是“与共”，是肩并肩、面对面，是平阶化的实现。而通常面对矛盾对立关系的解决方案是，要么否定这种平阶化的格局，使一方吞并另一方；要么创造一个高阶存在作为第三者，用所谓“统一体”包含前两者。无论如何，这都是用“独体”消灭“联动体”，取消此前的“共同参与”。但是，黑格尔的“统一体”毕竟是对于前两者的扬弃，实质上是更高层面保存前两者的结合关系。从这个意义上讲，黑格尔天才地意识到，矛盾对立关系的最终解决之途是，让矛盾双方共同参与，让双方相异而相依。

“共享本体论”

黑格尔的“统一体”必须理解为“共享体”。通常所谓矛盾对立统一，必须理解为各方面的共享共依关系的确立。“天地之大德曰生”，真正的宇宙本体就是促进万物共同发展、各得其所的一团勃勃生机。本体之为本体，必须允诺万物的各司其是的机会，而非某一方面的独占私有。真理之为真理，必不是某些人的独断专行，而是让万物皆能发挥其生存意义的威力。“池塘生春草”，此即真理之自然涌现。所谓审美，无非就是见证此生生不息的共享本体，以赏悦其无限生意。

异在论的本体论，最终还是“共享本体论”。异在论的真理观，毕竟落实为“共生合生”的生命意义。

打通斯宾诺莎、老子、黑格尔

这次重读，把斯宾诺莎的“事物莫不竭力保持其自身”“规定即否定”的思想想通了，也与老子的思想建立了关系。辩证法的基本关系，就是“同”(“一”）与“异”。“同”是事物纯粹的自身关系，“异”是事物转向他者的必然性。“同”不仅仅是范畴，更是事物的自身运动，就是“返”的冲动；“异”也是如此，是事物转向他者的否定性，就是“反”的势力。

“反者道之动”，“反”兼“返”。事物既有走向“反”的必然性，又有“返”的必然性。老子对此“双回向”尚模糊不清，只是天才的猜测。“返”，是事物的单纯的自身关联活动，从他者那里回归自身，想要保存自己与自身一致。但是，这种努力恰恰导致了自身否定、自身消解，它必然向着对立面过渡。然而，这种走向“反”的过程，也仍是“返”，是高级阶段的自身持存。“反”与“返”合一，这是事物变化而不离其宗的关键，这是自身与他者之间交替往复而实则统一的关键。

黑格尔认识到，事物的本性就是其必然竭力地自身一致、自身等同。这种“自身等同”就是抽象，就是思维，就是纯而不杂的规定性。万物皆有此竭力返归自身纯粹而挣脱他者的本性，但此本性同时就是绝对的否定性，就是事物走向灭亡、转化为他者的运动过程。这个由自身而他者的关节点，就是思维的机能。简言之，“同”自身就是“异”，事物自身内部就有他者存在的种子，故异化是必然的。

“异”优于“同”

这个世界之所以繁荣，万物之所以相处和合，皆是“异”的缘故。若是“同”，则一团漆黑或一团白雾而已。讲“异”，就总是利于多元和谐；讲“同”，就总是容易或孤苦伶仃或独头垄断，乃至万马齐喑、虚无空寂。

“异”是具体的、实在的，“同”是抽象的、观念的。凡主“同”，必以唯一、绝对、永恒的“至一”为本。然，没有“异”，则“至一”就是“空空”。所以黑格尔也要讲“异化”，讲“自我”的一分为二。

从“乱套了”开始

哲学家的概念运动主要是条理化运动，线性运动。但是必须承认它只是众声喧嚣中的一种声音。必须承认在条理化运动之外的杂乱无章运动。这些思想就是在强调异在论的同时，承认允诺它的他者存在。

哲学思考者刚提出一个范畴，就立即遭遇包围，他刚想静思片刻，就立即有杂务相纠缠。他的身体处于杂物包围中，他的头脑处于杂乱包围中，他的工作处于他者干涉中。这种处境难道不是活生生的吗？“异”讲什么？就索性讲这种“伴随”“包围”“干涉”“反对”的必然性。

这种被他者包围、纠缠、撕扯的生存处境，难道不是最实实在在的吗？将之哲学化、概念化，难道不具有切身体会吗？

《安娜·卡列尼娜》如何开头？“奥布朗斯基家里，一切都混乱了。”列夫·托尔斯泰当初的头脑是不是也是乱了套，他的开头涂改又涂改，最后才索性以“乱套”开始故事。

倘若异在论从“乱套”开始，“异”就是从“一切乱套了”抓取的绳结，那么，这是否是独创性的？

“异否定”作为创造与发展的根由

鲁迅《呐喊·自序》讲述他的创作缘由，是从“坠入困顿”讲。中国古人讲创作根由是从“发愤”与“穷”讲。孟子讲个人的崛起是从“苦其心志”讲。这都证明了什么？证明了个人的价值实现源于外在的否定力量，由此造成痛苦，由此发奋崛起。异在论主张，人的发展与动力是受“异否定”的刺激而来的。文学创造的根源就是“异否定”，个人崛起的根源也是“异否定”。

“一分为二”的本质是“独体不立”

重读《精神现象学》末章，突然明白了“一分为二”的真义。“一”是概念的抽象性、否定性，必须“分为二”，方得具体化、实在化。因此，“一分为二”的必然性在于，“一”是抽象的、空洞的。黑格尔进而讲“合二为一”，就是再返回自身，再返回到概念物的存在，这就是重返抽象性。于此可见其思想的缺陷。

“一”是抽象，是否定性。这个“一”换个讲法，就是“独体”(因为它没有他者存在与之相伴)，因此，“一分为二”的本质就是，“独体不立”。它必须发展到它的对立物，方得真实。

“合二为一”必须把这个“一”理解为两者的共聚关系，理解为“共同体”。

关于矛盾原理的两种思维方式

讲矛盾对立统一，按照通常的讲法，是异阶性思维方式的讲法。首先，对立的双方的地位实质上并不对等。其次，作为统一者的地位又高于前两者。这就是始终做一个高与下的阶梯划分。按照平阶性思维方式，矛盾的对立面是平等的，双方各有合理性，又各有局限性，双方靠平等对话互相承认对方的价值，由此达到共在、共济的境界，也就是“和而不同”。这种解决方式不是靠吃掉对方，而是靠相互依存、相互妥协、相互制约。所以，既要保留一定的异阶性，更要强调平阶性。最后的结局不是高阶的“统一者”，而是来自双方的相互揖让而得来的共赢局面。

异阶性思维方式必然导致“独体论”，因为它总是做高下立判的等级划分，我比对方高一格，我就要吃掉你，压制你；这样一来，对方被吃掉了，被消灭了，制约者不存在了，就成了唯我独尊。

由二律背反到“自他并建”

康德二律背反的实质是：两个相互对立的命题必须摆脱对立性的假相而相互承认对立面的合理性，否则，若是两者俱假，就会导致自相矛盾。(《判断力批判》，邓晓芒译，第 187—188 页）

这样，由康德的二律背反原理，就可以发展出异在论的“自他并建”原理。黑格尔用异阶性思维方式来接过康德哲学的任务，而我则用平阶性思维方式来改造黑格尔的矛盾学说，目的是发扬光大中国的“和而不同”“乾坤并建”思想。

平阶性思维方式

通常的思维方式是异阶性的，马克思将社会结构划分为经济基础与上层建筑，西方哲学史上的本质与现象二分，中国的见闻与德性二分，都是如此。常人的异阶性思维表现为，要做人上人，要压人一头，为了证明自己而任意否定他人。实践论的异阶性思维表现为，为了人类的存在，可以任意改变异类的存在。异在论在肯定异阶性思维方式的同时，提出平阶性思维方式，在价值观上，就是主张平等观，反对等级观。在人生观上，则是为平阶性的存在而奋斗。他者否定你，乃至消灭你，就是想要宰制你，就是想做高阶而让你低阶。怎么办？就是要拼命提高自己，直至达到对方承认你，与你对等，由此达成平等对话，直至认识到相依为伴的必然性，促成相生相合。

重读《存在与虚无》小结

重读萨特《存在与虚无》，小结一下。这里的书名是两个关键词，对于“存在”，萨特讲“存在是其所是”，本质上是“同一性”，是“实心”的；而“虚无”则指人的特有存在方式，萨特有两个代表性表述，一是“虚无纠缠着存在”，一是“虚无是存在的洞孔”，所以，“虚无”就是“虚心”的。但其中还有最为精准的表述是，“人的实在是其所不是又不是其所是”。这部书的文眼就是这句话。“是其所是”，这个铁板一块的存在，是如何插入了“不是”的？所以，“不”的涌现就是解释的关键。这个“不”又基于所谓“本体论证明”，即，“意识生来就被一个不是自身的存在支撑着”。所以，根本就是“异在”的问题。

重读黑格尔《逻辑学》首章

黑格尔逻辑学的最初三范畴“有”“无”“变”的实质内涵是什么？

“有”就是“纯自身”，或者说是“纯同一”。“有在无规定的直接性中，只是与它自身相同，而且也不是与他物不同，对内对外都没有差异。”（《逻辑学》上卷，杨一之译）在这个阶段，一切他者还没有出现。所以，“有”的实质是“纯自身”。但是，“纯自身”就是“绝对的否定”，因为所谓的“纯自身”就是“不存在”。必须经由他者存在，“自身”才能具体化。但是，此时根本没有他者存在。所以，它本质上就是“孤同”，因为它没有与之平阶的任何相关项。“如果说，无是这种自身等同的直接性，那么反过来说，有正是同样的东西。”（《小逻辑》第 88 节，贺麟译）这就是为何这个阶段的论述极其抽象的根源。因为，在这个阶段，所论述的本是个“至虚”的东西。事物的创立阶段等于是“不存在”，因为它还没有充分展开。因为要“展开”它自已，就必须经过“异”的过程，就必须完成“自”与“他”的结合。这个阶段要到“质”这个范畴才出现，但所谓“质”就是“否定性”，就是“异在”（他者存在）。“质的存在本身，就其对他物或异在的联系而言，就是自在存在。”（《小逻辑》第 91 节，贺麟译）这就意味着，事物的发展历程就是“自”与“他”的关联过程。

这是一条总线索。

从“有无变”三范畴的历程，可以得出什么结论？那就是，离开了具体化、他者化，就必然陷入纯抽象、纯空洞。这恰恰是反证了，具体化、他者化的必然性。

因此，逻辑学的基本运动就是“自”走出自身，从而外化自己，与他者存在发生积极关系的运动。这就是“成己”之路。但是，这个“成己”之路的本质就是“立他”之路。这个“立他”的过程才是黑格尔哲学的精义。只不过，这个“立他”的过程最终被“同一性”的复返运动遮蔽了。“它把它自己的他物包括在自身之内，从而是作为它本身建立起来的辩证法的矛盾。”（《逻辑学》下卷，杨一之译，末章）这里，应当注意的是，所谓“把它自己的他物包括在自身之内”，本质上就是“自”与“他”的和解，所谓“统一”不应当理解为一个“吃掉”了另一个，而是让“自”与“他”实现“共在”。这也是对于黑格尔辩证法的纠正。在这里，所谓辩证法就是“立己立他”的双重运动，既是自我实现，也是他者实现，最终是共同实现。

这样的改造黑格尔哲学，其结果就具有了“异在论”的内涵。或者说，带着“异在论”的理论关怀，这样就一定程度上重构了黑格尔哲学。什么是“异在论”？它本质上就是“自他结合论”，强调“自”与“他”的“合生”“共在”的必然性。

黑格尔哲学之改造为“异在论”

如果把黑格尔哲学掐头去尾，那么必然得出与“异在论”一样的主张。在黑格尔哲学里，经常讲“三段式”历程。其中一种表述就是：（1）抽象的普遍性，实则是“同一性”；（2）区别化、差异化的阶段，由普遍性而特殊化、有限化自身，进入“规定”；（3）重返“同一性”。最关键的是第二阶段。而根据黑格尔《逻辑学》的存在论，我们可知最初的“存在”即“非存在”。为什么呢？因为它是纯粹的“同一”，所以它是最抽象、最空洞的。这就从反面证明，只有“同一性”就是“非存在”。而根据《逻辑学》末章可知，它最终达到的轨迹就是“圆圈”，于是它做到了“尾首相合”，但最重要的是把“异在”（杨一之先生译为“他有”）吸收进来了。“概念由于他有而实在化自身，并且由于这个实在的扬弃而与自身融合，并且恢复了它的绝对实在，它的单纯的自身关系。”（《逻辑学》下卷，第545页）因此，问题可以清楚了。

第一阶段之所以空无、贫乏，即在于它没有“异在”。第三阶段之所以是“绝对实在”，就在于把“异在”扬弃。黑格尔哲学之区别于一般的“同一哲学”，就在于第二阶段的强调，实际上就是把“同一”理解为有“内部差别”的“同一”。黑格尔很清楚地讲：“因为只有具体的东西才是真实的东西，所以为了达到现实存在，就不仅必须有一种抽象的东西，而且也必须有别的东西。”（《自然哲学》中译本，第122页）这就意味着，只有“别的东西”的存在或者介入，才能实现“真实的东西”。所以，“光”必须依赖“黑暗”才是真实的“光”，否则，“纯粹的光是黑暗的，就像漆黑的夜色一样”。

重读黑格尔《必须用什么作科学的开端》

黑格尔哲学在一定程度上就是“自我学”。在《逻辑学》的“必须用什么作科学的开端”中，他从“纯知”这个“精神现象学”的结果出发来讲“开端”，实质上就是贯彻“纯自身”原则。也就是说，哲学的开端就是“无他的存在”。证据当然是黑格尔的话。

第一，作为“纯知”与《精神现象学》的联系。黑格尔说：“逻辑是纯科学，即全面发展的纯粹的知……把自己规定为已变成真理的确定性，这种确定性一方面再没有对象和它对立，而是把对象造成自己内在的东西，懂得把对象当作自己本身。”（杨一之译，第53页）“懂得把对象当作自己本身”这句话，在《精神现象学》的末章也有类似的表达。这里的意思是，在“纯知”这里，一切“外”或“异己”都已经算在“自己本身”的，所以，一切都是“自己规定”的。

第二，“纯知”的本质就是“他者存在”还不存在，或者说，还包藏于其自身。“纯知既然消融为这种统一体，它便扬弃了与他物和与中介的一切关系；它是无区别的东西……”（杨一之译，第54页）因为它“扬弃了与他物和与中介的一切关系”，所以它就是“无关系”的存在。既然“无关系”，那就是绝对的“自身存在”。“在直接的东西中，还没有从一物到另一物的过程那样的东西。”（杨一之译，第65页）所以，在这里，“他者存在”还没有出现。

第三，黑格尔强调“直接的开端”即“抽象的开端”或“片面性”（同上，第

54、56页)。其实质则是,“纯自身存在”就是空洞的存在,所以,它必须把“他者存在”发挥出来才是具体的东西。这就证明了,“他者存在”恰是“自身存在”的发展方向。由此,“他者存在”反而是“自身存在”的真理。

第四,黑格尔哲学体系的真正构成。在《小逻辑》第18节,黑格尔交代了自己的哲学体系。“(1)逻辑学,研究理念自在自为的科学。(2)自然哲学,研究理念的异在或外在化的科学。(3)精神科学,研究理念由它的异在而返回到它自身的科学。”(贺麟译,第60页)这就一目了然:(1)理念的纯自足存在。(2)理念转化为他者存在。(3)理念的返己存在。所以,“三段式”的两头都是“纯自身”,中间则是“他者存在”。

黑格尔哲学以反面的方式证明了“异在”才是真理。“纯自身”必须向“他者存在”发展才能真正实现自己。因此,黑格尔哲学的内核恰恰就是我所说的哲学立场“异在论”。

“孤同”的危险性

为什么“物极必反”?因为“同则不继”。一个规定性达到顶点则转向其对立面,其根源在于,它这时是“孤同”的情况,它彻底地“抽空”了自己,所以,必须走向异质性的他者。这就是为何黑格尔《逻辑学》讲“纯有”就是“纯无”。知性之所以要批判,就在于它坚持“孤同”,不肯接纳“异”。为什么硅的纯度不可能实现百分百?因为达到这个阶段就“无”了。所谓绝对的“纯”就是“观念”,就是“空”。所以,一个规定的边界就是他者,它封闭自己就是排斥他者,但结局就是走向崩落。所以,一方面是万物都有自我保存的冲动,即倾向于“A是A”这种的自我贞一;另一方面,这种绝对的同一性就是绝对的否定性,就是走向其对立面。因此,为了生存就必须呼唤他者存在,为了发展就必须开放他者存在。独一系统总是狭隘的。任何一个人、家庭、社会、国家、民族、文化,如果坚持封闭自己,就陷入“独”,就会“孤同”,比如只有一个观点,只有一个声音,总是唱同一首歌,等等,那它的问题就会爆发出来。

哲学就是与“也”字斗争？

黑格尔讲，哲学就是与“也”字作斗争（《自然哲学》第257节附释）。他为什么那么讨厌“也”呢？因为他的同一性哲学就是消灭一切外在性、异在性。他必须把“也”内化进来。然而，内化进来之后，它就消失了吗？无非就是转化为内部矛盾罢了。黑格尔把差别要么由并列关系转化为上下统摄关系，要么转化为内部的自身差异，所谓“不是差异的差异”。但是，“异”并没有彻底消除。自我必须异化，然后才实现自己，这恰恰说明了“异”才是根本的道路。自我要实现自己，必须与“异”相结合。当然，黑格尔又补充了一个环节，那就是异化之后必须再返回自己，实质上就是解决“异”的内化问题。黑格尔哲学高度重视“返己”的环节，就是为了维护“同一性”。他这种“同一性”与通常的“同一性”不同，因为它吸收了“异”进来。

“独体思维”揭底

我在《文学理论的价值奠基与视域方法》等书中，提出“独体思维”这个概念。这个概念实质上就是指一种常见的思维弊病，它总是强调一种自足无他的存在，反对或排斥他者存在。

同理，很多修行，都强调“自修自证”，这本身有其价值与合理性；但，就往往走向了极端，盲目地封闭起来，在自我与他者之间高筑墙。从好处说，是设立了一道“防火墙”，可以抵御外界的诱惑，不轻易摇荡性灵。但从害处讲，就是缺乏他者的检验，容易导致盲目自大，甚至极度膨胀而自封神。

“独体思维”的矛盾之处，在于它本来是一种“自信自证”，是纯粹的内部观念；但它偏偏还要走向他者，向他人宣扬所谓真理或终极奥义。这就背离了它的“自”与“独”了。它就走向了对立面而尚不自知。因为，一旦它这种“自信自修自证”向着他者敞开，就必须接受他者的质疑，就必须转化为“可信可修可证”，也就必须实现出来，它必须给人看。这个展示过程，就是现象学意义上的运动。这就是说，它陷入了外在化的境地。黑格尔《精神现象学》讲异化之路，其实也是讲这个过程。所以，《序言》中讲，真理必须暴露出来，必须摆脱那种含而不露的状态。

我讲过一个学术界共识，就是仅提观点不算数，你必须论证出来才行。这就是展示过程。比如你说谁谁不行，哪本书错了。这种无头无尾的断语不算数。需得具体化，形成论据链，构成严密的逻辑体系，这才叫能耐。这个意思，黑格尔《精神现象学·序言》也讲过。他说，就好比一颗橡实，它必须经历从种子到大树的过程，这才行。你孤零零地提观点，就是"独体思维"，都是"橡实"那样枯燥空洞的东西。陈子昂的《登幽州台歌》："前不见古人，后不见来者，念天地之悠悠，独怆然而涕下！"是好诗。但，如果从学术上看，就是"独体思维"，是孤芳自赏。你有能耐，你就要"前既见古人，后可见来人，念天地之悠悠，道不孤而有邻。"你得摆脱那种"孤"而主动地建立"邻"。

顺便提一下"仁"。"仁"本意是二人关系。所以，"仁"是关系范畴。它必须基于"关系思维"，从自我与他者的关系讲。但是，后儒把"仁"内向化了，变成一种"吾道自足""良知独悟"的东西，陷入了彻底的"寂寞中的独体"（牟宗三语），这是很不幸的事情。

驳王维

王维说："木末芙蓉花，山中发红萼。涧户寂无人，纷纷开且落。"且问：王维是"人"不。王维作为唯一的"他者"，独自与诗中境界发生关系，实质上，这只是他自己头脑中的"虚象"。王维说："空山不见人，但闻人语响。返景入深林，复照青苔上。""空山"意象乃是"虚象"，它是包容了"人语"与"景"的高阶统一体。但，王维创造了它。王维是它的他者，是更高阶的存在。王维把自身的观念物对象化，通过语言表达出来，又创造了异于王维的他者。王维"自异"其自身，但是他的语言来自社会，是他的他者。

存在总是异在

我们的存在总是异在。我们必须生而劳作，这就是异在的普遍证明。我们注定生而痛苦，这就是异在的内在证明。我们注定用借来的语言说话，这就是异在的语言学证明。我们必须把陌异世界改造成家园，而家园的维护却至为艰难，这就是异在的价值论证明。由于异在的存在，我们的存在就总是不确定的，总是成问题的。于是矛盾斗争就是普遍的，这又是异在的尖锐化的证明。

基于异在论划分两种人

世间两种人。一种是超越型的人，比如老庄陶渊明，他们不在乎存在感，是精神超越或审美超越的；一种是沉溺型的人，常人俗人，是计较存在感的，是陷入争斗的。两种人类型的划分，基于我的异在论。第一种人是异出于物质利益、现实斗争；第二种是同化于物质利益、现实斗争。

异在论的美学观

美是异在于功利世界的创造。美是物质积累极大丰富后的铺张浪费。美是豪奢，是任性的消耗，是不计代价的创造与追求。从功利主义角度讲，是尽量经济，尽量以最小成本获取最大回报。但美的创造正相反。今日所见之文物古玩，皆是古代豪奢的用物。李白《行路难》可做一篇美学文章看。这是由吾之异在论而得出的结论。是异于通常的道德功利主义立场的。美是恶之花。这是异在论的美学观。

关于异在论的基本意图的聊天记录

从中国来说，是打破“同”的思维定式（儒家大同、道家玄同），同时把“和而不同”理念加以现代转化。反对本体论层面的“独”与“一”，主张本体论的“异”。佛家讲“不一亦不异”，实质上也涉及这个问题。

因为“异”，所以各自坚持自己，相互否定，导致对立。故矛盾源于“异”。

康德哲学是平阶并建，黑格尔搞异阶统摄。我是想避免“统”的“独”与“最”。

《周易》是阴阳并建，后人搞成“独”与“专”。唯有王夫之懂“乾坤并建”。

老子的“端”与“顶”是“道”，为何它不可说？因为它是“俱黑”。到了唐代成玄英方整出“重玄学”，其根本就是“有无双遣”，实质上就是“有无并建”。佛家的“中道义”与“中观”方法论，实质上也是认识到单独的“空”与“法”都行不通，必须承认两者并存转化的必然性。

基于异在论立场的货币分析

货币化过程的本质是什么？货币化过程的本质就是量化、同一化，就是泯灭差异的过程。马克思论“社会平均劳动时间”是价值的本质。可见，商品价值就是抹除差异的平均化结果。生命的存在、商品的存在是差异性的存在，因此需要一个平均化、同质化的运动。我们的生活围绕着金钱化的运动。我们劳动的结果兑换为金钱，我们用金钱来兑换商品维持生活。因此，金钱流动过程就是“多”化为“一”、“一”化为“多”的运动。现代社会运动的核心就是金钱流动、资本运动。由此带动人口流动、物资流动。必须流动起来，而且要快捷。

马克思批判“人类受抽象统治”，实质上，人类受“同化”统治。什么是抽象？抽象就是同化、同质化，就是抹除差异、消灭异在的运动。黑格尔的概念运动从根本上就是同化运动。

金钱化、货币化的过程就是把丰富多彩的物资存在、千差万别的人类劳动化为单一形态的运动。“多”化为“一”。金钱化的结果就是抽象的数字。然后我们就明白为什么现代社会要“量化管理”，为什么要“数字化考核”。这就是抽象统治人类的胜利。

异在论的断想

卢梭说："人生而自由，却无往而不在枷锁之中。"但实质上，人生而不自由，只缘身在他者的包围中。"枷锁"，就是萨特所谓"他人即地狱"。我们面临他者否定力量的挑战。我们的身体抛入世间，我们的教养来自他人的塑造，我们的存在就是异在（由他者做主）。于是我们才想着改变，想着塑造出真我。这就是扭转他者的掌控，但是，这种挺身抗争注定是有限的，我们最终得与他者和解。你痛恨这个世界，你想绝世独立，这都是源于你把自身他者化，你与世界互为他者，你固执于自身的真实性，而绝对否定现实的意义。

你异出于世界，你成为异在。你是苦恼与绝望的意识。你感觉到一切努力的无意义。你自身的理想越是纯净，你越是不愿意行动。一切行动都被私欲玷污，你痛恨行动。

必须意识到他者的合理性。否则，你就孤苦伶仃。你的异在是以彻底排斥他者为代价的。必须学会包容与承认，必须学会让步与妥协。必须克服"独体"而建立"互体"。

诸家思想与异在论

异在论终于搞清楚了世间一切痛苦的根源，终于搞清楚了一切冲突的根源，终于搞清楚了化解矛盾的解决之道。我自 20 世纪 90 年代就开始困惑的问题目前终于有了明白的答案。

佛家提出"苦集灭道"，它的解决之道是"寂灭"。道家意识到"生如倒悬，死如悬解"，它的解决之道是"无"。儒家意识到"天地之大德曰生"，它的解决之道是"仁"。我意识到一切痛苦的本质是"他者否定自身"。我进而认识到，"他者否定自身"的根本原因在于"自身不是他者"。自身与他者必须和解，而和解的途径在于，承认他者存在的意义。中国的"和而不同"被我颠倒过来为"不同而和"，这就是本体论的"异"或"异"的本体论。

《周易》的“阴阳并建”方法论被我发挥为“自他并建”方法论。儒家的“仁”的精神被我发挥为建立他者、包容他者。

黑格尔把“是”与“不是”集于自身，认为“A 既是，又不是”。这就是把对立统一于 A。为什么不能把“是”与“不是”分配到“他者”？A 是 A，不妨同时 B 是 B。A 与 B 并建，则相互之间既有否定，又有肯定。

异在论同时期待着自身理论的他者，来否定异在论。

异在论断片

“矛盾”必然基于相异的“两”。但是异在论不局限于“两”，“两”外复有“异”。简单说，“异”一开始就是炸开了的平阶多元。必须反对运动的“端点”是“独一”。一开始就是“异而复异”的运动。它一开始就是“爆炸”的“裂开”。

生活总在“纠结”中。哲学家的条理化运动异于此“纠结”，但只是另一种形式的“纠结”。人哭泣着来到世间，他之所以哭泣，是因为他处于异在的世界。

黑格尔辩证法主要讲“自相矛盾”，异在论既讲“自相矛盾”，更要讲“互相矛盾”。

自身、他者、“自身与他者”的他者，但这样就是无限的“异而复异”运动。一开始就是撕扯纠结的乱麻。“乱”与“杂”。注意，“思”的条理化运动只是其中的一股力量。哲学的运作主要是思维运动。但是，必须异出此运动。

哲学是生活的概念创构。概念异于生活。但生活亦异于概念。生活与概念之外，复有异在，即哲学家。哲学家之外复有异在。“炸裂”“眩晕”“混沌”“纠缠”，一开始就是这样的。“痛苦”“绝望”“恐惧”“悲伤”，身体存在一开始就是处于这些情绪的他者包围中。

“独一无二”“单一无他”，都是本体论的“寡头”。

很少有人把黑格尔的“异化”扭转为“建立他者”的。黑格尔其实已经意识到把他者完全排斥、摧毁剩下的就是虚空。《逻辑学》讲“有即是无”，为什么会“无”？原因就是他者尚未建立。“有、无、变”，作为第一个三段式，“有”与“无”相济方为“变”，然后才是“实有”（Dasein）。黑格尔一方面意识到“有”与“无”

相异的必然性，但另一方面又泯除两者的“异”，指出两者是“没有差异的差异”。症结所在就是他仍主“同一哲学”。

“有”在黑格尔那里是“自同”，“只是与它自身相同，而且也不是与他物不同，对内对外都没有差异”。(《逻辑学》上册，中译本，第69页）这就表明，“有”就是把他者存在彻底清除，所以就是它自身的独在。这样，它当然就是“无”与“空”。(同上书，同页）

这一论述其实已经证明，当你追求纯净无杂的自身存在时，只能是“空”。要想走向真正的“实有”，必须引入“异”的因素。黑格尔于是引入异于“有”的“无”。黑格尔讲，“有”与“无”的“绝对不曾分离，不可分离，并且每一方都直接消灭于它的对方之中”。(第70页）这就证明，黑格尔看到了相异的相依之必然性。黑格尔承认，既然一方面“有即无”(同一)，另一方面两者毕竟“异”，这样就是“自相矛盾”。(同上书，第79页）因此，黑格尔讲“自矛盾”(自身自异）实际上就是掩饰“互矛盾”(两者相异）的必然性。

“有”是纯自身，绝对没有他者，这种状态就是“无”。黑格尔这么讲，就是表明，彻底排斥他者就是自取灭亡。因为“自相矛盾”者必然灭亡。因此，必须建立他者，必须引入他者。这就是“异化”。“异化”在黑格尔那里，就是从“自身”抽离出“他者”，这样，他者存在就是自身的析出。这实质是讲，“异化”就是产生外在于自身的他者，就是保障他者存在的独立性。但这只是一个环节。还要由“异化”回归自身，即“返己”，这样，它就实现了自身与他者的和解。相关内容亦可见《精神现象学·序言》(新中译本，第23页)。

异在论的践履

打算把异在论运用于生活，对他者心存敬意。吾性嚣张，总是有逞强好胜之心，总是有否定他者的冲动。此是恶习，不改不行。一味排斥他者、否定他者，剩下的就是“无”与“空”。在学问上，倘若不是广收博取，多所肯定，则终究是“嘴尖皮厚腹中空”之徒耳。“听人劝，吃饱饭。”多肯定他者一分，则多成就自己一分；多否定他者一分，则减少自己一分。异在论践履尚是任重道远，不可不勉。异在论对于传统伦理智慧也要多吸收，不可一意批判。

异在论终究还是以“仁”与“勇”二字为精神旨归。“勇”以立己，异于此世；“仁”以立人，不同而和。

异在论与佛教

佛教从“苦”开始思考，得出一个众生平等观念，但其实质上摆脱不了等级制的价值表，它骨子里还是有一个高下的区别。异在论也从“苦”思考，但此“苦”指中华民族几千年之“苦”(当然亦含有个人之“苦”)，由此得出此“苦”的根本原因就是“独”(“专制的文化性格”)，由此提出解决之道就是“反独”而主“异在制衡”。“并建”与“平阶”的范畴皆是对治“独的本体”而设。异在论之平等观念是基于“本体论的平等保障”。

醉酒后的异在论思考

异在论运用于审美领域，就是，审美的根本是让他者与自身共在，进而自由观照。“相看两不厌，唯有敬亭山。”你得保障敬亭山的存在，你才能做到“相看”，否则，就是一厢情愿，就是“独看”。你想要欣赏老虎，你得保障老虎活着，而且，你最好是让老虎活得自在，老虎越是活泼自在，你的欣赏越有意义。

爱的真谛，不是否定他者，不是强迫他者承认自己。而是，尊重他者的自由选择，让对方获得自主性。

靠消灭他者，靠杀死对方，只能是暂时的，只能是快意于一时。对方死掉了，你就剥夺了对方承认自己的机会。你固然一时爽，但你失去了共同爽的共享机会。正常的人，是品尝到美味时，也想让亲人共享。但异在论认为，最好的幸福，是与他者共享生存的乐趣。

人得摆脱掉单顾自身利益的局限性，得学会尊重对立面的合理性与合法性。真正的公正、公平的实现过程，不是通过剥夺、攫取、消灭他者来实现的。通常的革命运动，恰恰是通过消灭、否定对方而实现的。通常的自由主义者、民主主张者，也往往如此。所谓“我不同意你的意见，但我尊重你的发言权”，冠冕堂皇而已。真正的民主，是保障对方的生存权，是保障对方活下去而且活得自由。很多人，恨“暴君”“独裁者”，是杀之而后快的。其实这样就与对方无二致。

“暴君”“独夫”的本质，是只顾自己活得爽，否定他者的生存利益。绝大多数的民主运动，是通过杀死“暴君”与“独夫”的方式。但，当置对方于死地时，对方必置你于死地。

“非暴力”的本质，是主动放弃消灭他者的冲动，让对方活下去。

异在论认为，一个人的自我实现，不是通过占有他者、杀掉他者来实现的。如果这样做，就是凌驾于他者，让自己成为自以为的高等动物，成为异阶存在。

异在论强调平阶性与对等性。让对方在平等的前提下承认自己，这才是真正的证明自己的途径。

异在论的一种思考

人的根本是身体。这个绝大多数人都知道，但，绝大多数人都没当作哲学问题。真理的本质是证明。这个绝大多数人不知道。证明的本质是向他者证明。向他者证明的根本是，保障他者活着，让他者承认自己。由此，证明自己的根本，不是消灭他者，而是保全他者，尤其是让他者在自由的前提下承认自己。

人之所以拼命挣钱，根本在于，缺乏安全感，根本在于，保障自己的身体存在。但，绝大多数人都忽略了自己的身体存在的根本保障，在于他者承认与尊重自己的存在。

绝大多数的人，是通过否定他者来实现自己，来证明自己，来保障自己。但，作为一个异在论的思考者，我认识到，只有肯定他者、保全他者、承认他者，才能更好地实现自己、证明自己、保障自己。异在论，从根本上，是尊重他者、承认他者、保全他者。

我提出异在论的根本在于，异在论，是一种全新的哲学观。它的根本在于，主张“共生”，让他者与自己都活得有保障。

异在论认为，单纯地自己证明自己、自己肯定自己、自己保障自己，只是片面的、单方面的。必须通过他者、借助他者，才能真正证明自己、实现自己、保障自己。

异在论提出，单是否定他者是不行的，单是剥夺、压迫、消灭他者是暂时的。

真正的存在，真正的活着，真正地实现自己，是活在他者的尊重与承认中。实现自己与他者的共同存在，实现双赢，这才是出路。即使自己死了，他者仍承认自己、尊重自己、纪念自己，则虽死犹存。

最好的保全自己的方式，是让他者爱自己而不是恨自己。他者不再恨你，不再想着杀死你，而是竭力成全你，竭力让你活下去。

他者真正地让你活得有尊严，有自由，有意义。这时，你即使死了，也如同活着。

真正的自我实现，是共同实现，是让他者与自己都实现价值与意义。

通常的丛林法则、适者生存，根本上，是只管自己活，只管自己活得逍遥自在。异在论异于此，异在论认为，欲让自己活得逍遥自在，首先就是保障他者的逍遥自在。

真正地实现自己，是爱的方式。是自己爱他者，他者爱自己。他者爱自己，则不需要比他者强，不需要让他者弱。懂得牺牲，懂得妥协与让步，这才是实现自己的最佳方式。只顾自己活得好，最终还是自己活不了。

人类的根本冲动，是高等，就是高他者一等。这就是杀死他者的根本理由。为什么要杀死动物呢？原因在于，人类是高等动物，比动物高一格。低等注定是为了高等服务。这种存在价值的不平等，是人类活动的根源。

证明自己优秀，证明自己比他者强，实现自己比他者有价值、有意义，这就是人类世界不断杀伐、战争的根本原因。

连黑格尔自己都没意识到，自我实现的历程恰恰在于，让他者实现。自我实现，必须伴随着他者实现。《精神现象学》还是偏重于自我实现的历程，而忽略了他者实现的历程。

《精神现象学》竭力证明，自身的存在是通过否定他者而实现的。但，既然他者就是自己，则否定他者就是否定掉自己。当然，黑格尔朦胧地意识到，精神得懂得自我牺牲，必须放弃自己的孤闭状态。

异在论是爱的哲学。绝大多数人，是通过向他者“说不”来证明自己。但，异在论认为，你不必如此，你即使消灭对方，对方也不承认你的存在意义。你让对方活下去，你与对方商量，你让对方肯定你，这是最好的方式。

异在论与课堂运用

上课的快乐在于激情投入，课堂的光芒在于灵感迸发，教师的幸福在于引导学生进入知识殿堂。在授课过程中，我渗透了自己的异在论思想。讲马克思论“劳动”一段话，我就讲人自身的中介性与工具化。人是关系项，他进入关系，他作为关系项而存在。“关系项”就是平阶性的存在，他想要高居于物，但他首先必须把自身摆到关系项的位置上。他与对象构成关系项的两端，他不得不成为“端”之一种。他想要不平等、不对等，但他进入关系网络就意味着降落到平等、对等的层次。

人创造出不平等，这就是异阶性存在的极端表现。异阶性主要基于人的意识。但是，所有这些都奠基于人的身体。人的身体就是平阶的存在，他与世界中的他者并立。他想要高等，但他注定并立于此。

异在论的最根本的范畴就是“自身与他者”“平阶与异阶”“独体与互体”“独生与合生”。异在论是一套完整的思维方式、价值体系。有人说我到处套用，说我妄图无所不包。根本不了解，异在论好比一副眼镜，我戴着它看世界，当然处处皆着特有的颜色。异在论不排斥别的思想体系。异在论只是活学活用自己的思想体系。万物皆着我之色，如此而已。它不算真理，它只是一种思想。

酒醉醒来就是思考异在论

异在论一直有着他者的伴随意识。自身的存在总是伴随着他者，总是被他者包围与缠绕。人活着，他的身体存在就是第一伴随物。他呼吸空气，他站在地球上。空气与地球也是根本离不开的伴随者。异在论从这个最基本的事实出发思考问题。老子虚构出“道”这个范畴。但，老子的存在就是“道”的第一伴随者。

异在论反对独体论，提出他者伴随的必然性与前提性。人的身体存在就是一切观念形式的第一伴随者。

人的思维与想象活动，都基于最根本的身体伴随。身体存在天然而必然地伴随着空气与大地。这就是最基本的平阶性的他者。

而一切独体论，偏偏抛开空气与大地、天空，抛开自己的身体存在，去抽象地创造出各种本体。

独体论总是设想无伴随者的状态，总是把本体变成“独而无偶”。

独体论只好随后再补出来各种他者。它由独体的发展而产生出他者。独体论是典型的自身繁殖。

他者存在，这是自身存在的绝对前提条件。因此，必须保障他者存在，才能保障自身存在。这就是异在论的道理。很简单。

他者必须作为“伴”围绕着自身。多么简单的道理。你把他者消灭，就是把自己变成独体。那就是独体论设想的无人、无世界的状态。

关于康德与异在论

康德哲学的基本问题就是人类的范畴能力、概念框架的范围与限度。范畴能力，就是把杂多归摄于单一的能力。这就需要高阶存在来统一低阶存在。康德就这样如俄罗斯套娃式的，用大的去笼罩小的，最后就是至高点上如何笼罩整个世界的问题。这就是人类思维的异阶性（高罩低）。但是，康德没有贯穿到底，面对异质性的他者，他主张直观与概念的相足（直观无思维则盲，概念无直观则空），这就等于是主张平阶性（两者并立，相互依存，这就是后人所谓二元论）。这就是异阶性与平阶性的矛盾。在根本上，康德的平阶性思想是占了上风。

我的异在论，说到底，就是本体论层面的平阶并建。这方面有康德的影响。但根本上，是取自先秦“和而不同”与“乾坤并建”。

康德的二律背反，说到底就是，人类思维的异阶性推广不下去了。在最高级别的问题上，必然导致矛盾对立了。怎么办？“背反”的“二律”必然皆有合理性，必须相结合。这就是说，在最高领域，必须平阶并建，“二律”缺一不可。

康德注意到“二律背反”，但，他首先忽略的，就是谁首先划分、区别出来这个最高级别的“二律”。黑格尔认为，最终，这是纯思维本身的一分为二。

任何一个哲学家，都是有限的存在。当他企图无所不包时（站在最高点，成为最高级），就导致了问题。这就是根本矛盾。因此，他的存在与其思维意图的差异之无法一致是根源所在。

异在论的起点，就是强调身体存在的异在性，即是认识到这一根本矛盾。

康德认识到，人类思维这种高阶统治低阶的能力，遇到最高级别的他者（自由、灵魂）时，是束手无策的，只能停下来，守住自身的本分。这就是《纯粹理性批判》的最终立场。

康德三大批判，《纯粹理性批判》主要讲人类思维能力如何统摄他者的问题，就是人类如何为自然立法（规律）；《实践理性批判》则讲人类如何为自身立法（内心法则、自律）；《判断力批判》则是为两者之间建立桥梁，并如何寻求“审美共同感”。

重新梳理异在论思路

事物由“一”（“同”）到“多”（“异”），是事物竭力彰显其自身规定性，“每一”规定性皆要从“总一”中挣脱出来，“每一”规定性皆有自身独立的冲动。“每一”规定性由此而“纯”，而“抽象”；“每一”都展出了“他非”而“自是”的冲动力。但，正是由于“自是”（亚里士多德的实体“是其所是”），导致了“自非”（“自反”），自身瓦解、自身转向他者、对立面。黑格尔就把这个“自是”兼“自非”的双重性称为概念的“自运动”。

异在论认为，“自是”兼“自非”的双重性，反映了“自性”与“他性”的矛盾关系。这说明，“自身内部”就有“他性”，说明“他性”恰恰是无孔不入的。人生就是面对着无孔不入的“他性”、面临着时时刻刻被他者吞噬的风险。由此，必须一方面彰显“自性”，一方面肯定“他性”，竭力地同时建立自身与他者，实现两者之间的和解共商、和谐共赢。

异在论即“尊异说”

我之异在论，简言之，就是“尊异说”。只有立“尊异”之心，社会才能化解“戾气”。

别光想着把对方否定到底，别光想着消灭异在。中国当代的“戾气”说到底还是源于一种“杀气”，彼此对立面之间相互死缠，皆是出于意气而怨恨对方，毫无尊异存异之心。

中国儒家倡导“大同”，道家倡导“玄同”，佛教主张“不一亦不异”，都从根本上消灭“异”的存在。

全部哲学问题就是“一”与“异”的关系

很多人讲“共相”与“殊相”，但一直没有解决“天下归于一”与“天下分为万物”的关系。这个关系，就是“一”与“异”。世界作为总体的“大全”，如何“分裂”为“万物”？很多人讲克服“主客二分”，根本抓不住问题的实质。问题的实质不能狭隘化为“主客二分”，而是“大一”（“太一”“至一”）如何“裂”为“小一”（落实到“微一”，落实到万物的每一个规定性）。这个问题才是根本。

在黑格尔《精神现象学·序言》中，有句要紧话，“全部问题的关键，在于把实体把握为主体”，一般认为这是全书的文眼。这没有问题。但最后一章讲透了这个问题的实质。什么是“实体”？就是绝对的“能一”（能够保持绝对的自身一致性，“我是我”）。什么是“主体”？就是绝对的“能异”（能够自身分裂，也就是绝对的否定性）。“能一”与“能异”合一，达到“在它的外化活动中保持与自身一致”。但最关键的还得是“能异”，“这种外化活动的纯粹运动……可以说构成了内容的必然性”。因此，表面上看，《精神现象学》的最核心范畴如下：实体、主体、绝对否定性、异在、自身一致性。但实质上，最根本的就是“一”与“异”，而“异”的重要性实际上高于“一”。

必须从“二分”法中走出来。但是，“超主客二分”恰恰以“二分法”为前提，这就走不出来。真正讲来，不是简单的“分”(往往从认识论讲的“区分”)，而是“裂”(是“裂变”，是一下子的绽开，如种子一下子爆裂其硬壳而生长)。这就不是“二分法”，而是一下子“多向裂变”。“异”的运动不是“一分为二”，而是蓦然间就是“多元共在”。

“异出性”

“异在”的根本就在于“异出性”，它异出、脱离、挣开。异于旧我，创造新我，这种质变就是“异出性”。要么从环境中，从他者的包围中异出来，要么就是与之同化，“如入鲍鱼之肆，与之俱臭”。

关于“异在论”

近年在黑格尔哲学里探寻了许久，重新再读海德格尔(距离初读二十多年了)，感觉融合以中国的《易》的精神，还是有心得的。

我的“异在论”(距离最早提出也快十年了)，强调“异出”的闯关精神，那种突破大寂静的冲撞的劲头，一种打开局面的爆破力量。这是冲着“同一哲学”的。

“异在论”要做的是朝气哲学、青春哲学、强力哲学。

“异在论”也要吸收传统的文化，比如“兴”的诗学精神，比如“忧患意识”，比如“发愤”精神。从中，要提炼出来的是一种奋争哲学、刚健精神。从《易》讲，是“乾”，是“震”，等等，所代表的那种勃勃生机。

异在论的随记

“异”是动词性的，是生命关联活动。我们的存在本质上就是异在。我们一向是处于“中”的，我们的生存结构就是“中”。处于他者的包围之中，处于异己之中。

既然存在总是“中”，这就意味着存在总是“共在”。这就有“并”。有“并”然后有矛盾，有斗争。然后就有“同化”的冲动。所以，“同”是后起的。讲“比较”，必然基于“共在”，“比较”之求“同”或“异”实质上都以异己的存在为前提。

讲“同异”，必然区分两种“异”，本体意义上的“异”与认识层面的“异”。认识层面的“同异”，实质上基于“比较”。凡“比较”，必有“比较者”与“比较对象”，这就已经有了两者的“异”了。

异在论随笔

“异”的本体是身体。身体是独一无二的。你的身体欲望、疼痛，以及其满足、快感，是任何人不能代替的，也是不可直接传输到他人的。异在论当从身体存在讲起。至于“同异”之名言辨析，随后的种种议论，都已经远远滞后于此。

明儒曹端：“天地一轮映万川，万川各有月团圆。有时川竭为平地，依旧一轮月在天。”诗是好的，然有“独体思维”的弊端。

讲本体往往是还原思维，追根究底，排除种种，只剩下一个茕茕孑立的“独”。这个“独”，不同人不同理解，或太极，或“心”，或“气”，等等，总之都是“独一无二”。这就是“独体思维”的特点。因此，必须把这个“独”给打破，炸开，这就是“异”。

你的目标越大，你的个性越独特，你所遭遇的阻力就越大。而所有这些阻力，并不全是恶意的或偶然的，它是必然不可避免的，仅仅一个原因就已经足够说明问题：你是与众不同的。

论目的设定与“自异性”之为否定现实的力量

人设定目的。这个目的立即与现实有了区别，进而有了矛盾。比如，一个人要考研。这个“研”暂时就是“虚”，它因此是“否定性”。这个“研”的“否定性”是两方面的。一方面，它要否定现状，因为现状是“非研”；另一方面，它还要否定自身的“虚”，它必须转化心中的目标为现实，这是更有意义的动力。所以，人一旦设立了目标，就意味着“自异性”，他把自身存在区别开来了，也就是说，以目标为界，一种是目标实现前的自己，一种是目标实现的自己。后面这种“虚”恰恰是改变现实的积极力量。

“自异性”简记

人是矛盾，人就是辩证法。人自我区别，这种“自异性”是人的本性规定。

即使是老子，他讲“贵大患若身”，这就是说，他做了“身”与其他的区分。同样，庄子讲“吾丧我”，他在“吾”与宾格的“我”之间做了区分，他要立的是基于“道”的“吾”而消解基于“欲”的“我”。

人把自己与世界相区别，人进而把自己与自己相区别。前者是“相异性”（自身与他者相别），后者是“自异性”（自己与自己建立反省关系）。

人的“关己性”是基于“自异性”。他通过这种源自自身的“异”而激发出来“自身相关的否定”。这样，他就建立了内在的自我超越的机制，这是一种“否定的魔力”。

人意识到自己的“质”，这就是“为己存在”（黑格尔著作中译本屡作“自为”一词）。唯有这种“为”之自觉，才实现了内在化。黑格尔讲“否定的否定”，本质上就是这种自内而外的“为”。这就是自己把自己设定起来（结合费希特的“自我设定自我”，康德的“人是目的”），不再纠缠于外部存在。这就是伟大的“我性”（我是我，我要做我而不是别的什么），这就是“同一性”。但这个“同一性”恰恰基于“自异性”。所以，要区别两种“同一性”，一种是没有“自异性”的原始同一性，也就是天然质朴而无我的状态；一种是经过“自异性”的“同一性”，就是实现了“我”的自觉性，把“我”的主观性、主体性给释放出来。

关于异在论与老子哲学

《道德经》第二十章：“我独异于人，而贵食母。”可见，导致“我独异于人”

的，是“贵食母”。“母”是“道”的比喻。此外，第四十一章，“道隐无名”，可见，“道”是卓然而异出于众人的。所以，老子的“道”的本质就是异于众人的“异出性”。

失眠思“异在论”

所谓“同”实质上都基于同一自我的绝对在场，所以，“同”的本质是“自我”。黑格尔把自我的本性、概念的本性讲成绝对的同一性，是这个缘故。只有绝对自我在场，才有比较，才有时俗所谓的“同”“异”。所以逻辑线索是：绝对自我（绝对同一性）—相对比较—“同异关系”。但是，真正说来，绝对自我基于世界之为世界（异阶存在）。本体论的“异”—世界本身—万物与人—同异关系。

异在论随记

儒家只认天地万物一体。然，此体往往枯寂为“独体”。

“万物皆备于我。”然，此非“独体”而何？

儒家至境是物我无间。然，不知“间”之为义大矣哉！

“仁”只是基于天下皆同。然，真正的博大胸襟在于“异”的承认。

人人各异如面，天下万物皆异。“仁”只当实现此目标。

宇宙非吾，吾非宇宙。宇宙废吾不得，吾亦承受宇宙。

中西非同，存异而共。

东海西海，有圣人出焉，其心异也，其理异也，相敬可也；南海北海，有圣人出焉，其心异也，其理异也，相争可也。

宇宙广大无垠，然必须缩至咫尺。

大道无边，然必须有“边”的设定。

至虚之“无”，必须落实到“个”。

吾丧我？非也。吾立我，异也。

成己成物，儒家双维。然，成己者乃异出于环境而自立；成物者，乃承认或创造自己的他者。

佛教：“不一亦不异。”然，此必以“一”而“异”为前提。

老子：“玄之又玄，众妙之门。”然，不“异”何以生“众妙”？

庄子：“道在屎溺。”然，“屎溺”的自性能不能异出于“道”？

黑格尔：“实体必须看作主体。”然，两间之“异”能不能取消？

马克思：“问题在于改变世界。”然，“世界”有没有不需“改变”的方面？

海德格尔：“语言是存在的家。”然，“家”能不能独立于“语言”？

“异”的生存论意蕴

通过论战人的本质暴露出来。立场的对立、观点的差异，暴露出来思维方式的区别，暴露出来价值观念的分歧。唯有在这种“异”中，彼此之间更加清晰地证明了其生存意义。人的生存论是通过实践活动，论战也是重大危机中难以避免的冲突方式，唯此，人的本来面目得以彰显。那么，你会怀念平日里彼此和气一团相互合同的阶段吗？这种怀旧情怀本质上与生命的自我实现是背道而驰的。因此，更要紧的，不是怀旧于平日的和合与共，而在于以极大的智慧与胸怀来对待彼此之间的“异”。

“扬弃”与“和而不同”皆有“异在论”的内蕴

异在论需要改造黑格尔的“扬弃”理念。“扬弃”的本质就是“超越并存异”，即是说，它不是抛弃或消灭那对立面、异在者，而是超越之并更好地保全之。所以，“扬弃”范畴具有异在论的思想内核的东西。黑格尔的“扬弃”与中国的“和而不同”是可以结合起来的。“和而不同”的重点就是“不同”，但是，“和”不是消灭异己者，也不是迎合俯就之，而是追求与之共在。所以，“和而不同”也是“存异”精神。

提倡“异在性研究”

“以同治同”是“同质研究”，如“以水济水”耳。比如美国总统特朗普的女儿，她若研究特朗普，则她与特朗普是“同一”的，她的研究就纯是认同的、肯定的。她的研究立场、方法、策略、结论总体上服从于“同一性”。而从“异在论”立场讲，我提倡的是“异在研究”，即是说，研究者要异出于研究对象，做一个研究对象的他者，避免与研究对象处于“同质性”的系统。就研究中国文论而言，我们要避免“同质化”，我们要挣脱母语、国籍、民族的身份限制，引入“异质”的机制，保持研究的客观公允而不是束缚于“同一性”。作为“形式批评”，如何保障“批评”的超然性、客观性而避免单一的认同性、肯定性?

我终于明白，很多传统学者排斥西方理论的根源在于，他们维护的是“同质性”研究。他们认为，中国文化中国人最有发言权，母语使用者有天然优势，研究中国的学问就得按照中国的方法。这里的本质就是，保持中国文化的“同一性”，避免他者文化的侵扰，实则是切断了研究的他者维度。

缺乏异在的监控机制与约束机制，任何研究都难以保障其超然性、客观性。作为“剧中人”，研究者的主观性是限制条件。

说“异”

“异在论”是一种开放性的哲学思维。你要想“异”，要比“同”更需要建立外部联系。因为，没有与他者的关联性，怎么确证“异”呢? 甚至于“同”也要扬弃才能更好地“异”。比如我们讲“异西方文化”，就必须既要了解西方文化，又要了解中国传统文化、当代文化，否则，你这个“异”就没有依据了。所以，“异”本身就是“建立他者关系”，没有这个广泛的关联性，“异”就是空的。“异出你自己”，这句话不仅是“活出你自己”，而是要突出与他者的关联性，所以，它不是“独自”，而是在普遍联系中建立自己与建立他者的统一。你建立不了他者，建立自己也是无从谈起的。“异”是双向的关联性，是内外的二重性。

“异在论”与“隐匿哲学”

近年来我先后提出“异在论”与“隐匿哲学”，今天突然想打通两者，统一起来。这时我想起佛教唯识学讲的“八识”，即第八阿赖耶识、第七末那识、前六识（眼耳鼻舌身意）。我排除诸多纷纭，按自己的哲学体系来理解之。第八阿赖耶识即“隐匿本体”（藏识的“藏”），注重的是“包孕内敛”的隐匿作用。它是种子一样地结聚。然后，它这颗种子萌芽外展，于是“异出”它自己，化为他在。从种子到发展的过程，就是“异在论”重点要讲的。但是，还要从发展重结种子，这是复返运动，这是“隐匿哲学”的重点。讲到这里，海德格尔哲学的体系也就可以照清楚了。他讲“敞开”，讲“显现”，就相当于“异在论”；他讲“遮蔽”，讲“存在”，就相当于“隐匿哲学”。所以，“异在论”是偏于“外”的，“隐匿哲学”则偏于“内”的。

异否定，来自他者的否定力量

倘若痛苦是进步的动力，那么一切否定你的对手都是催你前进的值得感激的力量。不要痛恨你的对手，而要学会感恩对手。人之痛恨对手，是由于对手的否定破坏了自身的安逸，但实质是暴露了自身的不足。

我们要充分肯定来自他者的否定力量。他者否定自身的价值，这就是异否定，这是痛苦的根源，但亦是刺激自己奋斗的根源。自我发展，自我进步，这就是自否定。异否定与自否定相互依存。

他人骂你，辱你，诋毁你，贬低你，都是否定力量的表现方式。人总是通过否定他者来表现自身的，因此，他人否定你，他人是地狱，这是必然的规律。

与否定力量做斗争

人生四十岁以后，就要与虚无主义、否定主义做斗争。要与“怎么都行”的标准糊弄作斗争，要与“一切都无意义”的绝对否定做斗争。活着，就是一种肯定，一种固执，一种坚守，一种贞定。“知其不可而为之”，此中有大意味。“其不可”者，即绝对的生存否定力量。“知”且“为”者，异于此也，勇于挺立与建立也。如海滩上筑沙堡，明知“浪淘尽”，偏要筑此瞬间之巍峨。

异之又异　人生真谛

异在论是高举独异性的哲学，是弘扬自性的哲学。它主张，人生价值就是尽己、证己。人生就像一块木炭，尽情地燃烧自己。因此，它是反腐的哲学。所谓“腐”，就是做不得自己，总是依他为性，只是为他存在。世间万物的存在，既是为己存在，又是为他存在，既是己内存在，又是己外存在。然而，唯有人类能够做此二分，复合二为一。在分裂的过程中，极端的矛盾冲突碰撞了生命之火，于是自性充分激活，迅速燃烧。有的生命只是“一”，比如石头是石头，其分裂需要人类的活动，石头从一而二，实现石头的向人类而在，它的自性也因此只能由人类这一绝对他在而定。人类的独特性就在于，它可以实现自知。所谓自知，或者说自我意识，就是既分裂又合一的活动。这就是异而复异。其分裂，异也；其合一，复异也。异之又异，即是人生的真谛。

“否定感”与“异在论”

如果把黑格尔的作为辩证法灵魂的“否定性”反转过来，那就是最简单的事情，它就是现实生活对于每个人的否定，这也是最直接的遭遇战。一个人活着，按照黑格尔的讲法，就是有缺陷的生命，就必然导致“依赖感”“缺乏感”。但归根到底，一个人活在世上最普遍的感觉就是“否定感”。你想要做什么而不能做，想要得什么而不能得，总之就是，你的愿望、要求、目标、理想不得实现。黑格尔对于这种单个人的“否定感”实际上关注不够，因为他更关注的是“理念的绝对否定性”，换言之，他更在意“宇宙大我”的实现。这导致他的理论的宏大而晦涩。倘若从通俗易懂的角度，只需要从最具体的“否定感”来讲。比如你早上起来，心情不好。那么，这种“否定感”就很实际。你平时活得很累很不开心，这种“否定感”也很常见。所以，可以从最基本的负面情绪来讲。你的所有的负面情绪都是“否定感”，源于现实对你的“否定”。那么，你与生活、现实环境之间就有“异”的发生。这种“异”是导致了“否定”的根本原因。所以，一切问题就归结为“异在”这个范畴。所以，“异在论”很贴近生活，是直接关联着你的悲欢离合的。

人生有个休歇处

人生得有个休歇处。很多人明知这样下去不是事儿，就是“停不下来”。老子曰：“知止不殆。”《大学》曰：“知止而后有定。”这个“止”很要紧。很多人收不了手，停不下来，就这么惯性、惰性地循环着。儒家有个人生命题：“寻孔颜乐处。”“孔颜乐在何处？”人生啊，有两个阶段。第一阶段是谋生谋食阶段，争取获得维持生计的门路。第二阶段是谋道谋义阶段，是争取获得一个休歇处。这个休歇处就是“孔颜乐处”。孔子、颜回乐于何处？回头再看看那个问题，为什么有的人“停不下来”？因为他“异不出”第一阶段，因为他达不到第二阶段。这是异在论运用于人生的一个讲法。

传统辩证法与异在论

传统辩证法的核心是“矛盾对立”，把世界万物视为一对对的矛盾关系。须知，这种方法既有优势又有不足。其优势是，符合精简突出原则，把万物以“二”概括或“不二”超越，比较经济集中，利于思想概括。其弊端是，在精简中遗漏了“二”之外的东西。所以，为了弥补这种不足，“异在论”是传统辩证法的升级版或扩充版。但是，由于“异在论”是强调“共在性”“异在性”的，它又不同于传统辩证法的“独体性”“同质性”的追求。

摆脱“单一文化系统”的局限性

要摆脱“单一文化系统”的局限性，要“异出来”。我以前是古代文学专业的硕士，曾经是“单核”的思维方式；后来，我深入研究西方哲学，变成“双核”的思维方式。我们经常讲“换位思考”，那么，你就不仅要能够站在中国文明的基础、中华民族的立场来思考，而且也要站在异质性的文明角度、立场看问题。所以，文化的思维驱动是“核”越多越好的。

绝对的“同”就是绝对的“假”

我们总是制造虚假的东西。什么是虚假的东西？就是单一的、纯粹的而没有异质性的或对立面的东西。这种东西是“抽象”的结果，是把一切与之相异的东西抛弃、消灭的思维活动的产物。古人讲：“物一无文。”“以水济水，谁能食之？”所以，这种只肯接受和承认单一性的思想方式是不可能成立的。它就是追求一种绝对的“同”(同一种存在，同一种声音，同一种立场主张，等等)，它容不下任何“异”。于是，有的人基于这种思想，就爱渲染“光明”“美好”“希望”“理想”，它不允许“黑暗”“丑恶”“绝望”“迷惘”。但是，黑格尔曾经讲，如果“上帝”没有“否定性”“反面”，那么“上帝”就是“最贫乏最空虚的东西”。你制造“纯粹的光明”，但是“纯粹的光明就是纯粹的黑暗”。(黑格尔《小逻辑》第36节附释)这就是说，你直接转化为你的对立面。你所谓“至善”直接就是“至恶”。这就是物极必反。物极必反的根源就是绝对的“同”，由于把一切“他性”清洗干净，于是它必然陷入危机，走向反面。

同质化现象

我近年经常思考同质化现象。什么是同质化现象呢？简单地说，就是因为共同的价值观、知识结构、利益趋向而形成的一个圈子，小到夫妻之间，大到集团、国家、民族。他们在面对问题的时候，尤其是面对矛盾的时候，就很容易结成一致对外的立场，这就是“同质化”。这时候，“团结”的要求压倒一切，“一致性”的观点最重要。从竞争、斗争的角度讲，这种情况有利于其存在，有利于其战胜对手。但是，如果从认知的角度看，尤其是从哲学角度来看，其局限性就暴露无遗了。一旦“同质化”达到成熟，那就是“铁板一块”，一点“异”也渗透不了。那它的死亡就到了。“同”到极端就是死路一条。《邹忌讽齐王纳谏》这篇文章里，邹忌是明白人，所以才战胜了自己身边的“同质化”弊端，从“一致性”中发现了问题。但是，大多数的人是做不到的。很多人会被这种“同质化”的吹捧迷得神魂颠倒，时间久了就不知自家真面目了。

说“矛盾”

如果把“关系性原则”贯彻到底，那么整个世界就是“关联体”，一切存在者就是“中介者”（“中间物”），则一切事物都具有双重性，这种双重性的极端化就是矛盾对立。

如果我们把这个世界视为整体，那么就达到一个终极的“一”（“元”“本”“神”“道”，等等）。如果就这个“一”来看，就“至大无外”“至小无内”，这样就得出了“独体”。从“独体”的视角看，一切就必须是“自身关系”“自因”，或“内在关系”“内因”。从“独体”看问题会导致矛盾。但“独体”本身就是思维的“整体化”的产物，是思维最高概括力的产物，由此，思维推到终极就是矛盾。这证明了“纯思维”就是矛盾，就是非自足的。所以，它必须有个“异”的存在。

“活”就是“异”的方式

学哲学的人会变得铁石心肠。因为个体的生命与经常思考的大字眼，诸如“绝对”“无限”相比，是显得微不足道的。“死亡”是什么？从个体来说，是被否定。但从“绝对”来说，它就是“返回”。单个生命是注定消亡的，因为它不与“绝对”相一致。正是“异”导致了它的生存，那么，回归“同”就是必然的宿命。人们恐惧“死亡”，本质上就是对于“玄同”的拒斥。为了捍卫个体生命的价值意义，理所当然地就要认识“同”，理解“同”，但是又要与之抗衡。人活着之所以艰难，就在于“同质化”的力量无处不在。然而，这反面证明了“异”的生存普遍性。什么是“活”？就是以“异”的方式与“同”斗争。“同”与“异”的矛盾就是人类生命的基本问题。

“物极必反”的实质

“物极必反”的实质是什么？康德讲的理性运用于形而上学必陷入困境与此一致吗？“物极”，就是事物发展到极端，表现为命题，则是概念的纯化、抽象达到极端。它的这一运动的本质又是，把自身之外的他者排斥到极端，或者说，它自身越“纯”，则他者存在越是“无”。这样，它越是它自己，他者存在越被清理出去，独立出去。然而，它这时就越丧失规定性。因为，凡一规定，必有他者加入，比如“A是B”就比“A是A”有意义。所以，坚持自身的“纯”就导致了自身空洞。这个问题被黑格尔意识到了，他认为这是知性坚持“同一性”的缘故。怎么办？那就是化解这种抽象的同一性，提出“具体的同一性”，或者说是“有差异的同一性”。其本质又是暗中把他者存在引进来。黑格尔的《大逻辑》讲，纯黑暗与纯光明是一样的，都是空洞。所以，必须是有光明的黑暗或有黑暗的光明。这就是要把对立面纳入进来。黑格尔的“同一性哲学”本质上就是把“同一必反”的辩证法彻底运用的辩证法。“同一”同时就是其自身及其对立面的合一。这里面的问题是，黑格尔讲的“同一”并不是通常讲的“同一”，从概念要求来说，他偷换了“同一”的内涵。再比如在《大逻辑》开端，他由“存在”推出“无”，其思路是，“纯存在”就是“纯直接”，此时其尚未规定，故其规定为“无”。然而，规定的“无”与“纯存在”并非一个概念，或者说，在这一推导中，黑格尔改变了其内涵。当然，这个思维运动，这个概念内涵发生变化的过程，也可以名为辩证法。只是，这一辩证法也发生了内涵变化，换言之，此“辩证法”非通常所谓“辩证法”。从逻辑规则上来讲，你与通常的思维就没有在同一概念上讨论问题。所以，黑格尔必须修改形式逻辑为辩证逻辑，来允诺自己具有修改概念内涵的特权。概念在纯粹的逻辑思辨中，必然改变其最初的内涵，否则就维持不下去，或者说，必然走向矛盾。黑格尔的论证说明了这一点。那么怎么办？只有承认思维的本性就是矛盾。同时，又必须允诺思维的本性又能化解矛盾。所谓“辩证法”，就是矛盾的暴露及其解决的运动。但问题是，这种论证仍然带有强词夺理的意味。

从“异在论”的立场看问题，则问题就比较明了。所谓“同一性”“纯自身”“物自体”，本质上都是人类坚持“自身性”而排斥他者性的理性冲动。人类为了自己的高度发展，必然牺牲、毁灭、破坏他者存在。然而，这种“为己”则“灭异”的举动最终会导致自己也变成“无”。所以，为了保证自己的长盛不衰，必须把“异”接纳下来。必须基于“共在”而非“独在”思考问题。所谓“纯存在”“纯黑暗”“纯光明”本质上都反映了“独”的彻底化趋势。这也表明了“独”到最后是最不下去的。由此，“物极必反”的本质就是“独则不存”或“独体不立”。这正是“异在论”必须建立的依据。

命题的自反性

“物极必反”，用在命题上就是，关于绝对的表述会出现悖论。康德的“二律背反”就是例子。黑格尔则进而对此推广，认为每一事物的每一规定都包含着对立的规定。我们还可以举出生活中常见的表述，比如“世上唯一不变的就是变”“一切都是相对的”，这些命题都是“自反性”的，即是说，它们在立论的同时就隐含了推翻自身的意思。比如，既然“世上唯一不变的就是变”，那么这个命题本身也应当“变”。除非运用自身排除法，这个命题才可以避免这一悖论。但是，这样的话，它本身就是唯一的超越者，享有“唯一不变”的资格。问题在于，它的这一至高无上的地位何以授权。它的“独”仍然是合法性存疑。

突破“同质化”的“此山”很难

“不识庐山真面目，只缘身在此山中。”国人几乎老少皆知。但是，这种认知性的局限或遮蔽，其根本原因的“此山”还有待于进一步揭示。“此山”，我现在更多地理解为一种基于环境一致性、经历相近性、利益亲缘性、价值认同性等因素而形成的“同质化晕圈”。比如老乡、亲朋好友、同学，这些人最容易形成一个圈子，因为基于上述因素，最容易具有对话性和认同感。其优点不必说，其缺点则是容易被这种“同质化”迷住，甚至陷入“斯德哥尔摩综合征”。

在生活中，想要认清自己很难，原因就是缺乏他者维度。你永远不可能如别人那样看你自己。同样，你的家庭、熟人圈子、民族、国家、历史，你都无法彻底做到他者维度看问题。你在一个家庭、家乡、国家生活久了，你就是“同质化”的产物，怎么可能认清其本来面目？一只井底之蛙尤其如此。

在学术上，你处身“同质化”严重的时代，想要突破是非常困难的。所谓获得社会认可或博取功名，可能就是获得“认同感”，实质上就是被“同质化”。人无法拔着头发脱离地球，从这个角度看，就是“同质化”导致的局限性。

禅宗三阶段

青原禅师：“老僧三十年前未参禅时，见山是山，见水是水。待有个入处，见山不是山，见水不是水。而今有个得歇处，见山依然是山，见水依然是水。”这段话如何解？姑且按照黑格尔辩证法三阶段理解。第一阶段，纯粹的“在自身中”，A是A。第二阶段，“自身”走出来，映现为“他者”，A是B。然而，这个B作为A的他者，是什么？我就打住，问一句：马克思《1844年经济学哲学手稿》中多次引述《精神现象学》的哪句话？这句话，是理解第二阶段迈向第三阶段的关键！这句话在《精神现象学》末章，对照《1844年经济学哲学手稿》，不难查到。我留点余地。大家自己去理解。

在这段话中，“老僧”与“山水”是互为“他者”的。从“老僧”角度讲，“老僧”是“自身”，“山水”是“他者”；从“山水”角度讲，“山水”是“自身”，“老僧”是“他者”。“山水”映现为“老僧”心目中的“山水”，这样，本来的“山水”与心目中的“山水”就分裂为“二”，两者之间是“相异”关系。如何由“异”走向“同”？按照黑格尔的讲法，就是“在他者中的存在”与“在自身中的存在”的化解问题。

今天，我们这些读者读了这段话，“老僧”与“山水”又是“我们”的“他者”，反之，“我们”又是两者的“他者”，第三者。第三者把两者统一于自身，比较两者异同，实现和解。

“同质性”的问题

读中国书，我总是对照西方书。就同一个话题，让中西学人隔空对话。这样才能避免偏听偏信。我正在撰写的书稿中提出，必须从“同质性文化”（同一民族、语言、文化圈往往严重同质化，其弊端如俗话讲的“都是一伙人”“都是一个声音”）异出来，必须采取“异质性视角”与“异质性话语”来避免与之俱化而不能独立思考。

现在一些高校在用人上避免“近亲繁殖”。我就想，有没有人意识到，同一国家、民族、文化的“近亲繁殖”（严重同质化）问题？

近日，因引用凌濛初《二拍》的朱熹与唐仲友严蕊材料，检索阅读了相关学术文章。发现现实利益干扰学术纯粹性。有的学者维护朱熹，讲凌濛初造假（指责小说家诽谤），但其使用的材料主要是朱熹本人的，这就是“同质性证据”的问题。学术研究变成了为同乡同省人护短，这又是地理环境的“同质性”问题。而作为唐仲友的老乡或同省人，又有学者维护唐仲友而发文辩护。这是做学问吗？

当代地域文化研究存在着严重的“同质性”问题。

在学术界，因为是同族、同乡、同事、同门，等等，而在某一话题上采取刻意的偏袒掩饰的态度，容不得任何批评的声音，导致基本的思考独立性与价值中立性的严重缺失。这就是现实利益纽带导致的“学术同质性问题”。这一弊端，导致当今批判的声音太少太弱，成为干扰了学术发展与学术评价机制的因素。

人的“否他性”

我曾经批判过“否他性”。我也思考过，在一定程度上，人的本性就是“否他性”。

黑格尔、海德格尔实质上都利用过这种“否定性”为自己的理论服务。但，海德格尔显然是黑格尔的一种倒退。因为，黑格尔毕竟是“否定的否定”，是扬弃“否他性”，尽管他最终把他者认同于自身，等于吞噬了他者。而海德格尔则滑入虚无，他甚至否定了“人”而有孤悬“存在”的危险。他过于强调“有限性”，实则就是把“否定性”发挥至极。

人的“否他性”实则基于“依他性”，是“依他起自性”。为了彰显自己，必然把“依他”颠倒过来，这就是“否他”的根源。

人必须把“否他”转化为“贞他”，即承认他者、保全他者、发展他者。最终，是自身与他者的共同实现。

胡塞尔与海德格尔（聊天记录即时整理）

胡塞尔一直纠结于意向活动的关联物。因为从意向活动出发推不出那个悬置的世界本身。《存在与时间》针对此有批判，也导致胡塞尔不高兴。

胡塞尔是想通过“生活世界”救治意向性的过于纯粹（实际上就是过于空洞），所以不得不含混其词。到了梅洛庞蒂，索性“含混的诗学”。这都表明了我讲的“独体不立”。

胡塞尔追求理论的纯粹性，导致了他的理论如同蒸馏水，自然就无法对应实际生活的混杂性。他的《欧洲科学的危机与超越的现象学》是认识到自己的理论局限性，所以只好把此前“悬置”的世界再“补”回来，这就是“生活世界”的提法。胡塞尔不得不补出他此前悬置的世界存在，正如康德不得不预设“物自身”。

生活是复杂的，审美活动也是复杂的。倘若本体是纯净的“同一”，它就无从推导出后来者。所以，胡塞尔的理论失败是有根源上的症结的。

胡塞尔的逻辑线索：纯粹意识—主体间性—生活世界。因为讲纯粹意识容易陷入“唯我论”，不得不搞出“主体间性”。但“主体间性”仍使得“主体”缺乏根基，不得不补出“生活世界”。海德格尔的聪明在于：他一开始就预设了“世界本身”与“共在性”，从而避免了胡塞尔的窘境。但海德格尔用“领会”（英译词 understanding）来作为引导，实质上与胡塞尔用“意向”来开端，又有什么实质性的改变呢？无非就是含混一些，并强调“操持”与“被抛”。他讲“上手性”也并不高明。

按照我的梳理，海德格尔的思路大致是：世界本身—异类世界（工具性、上手性、因缘整体性）—人类社会（共在性、匿名性、沉沦性，等等）。我认为，讲世界必须处理“异阶间性”（高阶存在的世界本身与低阶存在的万物），“异类间性”（人类与自然物），“主体间性”（人与人）。

海德格尔讲异类存在讲得并不好。因为“工具性”“上手性”都不是原创性的东西，“因缘整体性”是佛教就讲的东西。他最能引人共鸣的是“常人世界”的描画，因为这是现代性焦虑的根源。

一点反思

人是多元的，有的人宁愿睡着不愿醒来，宁愿依附不愿独立，宁愿被动不愿主动。因为醒来就要面对问题，独立就要承担责任，主动就要遭遇风险。所以，强制性地灌输，一厢情愿地启蒙，居高临下地教育，迷之自信地救世，都不可靠。

我过去就有一种偏执，坚持自己是对的，所以宁可得罪人也要把话说出来，把理讲清楚。我过去认为，应该让一些人正视问题、纠正错误进而有所进步。现在我发现这是一厢情愿。有的人不乐意你这么做，甚至他觉得受到了伤害，显得你有优越感似的。强制性地推销自己迷之自信的理念、知识，这本身就有问题，就已经制造了自己与他人之间的关系不平等。

辩证法与“颠倒律”

小议哲学之精神

从苏格拉底开始，西方哲学就在与诡辩论作斗争，与幻相之制造者相搏。辩证法本来就与诡辩术不一回事，但又难分难解。康德以对治“辩证的幻相”为己任，誓要保卫知识的岛屿（哪怕它被周围的海水侵蚀），故严守知识的疆界。黑格尔更是把辩证法提升到扬弃现象的高度，即，现象并不就是假象，而且就假象之自否定而立真知识。真不离假，非于假之外另有其真；假中寓真，莫弃假而他求其真；即假即真，毕竟两者非二而一，当知其一即涵另一。

俗人之讲辩证法，等同戏论。不知辩证法之精髓在于辨伪存真，更不知超越矛盾以息纷争，又不知超越反复无常而止所当止。若苏格拉底，乃是独守灵魂之恒；若康德者，乃是独守知识一岛而自足；若黑格尔，乃是归旨精神大宁静而复自异其身。由此当知，西方哲学精神与老子之“静笃”本有相契。不知“静笃”，不懂“止于至善”，狂逞小慧而沦于戏论，终身自盘桓于井底而蛙鸣不已，哀哉！

我所发现的辩证法

我所发现的辩证法
源于关汉卿《窦娥冤》
那对于天地的痛斥
是颠倒黑白的批判

我所发现的辩证法
源于当代的生活
那冠冕堂皇的人
被揭露为早就堕落

我所发现的辩证法
源于自己的内心
这颗心反复无常
洞见反复无常的舆论

我所发现的辩证法
源于黑格尔的研读
却一一验诸事实
那凝血一样的质素

我所发现的辩证法
孔老尚不能参透
道常须颠倒为器
美尚须包容丑陋

关于辩证法的简要书目

为了确立老子辩证法的理论特色与地位，有必要搞清楚辩证法的相关知识。故最近回顾了一下有关的书。暂记数种书目：

康德：《逻辑学要义》《纯粹理性批判》。

黑格尔：《逻辑学》《哲学史讲演录》。

海德格尔：《柏拉图的〈智者〉》。

文德尔班：《哲学史教程》。

严群：《柏拉图及其思想》。

王晓朝：《希腊哲学简史》。

黑格尔辩证法的文献要略

第一,《小逻辑》(《哲学全书》第一部分)第 79—82、119—120、238—242 节。

第二,《逻辑学》(俗称《大逻辑》)末章,下卷,第 537—553 页。其他分散于各部分,尤其是上卷论“自为之有”,下卷论“矛盾”。

第三,《精神现象学》著名的“主奴关系”(主颠倒为奴,奴颠倒为主),末章论“一分为二”又“合二为一”。其他部分也渗透着辩证法思想,比如第一章讲“感性意谓”直接颠倒为自己的对立面“共相”。

第四,其他各种讲演录,比如《哲学史讲演录》《法哲学原理》《历史哲学》。

辩证法的范畴

辩证法最核心的范畴是“同”和“异”,类似的或相关的就是“自”与“他”,“一”与“多”。其次是“分”与“合”,矛盾对立及其统一。其次是“始”与“末”,其中关于“首尾圆合”,则是“圆”(黑格尔讲“圆圈”,老子讲“反者道之动”或“复”)。其次是“内”与“外”,与之相应的则是“隐”与“显”,等等。其次是“直”与“曲”,关于直接性和间接性,等等。

辩证法的差异性对比

黑格尔:“每一个都是它自身,又是它的他物。”(《逻辑学》下卷,中译本,第 47 页)

兑换成公式:A 是 A,兼非 A。

老子:“大成若缺……大直若屈,大巧若拙,大辩若讷。”(《老子》第四十五章)

兑换成公式:大 A 若非 A。

海德格尔:“真理即非真理。”(《艺术作品的本源》)

兑换成公式：A 即非 A。

重读黑格尔《逻辑学》论“矛盾”

黑格尔的“矛盾”思想是极其重要的。我们通常讲“辩证法”往往就是等同于“矛盾论”。

黑格尔关于“矛盾”的论述集中体现在：

（1）“矛盾”是内在的，是源自它的规定性的“排斥”作用（《逻辑学》下卷，杨一之译，第 55 页）。因此，“矛盾”是事物的内部规定，在事物的“规定”中就有它的“非有”。

（2）事物是能动的否定，“肯定物便把自身造成是一个非有的关系”（同上，第 56 页）。事物的直接规定性本身就是“一般的否定”。所以，“否定”并不是外部的因素，而是“作为自身关系那样的建立之有或否定”（同上，第 57 页）。

（3）事物的自身建立过程是迂回的，经历两个“否定”。“它是扬弃的自身关系；它在那里第一是扬弃否定物，其次是把自身建立为否定物，这个否定物正是它所扬弃的前一个否定物；在扬弃否定物之中，它既建立、又扬弃那个否定物。”（同上，第 59 页）黑格尔的表述很晦涩。但实质上这两个“否定”的核心就是针对“他者”的“自否定”，它针对着自身的“非有”进行否定。

（4）事物的运动就是“矛盾本身”，或者说，“矛盾”是“一切自己运动的根本”（同上，第 66 页）。

（5）“矛盾”是可以把握的。“思辨的思维唯在于思维并把握住矛盾并在矛盾中把握住自身……”（同上，第 67 页）

（6）黑格尔固然提到一对对的矛盾（同上，第 67—68 页），类似《老子》第二章的内容；但是，黑格尔与老子存在根本差异。老子的超越“矛盾”可能是忘却矛盾或不顾矛盾，保持高高在上的超然姿态。黑格尔的“矛盾”则是内置在一个事物内部的，它是事物的原动力。

（7）黑格尔的“矛盾论”揭示了万物斗争与生存竞争的必然性。这就是说，事物的自身规定性就有“否他性”，这是内置的否定，所以任何事物都必然展开为针对他者的否定力。黑格尔讲的“非有”，就近乎萨特讲的“匮乏”，其本质就是“他者的缺失”。黑格尔基于“内在关系”讲“他者的缺失”，而实情则是，离开对于他者的吸收自我存在就是空的。既然任何“自身”都是“他者的非有”，那么，它就必须转化为“他者的有”，即占有、拥有他者因素于自身中。这个思想被萨特表述为“虚无纠缠着存在”。

黑格尔的“矛盾”思想可以和其“自为存在”(“自为之有”）的概念结合起来理解。关于“自为存在”，要把握住“扬弃异在”这个根本。在《逻辑学》上卷中，黑格尔讲了关于“一”的六条规定，这是理解黑格尔哲学的难点，但又是其精髓。黑格尔的“一”实质上就是“独体意识”，也就是走向“自立独立”的观念性，也就是“自环”的“私”。这个思想的基础就是西方源远流长的“个人主义”。所谓“主体性哲学”，其精神就是“个人主义”或“个体化原则”。黑格尔的“矛盾”根源就是，事物为了实现其“独”必然展开与他者的斗争。附带说一下，中译本的“为一之有”，似乎译为“独一存在”更明了。因为说到底，“为一”就是“为己”的“唯一性”，它就是“独”。

警惕“一分为二”的僵化

我们如果要讲辩证法，就要重新思考、审视过去的教科书式的“矛盾论”“两点论”“一分为二”。尤其是“一分为二”，我们并没有认识到它的机械化、简单化、绝对化的弊端。我们经常不假思索地搞“一分为二”，但是，对于“一分为二”的方法论缺乏前提性的批判。第一，“分”的依据是什么？这个依据是“天然合理”吗？第二，“分”的主体性如何？此主体是“天然正当”吗？第三，“二”的价值判断是永恒的吗？“二”的关系是绝对的吗？事物常常需要“二”之外的“中项”，也就是需要“第三者”，但是，事物的“中介”具有复杂性，于是可能需要“第四、第五”，等等。按照黑格尔的讲法，一切事物都是“推论”。这就意味着，一切事物都经历至少三个阶段：普遍性、特殊性、个别性。所以，这个过程中，就不能机械地搞“一分为二”，当然也不能机械地搞“一分为三”，那种“三项式”只是纯抽象的逻辑形式而已。讲哲学，尤其是辩证法，最不宜搞“公式”。所以，要警惕“一分为二”的僵化、机械、简单的问题。

辩证法与“信”

辩证法既要讲“变”，更要讲“常”（恒）。知“变”而不知“常”则“妄”。讲“恒”才有“信”。所谓“真理”，本质就是“信”，所谓“信”就是“复”的运动。“早知潮有信，嫁与弄潮儿。”无论是外部自然还是人，有“信”很重要。“信”基于“可重复性”，由此带来“可预见性”，带来“可靠性”。如果没有这个“信”，人间就乱套了。我们待人接物也是如此。要与有“信”之人交往，避免那种“反复无常的小人”。生活有“信”，工作有“信”，心情稳定，状态就良好，身体就良性循环。“信”者，一种稳定的自绕运动。“自绕”者，围绕一个轴心而动，此轴心即自性。所以，我们看待事情，看待别人，就要了解它的轴心。如果这个人总是云遮雾障，就是不可靠的人。

什么是唯物辩证法？

我根据自己的阅读，认为唯物辩证法的基本原则是这样的。

（1）所谓“唯物”，就是强调“物化”的积极意义。精神、人格、权力、自由……这一切本是“至虚”，必须经历“虚”而“实”的运动，这就是“物化”。人的尊严、价值、追求，等等，需要“物化”的环节固定下来，这就是物质财富的积累。作为个体，他的生命安全奠基于“物化”的承认和保护，这就是“物权”得到法律的支持。所以，私人财产必受法律保护，这就是“唯物论”在法律上的彻底实现。

（2）所谓“辩证法”，就是强调“异”的包容性。通常的思维方式是“同”，其价值观念就是“同化一切”或让一切“同于己”。否则，它就要打击，这就是“党同伐异”。它不懂得这样做就会陷入“孤”“独”。其所谓“大同”就是“孤同”“独一”，它就走向了灭亡。所以，所谓“对立统一”就是让对立面共存。这本质上就是吸收“异”而不是排斥“异”，是更好地保存“异”而不是消灭“异”。黑格尔所谓“扬弃”，本质就是对待“异”的方式，是以提升、保存“异”为核心的。

（3）唯物辩证法与一切主观任性作斗争。因为这些主观任性不尊重事物的客观规律。而所谓客观规律就是“自运动”的必然性。万物皆有自性，按其自性的要求而运动、发展。谁不尊重“自运动”而强行干预，这就是主观意志、主观任性。这种“强加”或“外加”的力量只能一时得计，难以持续。

“辩证法陷阱”

“辩证法陷阱”，这是我最近再次思考的问题。什么是“辩证法陷阱”呢？它就是指陷入一种现象界的循环往复。这个问题克服不了，就容易导致价值虚无。比如“太阳底下无新鲜事”，这句话就讲这种循环往复看久了就没有新意了，因为都是“老一套”嘛！所以，要想办法更高一层地思考问题，或者说，要超越这个阶段。

我们联系现实也一样，很多过去颠覆的人物又重新立起来了，或者过去立起来的人物又被颠覆了，这种“颠倒”的现象经常发生，就构成了“交替往复”。“正—反—正—反……”，以至无穷。这就是“坏的无限”。

我发现中国的历史和现实也是如此。“皇帝轮流做，明年到我家。”就好比建房子，建了推倒，推倒了又建。最常见的就是修路。我还听到一个词，叫“中等收入陷阱”，大概就是国家发展到一定阶段就爬不出来了，变成了“反复折腾”。这种种现象用哲学思维加以概括，就是“辩证法陷阱”。

所以，要认真对待“辩证法陷阱”问题。不能总是“变来变去”，看似眼花缭乱，看久了就发现是“单调重复”。比如，你过去“立”一个柳传志，过一段时间发现他“塌”了；你过去“抬”某个人，过许多年发现他“垮”了。那么普通老百姓就陷入“怀疑人生”了。我们自己也可能成为“人格分裂”，我们的子孙后代也可能“反复无常”。事事“反复”，则人人“反复”；反之，人人“反复”，则事事“反复”。于是大家都是“反复无常”，世界就乱套了。

辩证运动的核心是普遍性向个别性转化

“公”与“私”的基本关系，用哲学的叫法，就是普遍性和个别性的关系。普遍性没有个别性，就是空的、假的。所以，普遍性必须向个别性转化，这个运动过程被黑格尔称作“异化”。这个运动过程才是辩证法的核心。黑格尔哲学的弊端就在于，他最终站在“上帝视角”，只强调“上帝”或“绝对精神”的自我实现和“复返”，他的所谓“收回”（扬弃异在）无异于取消了万物存在的意义。最终，他还是重申“我是我”的绝对同一，“异”的阶段最终还只是“中介”而已。我们则恰恰要以“异”为核心，捍卫个别性的权能。换言之，必须揭穿“我是我”的虚妄性，强调“异”必以个别性为根基的价值取向。真正说来，要实现对于黑格尔哲学的“颠倒”，不再是个别性奠基于普遍性，而是普遍性奠基于个别性。唯有承认个别性的真，最终才能保证普遍性的真，而不是相反。

“辩证法”与“斗争哲学”

将黑格尔辩证法加以改造，转化为所谓“唯物辩证法”，进而发展出“斗争哲学”，这个过程要注意。在黑格尔那里，“对立”“斗争”是必须经历的阶段，但也仅仅是“过站”罢了，最终必然走向“和解”“统一”。这方面，只需要参考《小逻辑》第 79-83 节的辩证法三阶段经典表述，就一目了然。

需要指出，在老子哲学中，“矛盾斗争”是被认为没有意义的，超越“矛盾斗争”才是“圣人”当居的境界。这方面，参考《道德经》第二章即可知。另外，记得冯友兰先生谈过这个问题。他是亲受“斗争哲学”的“苦”的，所以认为张载的“仇必和而解”的话更可取。“仇必和而解”就是主张最终的“和解”，与老子、黑格尔的见解一致。

何以讲“人是辩证法”？

近年来，我一直讲“人是辩证法”或“人是矛盾”。这是“人学”思想的贯彻。

讲“人是辩证法”或“人是矛盾”，是区别于把“辩证法”“矛盾”视为独立于“人”乃至于“绝缘于”“人”的那种“客观规律”之说的。这是高度关注“人”的体现，也是克服通常的“客观规律”之论的内在矛盾。

在通常的理论那里，“规律”是不需要“人”而可以“独在”的。这里面有一个基本矛盾。即，当你说“不需要人”的时候，“你”是不是“人”？也就是说，一切“客观规律”“客观物质”这类“独在物”实质上都是某一个人在强调指出的。所以，这些“独在物”的得出实质上源于某个人的“否定活动”或“抽象”。

一个人不能一边存在着，一边说“没有人”。你说“假如没有人，但依旧有某种东西”，但你恰恰忘记了自身的存在。所以，你是基于“自否定”而得出一种“客观实在”的。

一切“无人”的存在的本质就是“人”被“无化”，本身就是对于“人”的取消和否定。

为什么“人是矛盾”呢？一方面，“人”具有“否定”“报复”他者的冲动。他为了实现自己必然具有“否定”的冲动，这是矛盾的根源。另一方面，“人”具有“补偿”自己的要求。一个人工作越紧张疲劳，越要通过娱乐方式休息时间来缓解压力。工作越是枯燥无味，越是没有意义，越需要非理性的刺激来发泄情绪。即是说，“人”往往摇摆于“两极之间”。但“两极”恰恰是基于“人”的“摇摆”。

人的生活需要“平衡”。但“平衡”或“中庸”必基于“对立”，基于“矛盾的尖锐化”。

儒家讲“中庸之道”，但是，倘若没有对于“极端”的体认，则所谓“中庸”就是假的。这就是必须“叩其两端”的原因。故，欲知“中庸”必先“极端”。问题在于，儒家从不欲“极端”，故其“中庸”就可能只是空的“观念物”。

颠倒律、革命与辩证法

马克思《资本论·第二版跋》把辩证法与革命联系起来讲。我现在一下子想通了。辩证法就是“颠倒律”，揭穿世间一切“颠倒机制”。“革命”英语为 revolution，与 revolve 同源，就是“反转”，所以“革命”就是“颠倒律”，就是把颠倒了的东西再反转过来。

人是颠倒

人直立行走，却无往而不在颠倒之中。他明明是单个人，是个体性的存在，作为身体与他者分割开来；但是，他偏偏创造了普遍性，作为语言与思想的存在，就是“公名”“公义”的存在。他谁也代替不了，谁也不能代替他，但是，他总是想代表天下人，又总是被天下人所代表。他处处从己出发，把世界存在个别化，始终脱离不了个体性原则，处处是世界的“自我化”；但是，他总是把个别性扩张为普遍性，总是把一己之见、一己之欲推及为天下人之公义、万物之大欲，这就是个人的“世界化”。一切颠倒机制，源于人有一单个的身体，但是却有一颗创造观念物的头脑。

作为活生生的个人，人是“小一”；作为思想者，他创造了“大一”（作为“大全”“大道”“天”“上帝”“圣”）。后者常常压倒于前者，但实际上源于前者。

人是矛盾，是颠倒，于是他之所在皆是颠倒性的存在。社会、文化、价值，皆是颠倒机制的产物。

黑格尔的智慧在于把辩证法归结为“自身分裂”，归结为“颠倒机制”，但是，他把一切他者存在都理解为“自身中的他者”，理解为“自身区别”，理解为“自否定”。他把“一”（同一，self-identity、self-sameness）理解为“绝对的否定性”，就是说，“一”兼有“异”。他重视“异化”，是由“一”开出“异”，由“自”分离出“他”；他同时重视“回返自身”，重视“统一”，就是把独立出去的“他”再收回来。黑格尔充分论证了对立面之间的颠倒机制，即彼此之间交替、变换。但是，他过分地夸大了这个颠倒机制的积极作用，而对于现实生活的颠倒秩序，对于黑暗势力的颠倒乾坤（杜甫所谓“反手作云覆手雨，纷纷轻薄何须数”）缺乏必要的批判力。

人是“矛盾颠倒体”

人就是颠倒装置。其头脑思考的是普遍性，是名相，或黑格尔所言概念；其肉体则是个别性，是与其他个体不相连的“独体”。他的思想、语言是可以交流、共享的，所以是具有“公”的属性的；但其身体欲望及其满足，其肉体感官及其体验，这是没法共享的，必然是独占的，因而是“私”的属性。很多人讲“天人合一”“天下大同”，这只能是精神的追求，在身体方面，人与人是不相关联的。人与人的肉体关联基本就是性爱。物质方面的享有与支配包括婚姻爱情都是“私有”的。比如一个苹果我咬一口就少一口，无法实现让别人也吃到同样的这一口。所以，人本身就是“公”与“私”的矛盾结合体，也就是“倒装体”。这是一个非常朴素的事实。然而这是一个历来哲学家或不当回事或忽略的事实。这一事实决定了人本身的矛盾属性，决定了人的分裂的可能性。我们思考问题要基于这一事实。但很多人恰恰偏于其一方面，或者片面追求精神，或者单独地强调肉体，这都是错误的。人本身就是“矛盾结合体”，是上半身与下半身的对立，其头脑所思与其语言所谈是其身体所行、欲望所图的对立面，故人本身就是“上下颠倒体”。比如人口头上讲“无私”，但其身体的“私有”本性却背叛了他，有限的饮食日用是不可共的。人类倾向于联合，这就是其上半身决定的社会性，但是，人类又倾向于自私利己，这就是其下本身决定的动物性。人类社会是“结合体”，但是作为单位的无数的个人却是“独体”。所以，这个矛盾既是天然的，又是后天造就的。人因此就有“颠倒机制”，发生“颠倒运动”，黑的可以讲成白的，美的可以看成丑的，善的可以认为恶的，等等。人间的一切虚妄、欺骗、阴谋，都源于此。

说自我撕裂

今天翻看叶嘉莹的一本书，序言讲“以悲观的心态，过乐观的生活”，又说她曾亲手杀死了自己的感情。感觉她也是撕裂严重的人。你的所谓“乐观生活”只是表象，那“悲观的心态”才是底色。

人是矛盾，自我撕裂，这个规律，几乎没有例外吧？那种表里一致的神圣同一，存在于现实中吗？连孔子也有分裂啊！ 他也对着子路的指责赌咒发誓，这是真实的人。

所以，绝对的同一性，那种知行合一的大光明之境，或许就是一种观念而已。而自我矛盾，自我异化，可能才是更为本真。

自身矛盾的两种

自身矛盾有两种讲法。

一种是从破坏意义上讲，是从旁观者角度看。比如，某人是伪君子，表里不一，当面一套，背后一套。这是就某人的“自”一分为二，这里是矛盾的，不同一的。但这样揭示的两种“我”实际是为了批判，揭穿其虚假性。

另一种是从建设意义上讲，是从自身的“立”讲。一个人要监督自己，比如“吾日三省吾身”，这里就有“吾”与“吾身”的区别，进而两者之间就有矛盾了。再比如，“我”立志要成为亿万富翁。这就有“非亿万富翁”与“真亿万富翁”的自身矛盾。但实际上，两者又都统一在积极赚钱的“我”里面。积极行动起来的“我”倘若贯彻到底，就是自我矛盾的最终克服，在此过程中，“我”得到了提升。这是积极意义的自身矛盾。它实质上是动力的来源。

“颠倒运动”是辩证法精髓

辩证法的精髓是什么？我们当然可以按照通常的讲法，比如“对立统一”或者“相互依存相互转化”。但是，最核心的是“自身反转”。黑格尔讲，事物的每一规定自身同时就是其对立面。“每一”同时就是“反一”。也就是说，“每一”都有其反面。《逻辑学》:“每一规定都在自身中是自己的对方。”（下卷，杨一之译，第31页）这就是“自一反”合一。所以，“每一”都是“双面”。所谓事物的运动本质就是“自运动”，是围绕着“轴心”的“翻转运动”。所以，事物的运动就是“自身颠倒运动”。“自在自为之有的世界是显现的世界颠倒过来的。”（下卷，杨一之译，第152页）因此，“颠倒运动”就是辩证法的核心与精髓。另，黑格尔直接论及“颠倒”的文字，还可参考《精神现象学》第三章、第六章。

人是善于“颠倒”的动物

人是辩证法。人是善于颠倒的动物。这根源是人有阴阳向背。手掌有手心手背，所以翻转就非常容易，翻手为云覆手为雨。人的躯体有背有正,《周易》讲“艮其背”，这个“背”甚至更重要。人前是一套，人后是一套，这就是正面与背面的颠倒反转运动。“我是为你好!”实则是为你坏。这是非常常见的颠倒。纸上是一套，做起来另一套。这是理论与实践的颠倒。我对于辩证法的领悟，最有体会的就是“颠倒”二字。讲老子，讲黑格尔、尼采、马克思，都不要忘掉“颠倒”二字。生活是理论的土壤。要善于以“颠倒”二字看生活，看人，看事实。

“舆论反转”与“辩证法”

近年来不断发生“舆论反转”或“人设崩塌”的事情。这也是辩证法“颠倒机制”的表现。

我曾经讲，“人是矛盾”，或“人是辩证法”，这个意思其实可以从康德、黑格尔的哲学思想中推导出来。康德发现“二律背反”的奥秘在于“知性”，黑格尔进而认为“概念的本性”就是辩证法。这都是把“矛盾”“辩证法”归结为人的思维机能。换言之，所谓“矛盾”就是“人心”的“捣鬼”。通常讲“矛盾”，讲“辩证法”，是“外在关系论”，比如所谓唯物论，就把“矛盾”“辩证法”视为“事物的本性”或“客观规律”。而康德、黑格尔讲“辩证法”，是“内在关系论”，是收归于人，从人的思维机能来找根源。

再回到刚才讲的“舆论反转”现象，从“人心”讲，就是“翻手为云覆手为雨”的“颠倒黑白”。一方面，当然有外部因素，但是，人们对同一事物、同一人物的看法为什么会出现这么大的“反转”呢？这就耐人寻味了。事实是一方面，而评价的反复无常是更值得关注的方面。“举”之则为“天”，“捧”之则为“神”，“诅”之则为“渊”，“詈”之则为“鬼”，这种巨大的“反转”现象才是需要批判的。它反映了人心的浮躁，理性的缺失，只是群情汹汹之下的本能冲动，对于事物、现象缺乏耐心等待，缺乏冷静观察，尤其缺乏“大事离得远才能看清”的淡定。

对“否定”进行“否定”

如果我们不学会放弃，做不到拒绝，那就简直不可能聚精会神于做自己喜欢的事情并竭尽全力于把它做到极致。满天弥漫着否定力，它们都想要改变你的轨迹。这就是矛盾冲突的根源。而你想要坚持自己，就要置所有这些“不”于不顾。所谓“否定之否定”，就是对一切“不”说“不”，这就是返归自我的道路。

真正的辩证法就是“那成为自己的本性的绝对辩证法”。“最高、最锋锐的顶峰是纯粹的人格，它唯一地通过那成为自己的本性的绝对辩证法……”（黑格尔《逻辑学》下卷，杨一之译，第549页）

由现代性的辩证法到当代中国社会的背反性

一、启蒙运动、理性主义变身为“反启蒙”“非理性”。

二、工具颠倒为目的。挣钱从手段变成目的。马克斯·韦伯《新教伦理与资本主义精神》结尾：“专家没有灵魂，纵欲者没有心肝。”

三、过程的合理化管理变成了大众广受数字化管控。抽象统治世界，单纯数量成为价值追求。

四、主体性哲学变成反主体性哲学。主体的弘扬导致主体的消解。人是沙滩上的面孔，随水而逝。

五、身体解放、感性拯救变成了身体解构、感性麻木。参考当代的整容技术、身体自毁。

六、生活仪式感走向情感空洞性。节日狂欢化购物与人造“数字节日”泛滥。很多人越来越受控于广告媒体宣传和商业炒作。

七、技术统治人心。人越来越受制于手机为平台的抖音、快手、微信公众号、百度推送、知乎爽文，等等。

中国儒家的“颠倒机制”

中国儒家向称“为己之学”。实则，这里面有吊诡，即“颠倒机制”。原因就是，这个“己”恰恰是“无己”“无私欲”的，它排斥肉身的需要。这样，它所谓的“己”恰恰没有身体做基，悬空于所谓的“仁圣”之境。它落实不下来，而若要落实就必然发生一次倒转。所以，才会有李贽、戴震的大声抗议。

说辩证法

世间有几种辩证法。有西方古典辩证法，有东方古典辩证法，有现代辩证法。

西方古典辩证法，以柏拉图的《智者篇》《巴曼尼德斯篇》《理想国》（又译《王制》）为典型。“辩证法”（dialectic），本义是“对话”，有“对话”就有“辩论”，就有了矛盾对立。

东方古典辩证法，儒家、道家、佛教，都有。儒家讲“叩其两端”“允执厥中”，张载讲“仇必和而解”。道家，老子是回到矛盾对立的未萌之始，庄子是“两行”。佛教，以《坛经》《维摩诘经》为例，还有“八不中道”，是两间游移不定的动。此外，方以智讲“反因”。

现代辩证法，以黑格尔、马克思为代表。黑格尔解决矛盾的方案是，谋求“对立面统一”，把双方都吸收进来而兼容之，并以高阶存在统摄两者。马克思则是诉诸现实革命，从社会制度入手。

论“颠倒机制”

我们中国人讲辩证法，“物极必反”是口头禅。但是，也仅仅是口头禅。这个“颠倒机制”没有自觉地、严密地运用于制度设计。精神之为至虚，必须物化方得落实，此黑格尔《法哲学原理》已经讲过的。

人人都有一个皮囊，唯此不可代替交换。思考哲学问题、政治问题，此是基本点。人的身体的个别性、唯一性，欲望满足的特殊性，与思想、语言的普遍性、公共性，这个基本矛盾是一切问题颠倒的根源。个别的人，明明用唯一性的“口”说出了“公名”，这就是颠倒之始。个别人把一己之口宣布为众口之所归，这就是“个人私意”颠倒为“民心所向”的概念机制。

“颠倒律”

读曼德维尔的《蜜蜂的寓言》，他说：“那恶德虽说是格外荒唐万分，却在推动着贸易的车轮前进。”这就是“恶德”颠倒为“公利”的“颠倒律”啊！但反观中国辩证法思想传统，好像没有这个认识。中国人总是讲“人之初性本善”，讲“良知”之类，但是，历史却是残酷的：不能让旧中国走向繁荣富强！举例来说，北宋时期那些正人君子与变法派斗来斗去，最后是亡国。这又是一种“颠倒律”，天天讲“善”，终究是“伪善”。所以苏轼就曾经讽刺过程颐。

再说“颠倒”

在旧书店翻书，还是想着黑格尔的“颠倒”范畴。千言万语讲辩证法，近年我就拈出个“颠倒”范畴来概括之。

杜甫：“翻手作云覆手雨，纷纷轻薄何须数。”这里面就涉及了“颠倒”。杜甫诗写的就是人的变化无常，如同手掌上下、正反地翻转。

人际关系中也是这样，所谓“反复小人”就是杜甫诗批判的对象。

所谓“此一时彼一时”，“三十年河东三十年河西”，“风水轮流转”，都涉及了“颠倒”。

价值颠倒机制

中国的历史，尤其是文学史，有突出的价值颠倒机制。广受推崇的人物，多是现实利益竞争中的失败者或退出者。屈原、陶渊明、李白、杜甫、苏轼，都是受到了这种挫败才在创作上升华到一个时代的顶峰的。司马迁偏偏把项羽塑造成英雄而把刘邦勾画为无赖，就是这种价值颠倒机制的表现。李白说："屈平辞赋悬日月，楚王台榭空山丘。"讲得还是这种颠倒效应，失败者流传至今而得志者身名俱朽。那些投机钻营分子，是只在乎生前获利享受的，他们也可能不屑于这一颠倒机制。

著述中国文学史，倘若揭示不了这一机制，在价值观念上就是有问题的。

辩证法与政治学

辩证法的根本范畴就是"同"与"异"，换言之，就是"自"与"他"。辩证法的存在基于人类的非此即彼的排斥心、区别心。人类社会的矛盾冲突总是激化为非此即彼的势不两立。形式逻辑的"同一律"与"矛盾律"正是对此的认识论的反映。不管是"同一律"还是"矛盾律"，都基于人类自身的绝对肯定，而为了绝对肯定自身必然导致绝对否定他者。因此，"同一律"代表了绝对肯定自身一致性的倾向，而"矛盾律"则是代表了绝对否定他者的倾向。黑格尔讲"一分为二"当由此来看。

在人类社会中，在政治领域，总是把"异"激化为"二"，比如英国脱欧还是留欧，这就如同康德讲的二律背反的两个命题。这种势不两立而取其一的投票实践，恰恰是一种"辩证的幻相"，也是一种"民主的幻相"。因此，辩证法运用于政治领域，必须避免这种"幻相"，必须避免简单化的"二"之对立，进而必须避免"二"中取"一"。

把政治学问题简化为数学题，把复杂的利益冲突简化为一个数字，这只能意味着一种驾驭力的弱化，同时也是一种智力的退化，更是一种不负责任的儿戏。

丹麦哲学家克尔凯郭尔吸收了黑格尔辩证法的东西，把辩证法问题转化为人生道路的选择问题，这就是《或此或彼》一书的主题。克尔凯郭尔强调了人类生活“选择”的困难，正是由此启发人类应该慎于“选择”，对于“选择”要勇于“担责”。英国脱欧事件表明，英国民众远未达到“慎于选择”并“勇于担责”的素质，许多选民是儿戏性投票并很快反悔。

辩证法转化为生存哲学，克尔凯郭尔是一个关键人物，萨特则是另一个集大成者。

辩证法必须关注的是，众多互相排斥的“一”能否相容？取其“一”而弃其余的弊端如何避免？作为单个人的“一”如何置身于“众一”？“众一”能否由“某一”代表？“众一”能否被“某一”凌驾？

关于“颠倒”与辩证法

关于“颠倒”，马克思有个讲法，认为黑格尔的辩证法是“头脚倒立的”，故他要把它“颠倒过来”。这个表述引起很多麻烦。按照黑格尔，一切“颠倒”都是事物自身颠倒其自身，不需要外在的某个人去“倒置”。黑格尔的辩证法强调的是“自性颠倒”。事物的本性就是“颠倒”，“自反”者，自身颠倒而“反”也。

老子讲“反者道之动”，“反”即向着相反方向运动也，此亦“颠倒”。俗话：“让你往东你往西，让你打狗你赶鸡。”此即“对着干”，即“倒着来”、“反过来”之义。“革命”的本义是“颠覆”，亦“颠倒”之义。有趣的是，“革命”的英词revolution，词根即有“反转”之义。不懂“颠倒”，就不懂辩证法的革命性。

通常讲“物极必反”“盛极必衰”，都讲向着相反的方向运动。但是，都不是就主体性、自否定、自运动讲的。黑格尔辩证法之独特性，在于强调事物的本性是运动根源，事物自身是运动的主体，而且，运动的归宿仍是事物自身。

通常讲“自取灭亡”，似乎强调了事物自身是运动的根据。但是，却不像黑格尔辩证法所理解的，“自取灭亡”本身就是事物的“自身实现”过程。黑格尔辩证法的独特性于此可见。

论“颠倒”

表达失效的背后，或者说，表达之言传的背反性。这里有太多辩证法的意味。辩证法就是颠倒运动，语言的颠倒运动、意识的颠倒运动。

“颠倒”，中国古人也意识到，但没上升到辩证法高度。屈原：“阴阳易位，时不当兮。”《上邪》：“山无棱，江水为竭，冬雷震震，夏雨雪。”《窦娥冤》：“为善的受贫穷更命短，造恶的享富贵又寿延。”

《精神现象学》第一章就充分利用了语言的颠倒运动。第三章重点讲“颠倒”概念。

两性辩证法断想

相关知识，黑格尔《法哲学原理》第 158 节及以后。《精神现象学》第 6 章。

辩证法的根本，就是处理好流变、短暂与传承、持存的关系。两性结合才可以实现人类的延续，才能保障代代相承。

如何在“不定”的洪流中，“定”下来，这是根本。总是“不定”，就是“流”，游荡无止。“止”下来吧。

婚姻符合“定”下来的要求。家庭中有平等的他者约束你，生活大体稳定。

关于“公私关系”

“公”与“私”的关系如何处理，一直是个难题。“私”，一己小我的“欲望”“利益”，一直不能从学理到法理，再到国家制度的层面得到承认和保障。必须从哲学上论证，其一，“公”必须裂变为“私”（在哲学上，“天道”“大全”必须分裂、独立为“个体”“私欲”）；其二，“私”的全面实现本就是“公”，换言之，“私”本是“公”的客观化，两者是统一的而非对立的（这在哲学上就是，“器”本是“道”的实在化，“小人”的合理化即“君子”，而非用“道”否定“器”或用“君子”否定“小人”）。

论“德”的辩证法

莱布尼茨：“倾向于避免恶的世界并不是一个更好的世界，因为伴随着恶而存在的必定有一种更大的善”（转引自罗素《对莱布尼茨哲学的批评性解释》附录）。这就是善恶互依互转的辩证法啊！老子讲“上德不德，是以有德；下德不失德，是以无德”，也是讲“德”极端转化（转向其反面）的辩证法。黑格尔讲，纯粹的光明就是纯粹的黑暗，也是此理。中国儒家讲“至善”，但是从辩证法讲，必须有恶与之共存，善才真实起来；否则，无恶之善就是空的、假的。比如王阳明的“四句教”，不还是要落实下来进入一种对立关系吗？如果悬空地讲一种“无善无恶心之体”，那就是纯抽象。纯抽象的存在即非存在。

认知方式本身的辩证法

每个人都有抵达真理的权能。问题在于，抵达的方式是怎么样的？在这个问题上，分歧非常大。有的人诉诸直觉、信仰，有的人诉诸思维，有的人诉诸实践。但是，很少有人会考虑抵达方式的平民化问题。即，这种方式不是个别人拥有的，而是所有人都有的。更关键的是，这种方式本身就具有自我改进、自我提升的能力。也就是说，并不需要一种额外的、特殊的认知方式或抵达手段，而是手段本身就具有辩证法的特质，它会自我推动着自己，不断完善自己，直至实现真理。赋予认知方式本身的辩证法意义，使之具有“自否定”的本质，这是黑格尔关于认知方式的独特观念。

“贞”之为艰

马克思讲“异化”，是从坏的方面看问题。黑格尔讲“异化”，是从好的方面看问题。东方哲学讲“逐外”而“丧本真”是从坏的方面看问题。综合中西，用“颠倒律”（反转效应）来概括之，进而超越“颠倒律”，实现虚无主义的扬弃，达到“贞”的实现。这是我许多年来一直想解决的问题。但是，连我也常常陷入“颠倒律”之中。这就是痛苦的根源。

《周易》“元亨利贞”，我必须赋予新意。“贞”是“颠倒律”的克服，是至善之境，然而，何其难哉！

显隐之际

显与隐的辩证法需要重思。在儒家那里，显微无间。但在老子那里，有一道鸿沟，甚至说有一个中间地带（混而为一）。在海德格尔这里，一直纠结于“澄明”（clearing）与“遮蔽”（concealing）。我们当代哲学工作者还于此思得不彻底。

在显隐关系中，人世间的瞒与骗、吐与露应该获得更根本的奠基。人类的罪恶性应该于此获得理解与宽恕。

中西哲学的巨大差异，或许通过显隐辩证法获得一个洞见。中国总体而言偏于隐，而无论黑格尔还是海德格尔，总是重于显的。

熊十力一直讲“体用不二”等“不二”的观念。但是，才讲“不二”则“二”已经有了。这绝不是简单化的“不二”就能否定的。也无法阻止海德格尔等人的对于“深渊”的叩问。

“诗能穷人”的辩证法

“诗能穷人”，即是说，诗作为诗人的自身产物，它成为自身的否定，它导致自身的“穷”。这就是这个命题的辩证性。因此，这句话就与马克思讲的异化劳动一致。异化劳动讲工人的劳动导致对工人的否定；“诗能穷人”则讲诗人的劳动导致对诗人的否定。

任何一种活动倘若具有两重性，则“诗能穷人”就是片面的，因为它忽略了走向反面的可能性，即，“诗能达人”。因为按照辩证法，完整地说，诗既能穷人，亦能达人。异化劳动显然也是如此，它既可以否定自身，也可以肯定自己。

既然任何一种事物及其活动具有两重性，则处于任何情境都可以释然于心。喜事不足以喜，因为它会走向悲；悲事不足以悲，因为它会走向喜。“福兮祸所伏，祸兮福所倚”，则任何好坏事情都是暂时的。

倘若贯彻辩证法于人生境界，则苦乐皆可，喜悲皆可，福祸皆可。准此，所谓“全身远祸”，就不必刻意。按照黑格尔讲的“理性的狡计”，任何一种人为算计都会被否定，你的算计最终落空。

但马克思认为，人类既是剧作者，亦是剧中人。人类作为剧中人，参与了运动过程，改变运动过程；更要紧的是，他作为剧作者，可以修改剧本，可以改变命运。这就与消极的辩证法不同。

黑格尔哲学

一生纯粹地读一部书

人生本是一本书。人生也要读书。一生可以纯粹地读一本书。这本书，我推荐黑格尔的《精神现象学》。

这部书是“天书”，哲学界皆知其难。然而，这本书正可伴随一生纯粹地阅读。所谓“纯粹地阅读”，就是不计其功地阅读，耽溺为岁月静好地阅读，悠悠以卒岁，从容含玩，沉潜往复。要相信黑格尔，他不是乱讲话，读不懂不要怪罪他。要知道，从普通人的日常意识到达天才巨匠的哲学境界，本身就像登攀珠穆朗玛峰。

《精神现象学》是天才之作，讲的是世界精神的发生史。它以哲学的形式演绎了意识的整个演变历程，因此又融合了世界史、人类史的丰富内涵，堪称“史”与“哲”的统一。限于篇幅，这里仅扼要介绍两点。

首先，“真知”之路的探索。它的实现过程就是从“对象之知”到“绝对自知”。普通人总是困惑，我如何认识到“真理本身”呢？或者如康德所说，认知不可能抵达“物自身”而仅及其“现象”。但黑格尔认为，“绝对”并不遥远，它就在我们近旁。而且，“绝对”并不是绝对不动，相反，它是“概念的自运动”。人类既有“对象之知”（他知），更有自我意识（自知）。辩证法就源于这个从“他知”到“自知”的分合运动。人类的“自知”之本性就是，它一方面区别于事物，但另一方面又关联了事物，因此它更能把握事物的本性，实现“概念的本性”与“事物的本性”的同一。这样一来，普通人的疑惑就能解决。所谓的“外部认知”或“他知”的局限性就可以克服。“意识”经过一番艰难磨砺，会提升自己，它会经历自身的演变历程为“走向科学的道路”。“在那个地方，现象将会等同于本质，而意识的呈现过程也将与一种真正的精神科学汇合在一起。最终，当意识亲自理解把握到了它的这个本质，它就会标示出绝对知识自身的本性。”（《精神现象学·导论》，先刚译）

其次，精神的本性展示为辩证法的历程。它就是“一分为二”而又“合二为一”的过程。绝对精神就如上帝游戏，它自己难免枯寂，于是决意于创造一个世界，把自己转化为他者存在。“精神转变为一个对象，因为它就是这样一种运动：自己转变为一个他者，也就是说，转变为精神的自主体的一个对象，同时又扬弃这个他者存在。”（《精神现象学·序言》，先刚译）这句话分两个阶段，分别是“异化”阶段以及

“异化”的克服阶段，所以它最终返回自身。这里的关键就是，那所谓的他者存在或者外部世界并不是陌异的不相关的存在，而就是它自身的存在。“自我意识不但扬弃了这种外化活动和客观性，同样又把它们收回到自身之内。——这就是意识的运动，而处于运动中的意识乃是它的各个环节的总体。”(《精神现象学·绝对知识》，先刚译）在这里，沉迷于外部世界的意识就彻底醒悟了，因为他者存在就是它自身的确证。对象与自我的矛盾就化解了。这个过程，就是“三段式”的：（1）自身存在；（2）他者存在；（3）两者归一。这里的关键就是，“自我”先是“分裂”为“二”（“自我”与“对象”），而又整合回归到“一”(包含着“异在”的自我)。在此需要纠正对于黑格尔哲学的指责。有人认为，黑格尔哲学是“主客二分”的典型。这个理解有其合理性，但并不全面。实则，这个讲法只关注了“二分”的环节，而忽略了首尾相衔、回环往复的“一”。黑格尔最终强调的仍是转向最初浑朴未分的“一”，“科学表现为一个自身环绕的圆圈，中介把末尾绕回到圆圈的开头”(《逻辑学》下卷末章，杨一之译)。

黑格尔《精神现象学》是一部大书。它开启了青年马克思的批判精神。青年马克思在《1844年经济学哲学手稿》中，既吸收又批判了黑格尔哲学。在这本书中，马克思的“对象化理论”深受黑格尔“异化”理论的影响，同时，又创造性地把黑格尔的“概念运动”转化为人类的劳动过程，把黑格尔类似上帝的“创世说”转化为自然的“人化”过程。而且，马克思创造性地发挥“异化劳动”这个概念，由此展开了对于资本主义生产方式的现实批判。总之，《精神现象学》既是黑格尔哲学的奥秘所在，也是马克思哲学的发源地之一。因此，这是值得一生追逐的智慧之书。

重提黑格尔的“观念性”

“观念性”是黑格尔哲学的一个关键问题。在《精神哲学》中，他说：“必须把观念性，就是说，理念的异在的扬弃、理念从它的他物向自身的回复和回复到了自身，称为精神概念的与众不同的规定性……”(《精神哲学》，杨祖陶译，第381节附释）这句话既涉及我经常提到的“异在”概念，更在于提出“返已性”(自身回复)之为“精神本性”。在后文中，黑格尔再次强调：“属于精神概念的这种对外在性的扬弃，就是我们曾称之为精神的观念性的东西。精神的一切活动都无非是外在东西回复到内在性的各种不同方式，而这种内在性就是精神本身，并且只有通过这种回复，通过这种外在东西的观念化或同化，精神才成为而且是精神。”(《精神哲学》，杨祖陶译，第381节附释）这就证明了，黑格尔哲学是高举“返已性”的哲学，是以扬弃一切“外”而“回复”于“已”为宗旨的。这让我想起韩非子关于“私”的界定，“自环者谓之私”。这是最为精简的定义。谁说中国古代就不下定义呢？这个“自环者谓之私”的定义，讲出了“私”的本质就是排斥他者的，它建立一个封闭体，把自已包围起来。黑格尔哲学讲的“精神本性”就是“私”的放大版。黑格尔明确规定：“精神的本质从形式上看就是自由，即概念的作为自身同一性的绝对否定性。”(《精神哲学》，杨祖陶译，第382节）什么是“自身同一性”呢？从形式逻辑讲，就是“A是A”这样的“同一律”。但是黑格尔改造了它。A如果只是A，等于什么也没有，就是虚无；所以，A必须走出自身，建立他者（实则是征服、同化、吸收他者），但迂回了一长段之后，仍然是A。所以，精神的本性就是“绝对否定性”，它是“否定之否定”，既“否定”了当初自身的空洞性，又否定了一切外在的东西，彻底地实现了“圆圈”，《逻辑学》下卷最后一章提出“科学表现为一个自身旋绕的圆圈”。讲到这里，我又想到《哈耶克传》里讲的，“个人主义”是西方文化的基本精神。黑格尔哲学的基石也是“个人主义”，但是放大版的，它是“上帝”，实现的是宇宙最大的“自环”。我们要理解黑格尔哲学的“观念性”“自为存在”，都可从这里入手。

论“自由精神”即“绝对之知”

矛盾的解决，现实世界与自我意识的冲突，最终实现就是“自由精神”的达成。从此，纷争变为宁静，他者即自身，宇宙即理性。(《精神哲学》第440节“附释”）

黑格尔讲的“绝对之知”，实质上就是一种绝对的价值认同。陆九渊讲“宇宙便是吾心，吾心便是宇宙”可与之比较。但是，黑格尔更强调了“吾心化为宇宙”的这一“异化”运动，这个曲折是必不可缺的。陆九渊是痛快直截，还缺乏这个运动的自知。

论“相互承认”

在他者中自证己身，就是视他如己，己他打通。黑格尔强调己他之分，终究还是讲两者的同。(《精神哲学》第436节)

如果把黑格尔的“相互承认”理念推广应用，则不但人我之间可以打通而消灭主奴关系，而且可以实现物我之间的打通而消灭主客关系，这就可以落脚到中国哲学的“天人合一”“万物一体”。经此一曲折，则中国哲学亦可取得进一步的充实。

通常的辩证法与“矛盾论”只偏于对立面之间的不可调和，而黑格尔的宗旨偏要和解两者，达到视人如己、视物为我、视世界为大我的合一。恰恰是这个化解矛盾的努力，以前被马克思及其追随者视为妥协与不彻底。

论“扬弃”

黑格尔讲“扬弃”这个词，分别见于《小逻辑》第96节，《大逻辑》第一章(中译本，第98页)，《精神现象学》第二章(先刚译，第72页)。不懂“扬弃”这个概念，就不懂“统一”，就不懂“自我的本性”。不懂“自我的本性”(通过对于异在的否定之路而肯定自我，即“否定之否定”)，就不懂“概念的本性”，就超越不了那种“此—彼—此—彼……”的“假无限”，就返回不了自身，就达不到“在他在那里确证自己”，就找不到回家的路。

谈黑格尔解读

讲黑格尔哲学，最忌脱离文本发挥。我看刘小枫主编翻译的“注疏集”系列，西方学者的不少注疏就搞得比较好。我看唐代人的注疏，总是感叹唐代的学术可能被低估了，有的注疏真是逐字不放过。黑格尔哲学的研究，最需要的还是细读，尤其是注疏。但是，目前还不理想。讲黑格尔哲学，还忌讳脱离黑格尔原著，悬空地举例。康德强调，举例有干扰作用。很多哲学阐释，乱举例，乱打比方。举例子，打比方，这是破坏理论纯粹性和严谨性的。黑格尔讲，要超越表象式思维，进入概念的自由王国。然而，很多人还停留在形象化的层次，不肯或抵触纯净的哲学思维。纯净的思维境界是最稀缺的，也是最需要的。

讲黑格尔不能停留在“三段式”

讲黑格尔不要停留在“三段式”，这是粗浅的层次。黑格尔明确讲：“那种滥用三段式的做法同样也是不科学的。”（《精神现象学·序言》，先刚译）一般而言，初学者才喜欢这种简要的概括或套路的总结，正如初学写作者喜欢“万能作文”的模式。大抵初学者，往往把认知对象粗浅化，因为只有这样他才能理解，或者说，他的思维认知的局限决定了他的对象必须同样简单化处理。

走进黑格尔哲学的方式

走进黑格尔哲学的方式不是唯一的。通常比较强调《小逻辑》，但其实其代表作是《大逻辑》（《逻辑学》）。通常总以为《小逻辑》好懂，其实大不容易，作为入门或许并不合适。我个人觉得，黑格尔相对地谈具体问题的著述可能是便于入门的，比如《自然哲学》《法哲学》《历史哲学》《美学》，等等。《自然哲学》谈自然现象，这是人人可知的东西，比如“光”“气”“火”“水”，以及太阳、月亮、地球，等等；但是，黑格尔赋予了哲学意义，这就把最具体的事情讲得最抽象。这是挺有意思的。再比如《精神哲学》，里面讲人生的诸阶段，也是人人经历或要经历的，然而黑格尔赋予深刻的理解。再比如《法哲学》，里面涉及财产权、婚姻恋爱、国家、阶级、战争，等等，本也是很具体的内容。所以，从“至实”入手而臻“至虚”，这个过程是值得玩味的。这也可能是走进黑格尔哲学的好方式。

黑格尔式的疯狂

我有时候想：黑格尔简直就是理性疯子。他的哲学体系上天入地，把一切都统合到他的哲学体系中。他的《精神现象学》是宇宙狂想曲。他的《自然哲学》赋予万物以灵，把日月星辰、花草树木、飞禽走兽、人间万象都编织到思想的逻辑体系。在《小逻辑》中，他有三句话："一切都是一判断""一切都是一推论""一切都是一概念"。这就意味着，他把逻辑形式视为宇宙铁律。也就是说，一切事物都必须遵从这个逻辑形式。

关于黑格尔解读

我以前在随笔中讲过，应该把亚里士多德的十范畴、康德的范畴表、黑格尔的范畴结合起来，看其前后的变化和发展。这方面我欣喜地看到刘创馥的《黑格尔新释》(商务印书馆，2019 年版)第五章已经在做这样的尝试。这就是善于贯通。

我们了解一个思想，一定要放在关系中去把握。什么是理解，什么是知识，从根本上看，就是建立普遍联系的思维过程。黑格尔本人就极重视"关系"，认为一切实存就是关系(《小逻辑》第 135 节附释)。具体到黑格尔哲学的解读，必须融会贯通他本人的主要著作，必须看看同一个概念在不同的文本陈述中的一致性和区别性。比如"同一"是和"自我"联系在一起的，要结合《小逻辑》《大逻辑》的不同表述来理解。这就既要落实到具体文句，又要跳出来广泛联系不同的文本，以黑格尔解黑格尔，看看他在不同的时候是如何讲的。黑格尔的不同文本具有"互文性"，往往同一概念多次论述，比如"力及其表现"在他的几部代表作中都有涉及，这就要充分利用这种"互文性"，发挥"互文见义"的综合作用。但遗憾的是，即使是国内比较有名的这方面的解读著作，也往往陷入"句""段"的层次，跳不出来。尤其是，这种解读不能有效地发挥"互文性"，而是就事论事，比如解读《精神现象学》的书，竟然全书很少引用、分析、对照黑格尔的其他代表性著作，基本是就《精神现象学》论《精神现象学》。这部书本来就难读，再不广泛联系，就很难讲。实质上，

《精神现象学》的主题在《逻辑学》《精神哲学》《自然哲学》《历史哲学》等著述里是不断复现的，这就好比是“回声”，是值得前后呼应着理解的。

谈论黑格尔哲学的前提

黑格尔有两篇哲学文献，可以作为讨论黑格尔哲学的前提，乃至于也是谈论一切纯知的前提。这两篇文献就是《大逻辑》(《逻辑学》）的《第二版序言》,《小逻辑》的《柏林大学开讲辞》。

在《第二版序言》中，黑格尔提出“形式本身”要比“内容”更有“生气和实质”。所以要关注的是思维纯形式，把它从表象、直观、欲望、意愿中解脱出来。像“感触、冲动、热情、利害之情”，都是牵绊于现实生活的，“我们倒是被拘束了，被它们统治了”。那思维就是不纯粹不自由的。黑格尔的这种思想在过去是要被批判的，以为他不关心现实。但是，这种“批判”可能有问题。在《小逻辑》的《柏林大学开讲辞》中，黑格尔批判“世界精神太忙碌于现实，太驰骛于外界”，“精神沉陷在日常急迫的兴趣中”。这种情况至今如此。所以，他寄希望于青年。《第二版序言》:“所以这种逻辑常常首先属于青年的课程，因为青年还没有被牵入具体生活的利害之中……”

但不幸得很。当代的青年学生又怎么样呢？可能最大的问题就是被生活提前压垮了。个个都只顾眼前利益。这里面不能全怪青年学生。因为我们根深蒂固就是“实用理性”。我们的教育、学习就是“用”。“用”的合理性不容置疑，但是弊端也有，比如只顾短期效益，长期就无法兼顾。所以，搞理论最怕这种事情。因此，我们谈论黑格尔哲学，就有必要与现实相对疏离，短期不要指望实用，思想需要慢而不是急。同样，也不要急于批判黑格尔，要真正消化、理解他，这也需要时间。

搞哲学太贴近现实，就可能是“实用哲学”。黑格尔哲学是强调“事后性”的。哲学是“回忆”，是“黄昏起飞的猫头鹰”。黑格尔也明确承认理论的“灰色”，但他却认为这种“灰色的王国”恰恰更永恒、更本真。黑格尔是瞧不起预言家的，他更主张“后思”。

黑格尔哲学总纲

人类是最善于干预事物的。黑格尔讲所谓"同一性"，就是人类的本性，就是"自"化为"他"、"他"归为"自"的过程，所谓"三段式"就是"同"—"异"—"同"的过程，是经历"异化"而后重建"同一"的自我复归之旅。黑格尔之区别于一般的"同一哲学"，就在于他把辩证法运用在其中，实质上就是"异"的因素的内化或外化。从"同""异"关系理解辩证法，就抓住了黑格尔哲学总纲。由此，人类的本性在黑格尔那里就是"化异为同"的力量，其所谓"否定性"，也是以此为基础的。验之生活，人类的斗争冲突皆因此而生。

黑格尔哲学的奥义

黑格尔的"同一"区别于知性的"同一"，就在于赋予其"自否定"的能动性。所以黑格尔讲"一"时讲了六条，这六条是非常难懂的（《逻辑学》上卷，杨一之译，第 166 页）。第一，"一般否定"，这是指其总体上的否定性，"自运动"必须由"一"自身激活，靠的就是否定；第二，"两个否定"，这是指"否定之否定"中的前后两个否定；第三，"两项中的否定是同一的"，这是把"否定"理解为"同一"，为什么？因为两者都是"自运动"的环节、阶段；第四，"它们又是完全对立的"，两个否定，一个是"自外"，自身向外运动，排斥他者，一个是自反，自身回归；第五，有可能是最关键的，"自身关系，即同一性本身"。黑格尔讲"自我本性""概念本性""事物本性"都是讲这个原则；第六，"否定的关系，然而又是自身的关系"。这一条就把"否定性"与"自身性"关联在一起了。黑格尔哲学的奥义由此六条足矣。

阅读《精神现象学》指要

阅读黑格尔《精神现象学》要抓要领。最关键的部分是《序言》、《导论》、第三章、第六章、第八章。《序言》的最重要的一句话是"实体即主体"，这句话甚至是全部哲学的核心命题。《导论》最关键的是，"自在存在"必然转化为"为他存在"，反而"为他存在"倒逼出或产生出来"自在存在"，这是"对象本身"（事情本身）的"颠倒"运动。第三章，最关键的是，"意识"是如何从"无别"到"区别"再恢复"无别"（内部的差别不是差别），以及"颠倒构成了超感性世界这方面的本质"这句话。第六章，重要的是论述启蒙、法国大革命，以及最重要的"颠倒错位"一节。第八章，最后一章，最关键的话就是"在他者存在那里也是保持在自身内"（译文有变动），以及最核心的一个词"返回自身"。当然，其他章也很重要，比如第五章，"快乐与必然性""心的规律与自大狂""德行与世界进程"，是需要结合实际反复领悟的。

重读黑格尔《精神现象学·序言》

黑格尔哲学的核心就是"自"与"他"的关系。这次重读《精神现象学·序言》，再次证明了这一点。黑格尔对于"自"的强调是第一位的，"他"终究还是"自"的产物和表现。

第一，"实体即主体"的实质就是"自运动"。"而且活的实体，只当它是建立自身的运动时，或者说，只当它是自身转化与其自己之间的中介时，它才真正是个现实的存在，换个说法也一样，它这个存在才真正是主体。"（贺麟、王玖兴译，1979年，第12页）这个过程就是它"一分为二"进而"合二为一"的重建过程。它的历程是"自己走向自己"，所以其轨迹就是"自环"的圆圈。（同上，第13页）

第二，这个过程就是上帝"自己爱自己的游戏"，但是需要经历"严肃地对待他物和异化，以及这种异化的克服问题"（同上，第13页）。可见，为了实现自己，它必须转向他者存在，承受"异化"并克服"异化"。

第三，这个运动的原动力就是"自身同一"，它也是"纯粹的否定性"。"它引起运动的力量，抽象地说，就是自为存在或纯粹的否定性。"所以，它是自己对自己展开的斗争，这个运动就是它"自身"，而"自身"就是自我同一性（同上，第15页）。

第四，精神的本性就是绝对的"自身性"。"精神的东西是本质或自在而存在着的东西，——自身关系着的规定了的东西，他在和自为存在——并且它是在这种规定性中的或在它的他在性中仍然停留于其自身的东西；——或者说，它是自在而自为。”（同上，第 17 页）在此，它实现了“他在”与“自在自为”的打通，从而认识与对象的矛盾关系获得和解。

第五，通常讲的“思维与存在”的关系问题就是“自身与他者”的关系。“存在”无非就是“思维”的“自身反映”。从而“存在即是思维”。因此，“思维与存在”的关系根本不是“二体关系”而是“一体关系”，是“思维”的自己跟自己的“反思”的关系。“实体本身就是主体，所以一切内容都是它自己对自己的反思。”（同上，第 41 页）这是彻底的“一元论”。总而言之，黑格尔哲学是纯粹的“自身关系学”，一切都起源于它的“同一性”所内蕴的“否定性”。

第六，意识必须从感性向概念转化。因为感性不能把握实体，真正的实体性因素只能在纯粹思维的因素中存在。“通过这样的运动，纯粹的思想就变成概念，而纯粹思想这才是纯粹思想、自身运动、圆圈，这才是它们的实体，这才是精神本质性。”（同上，第 25 页）这里实质上是二重性的运动。一方面是“实体变主体”，“实体”动起来了，靠的就是“纯粹思维”。另一方面，则是“主体变实体”，实质上就是“意识”从“感性”达到“自我意识”。所以，前者是“实体”获得了“自知”，取得了“自我意识”；后者是“自我意识”占有“表象”，“这样，表象中的东西就变成纯粹自我意识的财富”（同上，第 24 页）。

如果我们把“宇宙本身”视为“一”，那“总体”即“它自己”，除了“它自己”就不再有别的了。所以，一切都是“它自己”的运动、变化。当“我们”这样讲的时候，“宇宙本身”就转化为“我们”的思维。但这个“思维”与“宇宙本身”并不是割裂的关系，而是“一体”的。所以，当我们“思维”达到“宇宙本身”时，就是“宇宙本身”获得“自我意识”的过程。这样，表面上某人类的“我思”就变成“宇宙本身”的“自思”，最终就是“思”与“在”的“二”彻底地变成“它自己”的“一”。

读《精神现象学》

似乎巴塔耶回忆当年科耶夫讲黑格尔《精神现象学》时说：“他在教室里把我们

杀死了一次又一次。”不读《精神现象学》，就不懂什么叫“杀死”。我读《精神现象学》不计其数，“杀死”的滋味只有我自知。

读黑格尔会摧毁你的自信。当你自以为把握住其义的时候，不要得意过早。当你下一次重读，便会发现理解得有偏差。所以，重读《精神现象学》的过程就是一次次死去活来的历程。我必须足够绝望，用死亡的勇气来重拾自信，来重建意义。

《精神现象学》这部书就展示了一种强大的否定力量，它拒绝靠近与切入，它不轻易让你品尝其果实。你拒绝它，你否定它，你置之不理，它都矗立在那里，静默如山，幽暗如夜，冷酷如魔。

重读黑格尔略记

黑格尔哲学构成中国传统文化的一个有力的对比参照系。黑格尔强调面对否定物的严肃的概念劳作（《精神现象学·序言》），这正是中国传统文化没有的。黑格尔哲学强调的“否定”和中国传统文化讲的“克己”“无欲”中的“否定”是截然相反的。黑格尔的“否定”是指向自己的“虚”，使之实在化，这是“虚而实”的路径。中国传统的“否定”恰恰指向自己的“实”（物欲、利益），而极端地向“虚”用力。黑格尔强调“外化”的必然性，尽管最终还是“返回自己”；而中国传统则研究“内敛”，尽管偶然也讲“意之所在即物”（王阳明）。但是，“意之所在即物”本身就是“虚化”的路径，实质上是否定“物”的相对独立性。

活读黑格尔哲学示例

带着中国问题思考哲学，带着哲学问题思考中国，这样做就打通了理论与实际的关系。我读黑格尔《精神现象学·序言》里的“实体即主体”等论断，也可以联系中国实际讲。“实体”就是“公”之类的概念，比如“绝对”“大道”“天理”，但是，它必须实现出来，展开为过程，否则就好比枯干的橡实。它需要从一颗种子分析出来各个枝节，于是为根，为叶，为花，等等。这就是“区分活动”的重要意义。不懂得“区分”的积极价值，不善于“分析”，而中国传统以“浑沦一体”“圆融透明”为尊。那么，很多前辈读黑格尔哲学，就只看到了他批判“知性”的方面，忽略他强调“知性”的方面。“实体即主体”，“主体”就是“自运动”，怎么“自运动”？它本是“一”，必须分散、裂变，于是化为万千亿的“多”，它作为“一”必须被“多”吸收、认识，这样才叫“自实现”。所以，把“实体即主体”结合中国问题来理解，就有了现实感了，就不再是灰色的了，而是活过来了，是把“逻辑的枯骨”灌注了生命活力。

黑格尔“主奴关系”重思

翻看萧焜焘先生的《精神世界掠影》，重温一下黑格尔关于“主奴关系”的论述。萧先生这部书毕竟是那个年代的产物，所以局限性难免，同时也比较简略，很多东西一笔带过，理论细节关注不够。关于黑格尔的“主奴关系”，经常只关心矛盾的两端，主人和奴隶。实则，讲辩证法要经常讲“三项式”。

黑格尔说过，一切事物都是一推论。这就意味着一切事物都必须经历三个环节的变化。从推理形式看出事物必须经历三项式的变化，尤其是“中项”的作用，这是黑格尔从形式逻辑发展到辩证逻辑的了不起的创造。我们看“主奴关系”也要注意“三项式”的贯彻。主人—奴隶—物的塑造，这里“物的塑造”才是核心要素。萧先生的相关解释虽然涉及劳动，但对“物化”的积极价值没有充分注意。

主人和奴隶，统治者与被统治者，为什么会发生辩证法的“反转”，即主人变成了物的奴隶，奴隶成了物的主人？核心就是“物的塑造过程”，即劳动。主人不劳动，缺乏物化环节，他的意识就是空的，他的“主宰性”(统治力)就是片面的，所以他的身体不自由，仰仗奴隶的奉养。而奴隶加工劳动，通过物质实践客观化了自身的本质力量，他就在客观上成了“物的主人”“身体的主人”，实质上实现了“主宰性”(统治力)。所以，主奴之间发生了“反转”，主变成奴，奴变成主。但是，奴隶也是片面的存在，因为他毕竟没有精神的独立。他只是身体上具有主宰性，精神的主宰性被主人掌握。

黑格尔提出“承认”环节，是想克服主奴的各自局限性。因为奴隶的地位不独立，主人的地位也是片面的。只被奴隶承认的主人，不是真正的主人；只有奴隶也是主人，主人才是真正的主人。所以，解放奴隶就是解放自己。

但是，这里有个环节黑格尔没有讲透彻或讲清楚。就是"物"这个问题。实际上，主奴关系是人类社会的矛盾，但其根源是人与自然的矛盾。所以，在主奴矛盾之上，有一个更高的矛盾，世界的统治者与被统治者的关系。也就是说，谁才是世界的主宰，谁才配得上"造物主"？主人的"统治"是有限的，因为他只统治了人，他没有统治物。所以，主人就是不自由的。但是，奴隶劳动，他对于"物"不仅是纯消耗、纯享用，而是积极塑造、保存与提高。所以，"物"在奴隶这里就不单纯是人类生存的手段，而是获得了"自我实现"。奴隶为什么这样做？因为他被主人统治，不得不克制自己的欲望，不得不转向"让物更好地存在"的艰苦劳作。在这个过程中，实际上还隐藏着一个内部关系，人与自身。人必须征服自己的欲望，实现对自己的统治，才能进行创造。奴隶克服欲望而劳动的过程，是实现自我统治的过程，这就是"自胜者强"。主人则没有实现自我做主，所以他的身体欲望只能依靠奴隶。

因此，在"主奴关系"上，实质上就是"主宰性"或"统治力"的真正实现问题。但是，值得质疑的是，在人类的解放运动中，"物"的解放能不能实现？或者说，世界本身的解放怎么办？我们作为人类，能不能充当"造物主"？"物"自身的独立意义如何保障，而不是仅仅充当人类的"中项"？这个问题就是"成己成物"。我们不仅要解放自己，而且要解放万物。换言之，这不只是解放全人类的问题，而且是解放大自然，解放所有物种的问题。这些是黑格尔还没有认真思考的问题。

"天真无邪"并不可取

"单纯""天真"，都有极坏的一面。黑格尔讲，所谓"天真无邪"，既是"恶的匮乏"，也是"善的匮乏"，根本不值得为荣，而是需要超越的。

黑格尔多次论述"道德"的虚假性。在《精神现象学》《逻辑学》中，他揭露过"幽美灵魂""德行"的局限性或悖谬性，也批判过推崇"天真无邪""儿童"的误区。我多次温习《逻辑学·本质论》论"德行"与"邪行"，"光明"与"黑暗"的那段话，里面有值得思考的东西。

关于黑格尔《概念通论》

关于黑格尔《概念通论》:

1. 什么是概念的本性?

2. 什么是自我的本性?

3. 斯宾诺莎的实体观及其扬弃。

4. 概念的发生史是实体变主体的运动过程。

5. 康德的"综合的统一"是"理性批判中最深刻、最正确的见解"。

6. 直观、杂多与概念、统一的关系。

7. 现象是本质的展示，概念是现象的自由展示。

8. 逻辑的与历史的关系，问题不在于叙述发生什么，而在于揭示什么是真的。

9. 概念从自身产生出来实在，形式创造了内容。

10. 所有这一切都可以"自我的本性"的两个环节来把握：作为共性（经由抽象）与作为个性（经由否定）。绝对的共性就是绝对的个体化。

说"设定"

黑格尔《逻辑学》中译本有一弊，即德语词 setzen 翻译成"建立"。这个词还是翻译成"设定""设立"比较好。一切规定即否定，实际上源于"设定"的本性。"设定"尤其是"预设""假设"总是带有"暂定"的过渡性，这就具有内在的否定性于其自身，这就是黑格尔念叨不已的"绝对否定性"(自身相关的否定性)。这个词译为"设定"，则"事先建立"就很自然地译为"预设""前设"。黑格尔强调概念的能动性、否定性，实际上很容易理解。比如一个人要考大学，那么他的这个概念（大学）就带有"预设性"，同时也意味现在他的身份状态也是"暂定性"的，所以，"设定"这一理念往往就是"自身相关的否定性"，就意味着改变当下之意。由此一词，则黑格尔哲学满盘皆活。中译本《逻辑学》的《概念论》若如此入手，则一通百通矣！

严格说来，一切"设定"都是双向否定的。从主观而言，头脑中的这个"设定"

（比如中国语境中的“立志”）毕竟开始只是一个“虚设”，必须从“虚设”转化为“实设”，成为“真有”。从客观而言，主观之“设定”既出，则必意味着当下现实也只是“前设”而已，它作为前提必然要发生变化，以满足主观之要求。故，“设定”既出则双向否定必基于其中矣！

谈“施设”

阅读佛经，回想黑格尔哲学里的关键词“设定”（英译对应词 posit），我终于找到汉译佛经的对应词“施设”。人之异于万物，在于人能做一“前设”，或为理想，或为目的，皆是行动之始。但此“设定”，起初只是“悬设”或“假设”。故谈理想谈目标，皆是“虚”的，必须摆脱“空相”而落实。反过来，万物与外境的存在，作为“现成”与“实有”，未经过人的介入亦是“虚”的。譬如遥远星空之外星人，未经人的“经验”，亦是“空相”。故从“异在论”讲，凡不经过“相遇”“相合”“相与”的单独存在，都是“空相”。

重读黑格尔《逻辑学》论“质”（quality）

黑格尔认为 Being-in-itself 的对立面是 Being-for-other，这就是某物的两个构成环节。细思之，则 Being-in-itself 的严格意义上的对立面应该是 Being-in-other，而 Being-for-other 的对立面应该是 Being-for-itself。海德格尔讲“操心”（care），实际上就是讲“切己”“关己”。一个人要“做自己”，就要关心自己的“质”（自己是什么样的）。但是，“关己”就总是“关他”，就要与“否定”遭遇。一旦悟透了，哲学问题总是可以打通了来思考。《解深密经》《楞伽经》《唯识三十颂》《坛经》的核心范畴就是“自性”，这个“自性”就是事物自身的“质”，因此讲“自性”就要讲“他性”，也是要遭遇他者的否定。人生境界的实现到底“依自”还是“依他”，到底有没有“自性”，这不仅仅是佛教的核心问题。

东方哲学倾向于保持 in-itself 的状态，就是守着那个 in-ness。但，黑格尔认为，这个 in-ness 是空洞的、抽象的，必须由虚而实，这就是“异化”的积极意义。你必须向外拓展，必须走向他者。这套理论就在黑格尔的《法哲学原理》一书里。

传统东方哲学的人生态度就是遇到困境两眼一闭，保持眼不见心不烦，“自性清静”嘛。黑格尔则反之，认为人生就要经受“痛苦”，“痛苦”就是你的“质”，你必须通过“痛苦”才能实现自己的本性。

黑格尔《逻辑学》中译本

黑格尔《逻辑学》(俗称《大逻辑》) 目前有两个中译本了，近年先刚译本的出现改变了长期只有杨一之译本的情况，诚然可喜可贺!《逻辑学》我有两种英译本，经常比照，两个中译本也会这么做。重温本书末章开端，可知翻译不易，然也有可改进的地方。比如中译本第三行、第四行，先刚译本是“因此单独看来都是努力追求的一个综合”，杨一之译本是“因此，每一个都是一种趋向的综合”，前后区别不大，但都似乎不及英译本 a synthesis of striving 明确。这是英语的进行时态的优势。这个片段实质上是揭示理论认识和实践认识的局限性，两者都是不完善的，都还有待于发展到绝对理念。我们经常推崇的“实践”在黑格尔看来，具有与“认识”同样的有限性。两者相对于绝对理念都还是“尚未”。因此，这句话应该译作“每一独自地讲都是有待于完成的一个综合”。换言之，它们还没有真正实现“综合”而只是一种“正在努力的综合”。它们都尚在“中途”。两种中译本尽管已经竭力在表达这个意思了，但总觉得“味”差一点点。当然，我是不懂德语的，或许对照德文版比我这种半瓶醋更好。

“单纯的”还是“单一的”？
——谈黑格尔《逻辑学》的一处翻译

我最近重翻黑格尔《逻辑学》，在“第一版序言”中，有极重要的一句话。杨一之译本为：“精神是否定物……精神否定了单纯的东西，于是便建立了知性所确定的区别；而它却又消解了这种区别，所以它是辨证的。”这句话非常典型地体现了黑格尔哲学的“三段式”结构：同—异—同。那最初的阶段就是“单一无别”的“孤同”，所以，需要“异”的出现来打破它。“单纯的”这个汉译实际上不如“单一的”。因为在汉语中，“单纯”具有褒义，凡是和“纯”相联系，汉语多是褒义的倾向。而“单一”往往意味着“单调乏味”，这正是黑格尔批判知性的“抽象空洞”的意味。在两种英译本中，这个词对应词是 simple，似乎意味着“简单的”，大概基本符合原意。我又对照先刚老师的新译本，发现依然译为“单纯”。

“精神的本性”即矛盾的“自知”

我总是一再回想黑格尔的话：“对于精神的本性说，最重要之点，不仅是精神自在地是什么和它现实地是什么之间的关系，而且是它自知是什么和它现实地是什么之间的关系；因为精神基本上就是意识，所以这种自知也就是精神的现实性的基本规定。”（《逻辑学·第二版序言》）这段话揭示了一种“错位”或者“断裂”的可能性。在潜在的与实在的、观念的与现实的之间，存在着不一致的情况。比如，一个人自以为的“自我形象”和他在别人眼里的“实际形象”就不一样。人生的痛苦很多就源于这种不一致。所谓“自知”，也就是对于这种矛盾的自我意识。

重读黑格尔《逻辑学》矛盾论札记

黑格尔的学说是彻底的“内在关系学说”，也就是说，他把现实的一切问题收拾为事物的内部矛盾，这个内部矛盾就是事物的自身矛盾，进而，在事物的每一规定之中就有其对立面，一规定同时就是他者规定或者其自身否定。在黑格尔看来，在同一观点下，任何一种规定都兼具其否定性。“自是”同时兼具“自非”（自否定），“自是”同时就是“他是”的潜在可能。这就是把一切关系理解为自身关系，尤其是理解为“自身矛盾”或“自否定”，这就是黑格尔辩证法最核心的东西。但是，它本质上还是“独体论”或“单子论”的进化版。因为，它无非就是把“独体”或“单子”理解为一种“兼体”(同时具有其自身及其对立面),这只是“二重体”罢了。黑格尔哲学反映了现实矛盾的尖锐化程度,并且把这种矛盾的尖锐化渗透到事物的内核中,也就是说,事物的自身规定就是矛盾的。这种思想就是现代文明的集中体现,也暴露出来现代文明本质上的问题,那就是,它同时就具有其自身否定性,它的优点同时就是其缺点。

“数字”成为“抽象的统治”

黑格尔:“假如思维规定通过一、二、三、四便被称为概念的运动,好像概念只有通过这些数才成其为概念,那么,这将是对思维所要求的最困难的东西。”(《逻辑学》上卷,杨一之译,第228—229页)这句话的话尾倒不如改为“这将是对思维所要求的最糟糕的东西”。我们对于“数字”要有批判性思考。“数字”就是“同质化”的产物。比如一个苹果两个苹果,等等,最后就忽略了苹果的色香味的差异,得到的只是“数”。盲信所谓“数字化管理”,将之绝对化而不加限制,结果就是“量的统治”,是“抽象统治了活人”。“数字管理”有可能演变成“数字的专制”。

“抽象”,顾名思义,就是把“象”抽掉、抽离。所以,它一方面当然是“抽取”,是所谓“去伪存真”的“存”;但是,另一方面,它就是要把“异质性”的东西“抽离”不要。如果我们按照“道在屎溺”,那就分析一下“屎溺”现象。“屎溺”本质上就是“抽离”的产物,所谓“大小便”就是肉体的“抽象运动”。按照肉体的需要,把不适合的东西排出体内,这就是“大小便”。“数字化”正如一切抽象一样,就是“抽离活动”,把主体不需要的东西清除掉。因此,主体性的限制就是“数字化”的局限性。如果认识不到任何主体都是有限制的,尤其是受特定的时代、特定的目的、特定的条件制约的,那么必然导致“狂妄的主体性”,导致“数字崇拜”,这就是“数”的“拜物教”,陷入一种理性的非理性疯狂。

黑格尔与老子辩证法比较一则

黑格尔论“理念”有“详明的规定”，其一，它是概念与客观事物的同一；其二，它建立主客关系，实现为既区分两者又消弭两者的过程。这个过程因此是：（1）原始同一阶段；（2）消散阶段，建立个体与自然界；（3）扬弃区别与分离的阶段，重建同一性。这里面最关键的是第二阶段，没有这个阶段就没有黑格尔辩证法的精义。这就是“永恒产生矛盾，永恒克服矛盾”的阶段，但是，由于“矛盾”是“自身中具有最强烈的矛盾”，所以“矛盾”就是自身矛盾或内部矛盾，那么，矛盾本就是它自身的“冲动和运动”，所以“在矛盾中与自身融合”，即，它与矛盾是一体的、同一的。（《逻辑学》下卷，杨一之译，第452—453页）这里是可以与老子的辩证法进行比较的。毫无疑问，老子对于矛盾对立是偏于“镇之以无名之朴”的，偏于“静”，对于矛盾冲动的积极意义缺乏认识。而黑格尔则肯定矛盾的必然性与必要性，认为是“为了自由之故”而必有的运动过程。

黑格尔的“复返”理念

在黑格尔《小逻辑》第95节，他提出了“真无限”概念，而这个概念是和“复返”理念联系起来的。我们讲运动轨迹，一种是直线运动，一种是圆圈运动。平常可能更重视前者，但后者才是更重要的。生命形式、星辰的运动，都是圆圈运动或“自绕运动”。如果我们讲“我性”或“自为存在”，本质上就是讲“自绕运动”。形式逻辑的“同一律”本质就是“自绕运动”“我是我”，主词与宾词是闭合的循环。这种循环、自我重复，就是“复返”。我们每一个人，固然是“苟日新”的，但是，每一天与下一天又是“复返”的，没有这种“复返”生命就乱套了。你从梦中醒来，不会彻底地放弃旧我，而是捡起它，建立“同一性”，从而让生活维持秩序。我们总是在“变”中有“恒”，在“新”中有“旧”，其根据就是“复返”。

在《逻辑学》中，黑格尔讲：“至于返回到自身的真的无限，其形象是一个圆，它是一条达到了自身的线，是封闭的，完全现在的，没有起点和终点。”（《逻辑学》

上卷，杨一之译，第 149 页）这正突出了其无限的“回环往复”的特征。

但是，这种“复返”与“坏的无限”不同。“坏的无限”只是 A—B—C—D……这样的一个替换另一个。比如“大鱼吃小鱼，小鱼吃虾米，虾米吃泥巴”，这也是类似的“坏无限”。“坏的无限”的本质就是没有“自返”，它开弓没有回头箭，不能够“回归自己”。所以它是“绕他”而非“自绕”。“到无限的进展因此只是重复的单调，是有限物与无限物使人厌倦的、老一套的交替。”（同上，第 141 页）

黑格尔讲“复返”，老子也讲“复返”。“反者道之动。”这个“反”，就是“复返”。“万物并作，吾以观复。”这个“复”就是“归根”的那种“复返运动”。我们的生活必须有这个，人生才有意义，或者说才是“贞”。《易》讲“变易、简易、不易”，我们仅仅重视“变易”，那就是一个劲儿“逐外”，那就是不懂得回头的直线，所以必须懂得“简易、不易”的道理，这个道理就是“返回自我”，找回真己，找到回家的路。

重返列宁的“非常费解”之处

在《哲学笔记》中，列宁提到：“为什么自为存在是一，我不明白。依我看来，在这里黑格尔是非常费解的。”黑格尔的“自为存在”（或译“自为之有”）的确是非常晦涩的概念，但恰恰又关系黑格尔体系的全局。在黑格尔《逻辑学》(《大逻辑》)中，黑格尔曾专门讲“为一这个名词是什么?”。不懂“为一”，就无法理解黑格尔的观念论立场。“观念论”或译为“唯心主义”，贺麟变通译为“理想主义”，但是其本质是什么呢? 在讲“自为存在”或“为一”的时候，为什么提到观念论呢?

黑格尔在《大逻辑》《小逻辑》中都有近似的论述。“有限物是观念的这一命题构成观念论。”(《逻辑学》上卷，杨一之译，第 156 页）“这种认为有限事物具有理想性的看法，是哲学上的主要原则。因此每一真正哲学都是理想主义。”(《小逻辑》，贺麟译，第 211 页）由此可见，黑格尔之提出观念论，正是基于对“有限事物”的立场。简言之，有限事物是必然被否定和超越的。所以，其观念论的实质就是扬弃有限性而达“真无限”。因此，黑格尔在此强调的正是一种理念绝对自足性，近乎“上帝把一切事物的永恒真理、理念和圆满性都包括在自身之内”(《逻辑学》上卷，杨一之译，第 163 页）。黑格尔在《小逻辑》中也讲：“因为人是有思想的，所以人的常识和哲学，都绝不会让他放弃从经验的世界观出发并超出它以提高到上帝的权利。”（贺麟译，第 136 页）因此，黑格尔哲学立场是绝对观念论的立场，就是扬弃有限事物、经验世界而独张其理念世界的特权。

再回头讲“自为”和“为一”。黑格尔讲“自为存在”的本性，就是其对于他者存在的否定性关系，与此同时，把这种否定性建立为自我关系。在《小逻辑》第 95 节，黑格尔讲：“而这种在过渡中、在别物中达到的自我联系，就是真正的无限。或者从否定方面来看，凡变化之物即是别物，它将成为别物之别物。所以存在作为否定之否定，就恢复了它的肯定性，而成为自为存在。”（贺麟译，第 209 页）因此，自为存在的奥秘就在于，它的绝对自反性。黑格尔在讲“什么是为一个事物而有的”问题时，指出：“我们德文的说话乍一看似乎很奇怪，然而在这里所观察的环节却很突出了它自身反思的性质。”（杨一之译，第 161—162 页）所以，黑格尔的“自为存在”的本质就是绝对的自身性。“这个说法的根源是观念论的……这个同一性必须看作是观念性。”（同上，第 162 页）可见，所谓“为一”，就是专对某物自身而讲的“同一性”，比如“君君臣臣父父子子”“君是君”“君必须是君的样子”，这就是专就“君”规定其自身的存在。所以，在黑格尔“自为存在”“为一存在”的概念背后，是“同一性哲学”的捍卫。

有人讲黑格尔哲学是“主客二分”哲学。殊不知，黑格尔既讲“二分”但更重“合二为一”，必须强调“一”的重返。黑格尔讲“为一”，本质上就是讲“一种观念物作为观念物的自身关系”（同上，第 163 页）。其哲学立场一以贯之，就是坚持“自我性”，或者说是主体性哲学原则。黑格尔同时批判了其他观念论，根本原因就是，“为一之有并没有完成，没有达到消灭彼岸的东西或消灭到彼岸的倾向”（同上，第 166 页）黑格尔专讲“一”的文字，涉及六点内容，有可能是最晦涩的部分。但其核心是最后两条：“5. 自身关系，即同一性本身；6. 否定的关系，然而又是自身的关系。”（同上，第 166 页）我们要充分领会这两条，其主旨就是强调“否定的自身性”，所谓“同一”本身就是“否定性”，而所谓“否定性”就是“自身关系”。

黑格尔哲学的要旨是，事物是自身运动并自身超越的。它作为“一”，必须克服他者，对他者的否定做一番否定，是为“否定之否定”，经过与他者的纠缠斗争，它重建了自身为“一”，但这个“一”吸收了他者，它变得更丰富了。因此，黑格尔哲学就是“自我学”或“自身哲学”，它通过“自我矛盾”来实现自己，所谓他者存在，本质上都是“我的”变形而已。

列宁之所以费解黑格尔，原因很多，但其中之一，就是他是立场先入为主的，带着唯物论的立场来理解黑格尔的“为一存在”概念，这是格格不入的。

黑格尔的“为”

在黑格尔的“自为”“为他”概念中，值得关注的是“为”（wèi），“为”是关系范畴。必须从关系的建立与扬弃来理解著名的“自在存在”“自为存在”“自在自为存在”。“为”总是突破“一”而“二”，又化解“二”而“一”。从一体（独）到“二体”（自-他）再到综合了“他”的“一”（自在自为），这就是辩证法。“为”是观念性的范畴，或者说，“为”本身就是观念性。贯彻观念论是黑格尔的基本立场，乃至于他说，一切哲学最终都是观念论的不同贯彻程度。不懂得“为”，就无法理解观念性。离开了“为”，也就不能讲“主体性”。有了“为”，才有主客的二元性，才有精神的觉解，而最重要的否定性才得以逼露。

“是”的哲学意义

在黑格尔的体系中，“存在”（Sein，“是”）的本义就是“关系”“联系”。我们一定要把握这一点。

作为系词的“是”本就是“联系”主词和谓词（宾词）的关键，或者说，它的基本功能就是让主词和谓词发生“同一关系”。因此，“是”的基本内涵就是“同一”。黑格尔显然是由此把世界看作是普遍的“同一”。在普通人看来，“A是B”的命题形式只是外加的“关系”，好像B是可以随意附着于A的。但是，黑格尔则认为，这个“同一”是事物的自我规定，是其本性决定的（《小逻辑》，贺麟译，第98页），所以，“是”是出于概念的本性而生（同上，第338页）。黑格尔哲学整体来说就是“同一哲学”的升级版。他自己批判过“同一哲学”，原因是旧的“同一哲学”

是固执于“知性”的规定性，不懂得把“异”纳入进来。所以，他把“同一性”规定为同时就是“否定性”，这样就等于内植了“异”的因子。黑格尔要从“一”开出“二”，关键就在于此。我们联系命题形式，“是”本身就发挥着既区别“二”（主词与谓词）而又合“二”为“一”的作用。“是”的这个功能正好是黑格尔所强调的“自我意识”（“自知”）的本性的体现。宇宙就是“一个大我”，它一方面派生出来异己者，另一方面又关联着、统一着一切异己者（《逻辑学》下卷，杨一之译，第549页）。所以，站在“宇宙大我”看世界，一切都是“自我联系”（自身同一）。因此，“是”本质上就是“同一关系”，而“同一关系”就是“自我联系”。所以，我们阅读黑格尔，要牢牢抓住“同一关系”（自我关系）来贯彻落实其文本的理解。

第一，我们“只能在关系中去理解”（《逻辑学》上卷，杨一之译，第228页）；第二，我们要把“关系”理解为“自身联系”（自我同一）；第三，纯“自我同一”就是“空”的，比如孤零零没有谓词的主词“上帝”自身；第四，所以它必须“实在化”这种“空”，发展为“异在”，比如由主词发展到谓词，“上帝是……”这就是具体化的运动；第五，这个发展出来的“异在”并不是绝对“异”的，而就是它自己变化而来的，于是，在“异在”中它重建它自己，于是实现了“自我认同”。这个过程正好是命题形式的表达过程，先是独自的主词，然后谓词，而“是”恰恰是两者既区别（分裂）又同一的联系词。黑格尔哲学的基本逻辑就是这样的。

通常讲辩证法就是“普遍联系”，这个讲法既是对的，但又显得空泛。黑格尔的“是”本是“关系”“联系”，这是它对的地方。但是，黑格尔不仅把世界看作“普遍联系”，而是更近一步，视为“绝对精神”的“自我关系”，所谓真理，就是“绝对的自知”。“自知”就是自己理解自己，规定自己，展开自己，回归自己的运动过程。

作为“是”，正是这种“自我同一”的最好证明。“主词是主词”（比如“上帝是上帝”，等等），这是单一的“自身联系”，等于什么也没有说。“主词是谓词”，谓词就是主词的异在，这个异在让主词明确起来了，这就是发展。但是，谓词虽别于主词却毕竟通过“是”证明了它与主词是一致的，所以，这个“异在”恰恰还是它自己。但它高于最初的“自身联系”，而是吸收了异在，是“否定的自身关系”。这就正好是运动的“自身旋绕的圆圈”（《逻辑学》下卷，杨一之译，第551页）。

黑格尔“辩证法”概念辨析

“辩证法”这个概念非常具有歧义性。柏拉图、老子、黑格尔，都是辩证法的思想家，但区别很大。如果按照黑格尔《小逻辑》第81节的讲述，此处黑格尔的“辩证法”就是狭义的辩证法。这种意义的辩证法就是“自反律”或“自否律”。在该节“说明”中，“自身否定性”是核心性的表述。一是基于事物规定的“自身性”，因此它是“内视角”看问题，即，就事物的“本身”看，因此它是“内在的超越过程”；二是基于“否定性”的趋向看问题，万物必由“是”而转“非”；三是基于“超越性”看问题。万物之反转并不是虚无，而是提高其自身，这就是“扬弃”。这三种意义相结合，就是“万物莫不自反其所是”。“凡有限之物都是自相矛盾的，并且由于自相矛盾而自己超越自己。”（贺麟译，上海人民出版社，2009年，第175页）

如果从黑格尔比较完整的意义理解“辩证法”概念，就需要把《小逻辑》第79—82这几节视为一个整体，那么，辩证法的环节就不仅是上述第81节的内涵，而是三方面的内容：“（1）抽象的或知性的方面；（2）辩证的或否定的理性的方面；（3）思辨的或肯定理性的方面。”（同上，第170页）通常人讲“辩证法”，或重“矛盾律”，或重“斗争哲学”，都与黑格尔的“辩证法”不同。第一，他们忽略了事物的“自身性”，往往只是关注“事物之间”的斗争、对立，而不是关注“事物本身”的斗争、对立；第二，他们往往强调虚无的结果，或者是斗争、冲突的无限性，因此其思想就沦为一种“坏的无限”。而黑格尔强调的是一种“肯定的结果”。总之，黑格尔的辩证法是高扬“主体性”精神的，是尊重事物的“自运动”（“自否定”，自我扬弃自己），而通常讲的辩证法往往是流于外在地看问题，是“异视角”或“外视角”。

黑格尔与中国传统文化

黑格尔《小逻辑》第20—24节，是关于“思”的重要论述。在关于“思”的本性的论述中，实际上就是“人类学”或“自我学”的论述。“分裂状态”是人类的宿命，“个人进入对立面，即是人本身意识的觉醒”。这些思想代表着与中国传统文化截然不同的立场。黑格尔多次肯定“痛苦”的积极意义，肯定“激情”的效能，这与中国传统文化强调“平和”“中庸”也是截然不同的。

“思”统一“物我”

我曾经讲，用“主客二分”来指责黑格尔不够公允。重读《小逻辑》第 23 节，再次验明，黑格尔哲学是强调“物我合一”的。他明确说：“反思能揭示出事物的真实本性，而这种思维同样也是我的活动，如是则事物的真实本性也同样是我的精神的产物，就我作为能思的主体，就我作为我的简单的普遍性而言的产物，也可以说是完全自己存在着的我或我的自由的产物。”（贺麟译，商务印书馆，2019 年，第 78 页）“思维只是和一切个体相同一。”（同上，第 78 页）可见，在黑格尔看来，“思”实现了“物之所是”（物性，物之本性）与“我之所是”的统一，两者完全消除了隔膜而彻底打通了。

读《小逻辑》批判“诡辩派”谈“出卖知识者”

我曾经讲过，不要把黑格尔的“合乎理性的就是实在的，实在的就是合乎理性的”（英译：What is rational is actual; and what is actual is rational.）按照“存在即合理”来理解。“存在即合理”的论调极容易沦为黑格尔讲的“合理化论辩”。也就是说，任何人总是可以为现存的事物找到辩护的理由。这是没有什么了不起的事情。苏格拉底、柏拉图都曾经揭露过“诡辩家”的伎俩。“诡辩家”是单纯出卖知识的人，只要有利可图，是可以为任何事情找到根据的。但黑格尔认为，他们的所谓根据只是“形式的根据”。“他们可以替一切东西辩护，但同时也可以反对一切东西……世界上一切腐败的事物都可以为它的腐败说出好的理由。”（《小逻辑》，贺麟译，第 264 页）由此可见，黑格尔是批判这种为“腐败的事物”辩护的“出卖知识者”的。知识分子很复杂，有可能是最复杂的群体，因为知识分子代表着最有“知”的一批人。但是，总体来说，可以区别为两类知识分子，一类是有操守有良知的，一类是趋附权贵，唯利是图的。如果你了解儒家历史，就知道儒家有两种儒，比如汉代叔孙通这个人是争议人物，原因就是两种儒的立场冲突。所以，知识分子也是两类。有的知识分子是没有操持的，也不讲所谓真理、正义，"有奶便是娘"，谁有权有势就替谁说话，挣的就是为他们的"合理性""合法性"做辩护的那份钱。有人说黑格尔哲学是为当时的普鲁士王国辩护的，这可能只是其表，黑格尔哲学的本质可能并不是这样的，而是富有革命的火种。否则，它也不会成为马克思思想的来源之一。

关于费希特的观点

黑格尔《小逻辑》批判费希特的关于自我与非我的观点（《小逻辑》第60节附释2）。按黑格尔的复述，费希特主张自我受非我的刺激方得醒觉，没有了外来刺激也就没有自我。黑格尔是从"思想的绝对内在性"原则讲的，它是拒绝任何"外在性"的，而费希特显然预留了"外在性"的尾巴。但从生活常情来看，费希特的论述更符合实际。在日常生活中，人的自我意识的醒觉，就是通过与现实的碰撞引起的。所以，越是个性强烈的人，越容易与现实发生对抗。只不过，相对比较成熟练达的人，往往掩饰或压抑自我意识，以避免发生对抗。所以，就中国人来说，避免对抗的意识，也同样是自我意识。问题在于，长期压抑或掩饰的经历，会不会导致这种自我意识扭曲。人总是要释放自己的，总是要表现自己的本性的，总是面对"非我"的刺激，总是采取不接触或不冲突的方式，行不行呢？儒家的"仁"，说到底就是处理"非我"的问题。但是，我们凡事有话好好说，行不行？

黑格尔辩证法

黑格尔关于辩证法的论述集中在《小逻辑》第79—82节，《逻辑学》最后一章，《哲学史讲演录》论柏拉图，等等。这些部分认真阅读，则其要旨不难把握。问题的核心就是如何理解"有限事物之必然反转"（走向其反面）。这里的核心范畴就是

“否定性”（有限事物必然消逝，因为它转向对立面）。所谓“否定”必须理解为事物的“自否性”。这里又涉及“自身性”（“否定的自身关系”），把“外化”（反转）再次“反转”，于是“回复自身”。所以，辩证法的运动就是“自运动”，它从单纯到一分为二，转向对立，再扬弃对立，于是回归自身。通常所谓“否定之否定”，实质上就是“颠转再颠转”，但不论怎么转，都是自绕运动。小时候看烤烧饼，那块放饼的铁面有一根轴，手摇着铁轴的把手可以在炉子上反转，通过反转运动让两面的饼烤熟。你从饼的立场来看，饼是不断消逝的，但是，始终还是那个自绕运动。

重读黑格尔《小逻辑》第 85 节

康德、黑格尔、海德格尔都曾通过命题形式来探讨哲学问题。命题基本形式就是 S 是 P。传统的观念坚持 S 是 S，这就是同一性原则。通常认为，S 向 P 过渡则意味着 S 的本原性丧失，所以就反对下定义或者进行明确的界定。黑格尔认为，S 落实到 P，这是其自身的具体化，是其实现运动。所以，这种“异变”是积极的。P 虽然与 S 不一样，但只是 S 的转化形式，而且比 S 更具体。S 必须走出其自身，这就是异化，或者说是从自在存在到为他存在。S 在 P 中存在，P 就是 S 的异在。但是，在其异在中，S 就是在其自身中。“是”作为系词的哲学意义就是，它是自我意识的逻辑形式，或者说它反映了“自我”（概念、事物本身）的本性。“是”一方面把 S 与 P 相区别，这是分裂的运动；但是，“是”更把两者的同一性建立起来了，这就是合一的运动。因此，通过逻辑命题形式，我们就可以把握人类的本性，即，既区别又合一的运动过程。在这样的运动中，实际上存在着三阶段。第一，孤立的 S 本身；第二，S 与 P 区别化；第三，S 与 P 建立同一性，S 通过 P 完成自我回归。事物的运动过程就是这样的三阶段。

“绝对即无”的威力

重读《小逻辑》第 86—87 节。认识“绝对即无”的内涵。

绝对、上帝、道，都是至高的，都可谓之“无”。其本质就是对一切存在者的绝对否定。黑格尔认为，它是纯抽象，因此它是绝对否定。由此可以进一步讲，凡世间妄称上帝、佛、圣，都必基于绝对否定世间所有的立场。又由此可知，凡推崇一绝对，必同时设定了绝对否定，因为此绝对就是由远离一切具体存在物而来。世人若受此蛊惑，必把这种绝对否定的力量激发出来，演变为信徒、暴民的摧杀一切的运动。

《圆觉经》云，“远离诸幻”，“连远离亦复远离”。这个“远离一切众生”的路径，就是绝对否定，就是纯抽象。所谓“抽象”，就是抽离一切“象”，故它必然是“不可见”，因为凡“象”皆“可见、可感”。老子云“视之不见 ，听之不闻”，亦是如此。

总之，立一个绝对，就是建立一绝对否定。

人类历史上的那些大屠戮的运动背后，都隐藏着“绝对概念”的创造与宣传的机制。这个问题弄清楚了，就洞察了“绝对否定”的威力。

重读黑格尔《小逻辑》第 87 节

本节核心句是“物自身是无规定性的东西”。康德的“物自身”概念是众所周知的。康德想要捍卫“物自身”的最后硬核，认为一切认识绝不可穿越而抵达这里。黑格尔则认为，康德的这一禁令（不可抵达）本身无非就是“绝对否定”的反映。换言之，“物自身”的得出是基于一种“纯粹的抽象”，这种“抽象”运动就是把一切规定性弃绝了。因此，“物自身”反而构成了思维的“空白”，康德的这块“自留地”本身就是思维的产物。“物自身”因为摒绝了一切规定，当然就是“无规定性的东西”，当然就是“不可说”“不可知”的。因为康德已经把它规定为“不可抵达”。它空洞，抽象，这种情况就必然产生具体化的要求。“物自身”之为“物自身”，就在于它只是它自己，它只是自闭的阶段，它必须走出封闭，向他者转化，唯此，它才可以说，它才具体实在。“物自身”也可以说就是“自由”，因为它坚持自身的绝对存在，所以就是“绝对肯定”。但是，这种“自由”还仅仅是虚假的“自由”，它必须经过一番曲折的异化，最终折返回来，才能成为真“自由”。

黑格尔哲学的精髓

差异是如何“内化”的？或者说，差异如何被理解为“自身的差异”“内在的差异”？这或许是理解黑格尔哲学的一把钥匙。在《小逻辑》第91、116节，黑格尔论述了“异在”（Anderssein）概念，这个概念正是围绕着“自身规定”或“自身联系”来讲的。简言之，“异在”必须基于“自身”来理解。《小逻辑》第92节，黑格尔明确地指出：“异在并不是定在之外的一种不相干的东西，而是定在的固有成分。”这就是否定基于“外在关系”的理解，而强调基于“自身关系”“内在关系”来理解。也就是说，“异在”是“内在”的固有环节。与此相关，“自为存在”概念可能是最晦涩的，但其核心就是“自身关系”。在《大逻辑》中，黑格尔讲“自为之有”（“自为存在”），把它规定为：“自为之有就在于这样超越限制，超越它的他有，因为它作为这样的否定，就是无限地回归到自身。”（《逻辑学》上卷，杨一之译）可见，所谓“自为之有”就是“异在”（“他有”）的扬弃与自身的复返。这里还有一个重要的佐证，就是“真无限”概念，所谓“真无限”，就是“在别物中返回到自己”。（《小逻辑》第94节附释，贺麟译）因此，黑格尔哲学的奥秘就在于，把“异”理解为“自身差异”，把“自身”理解为“异而复异”的运动。一切的关键就是，“异”就是“己”，而“己”为了实现自己，必须努力去“异”，进而实现“异”就是“己”的同一性重建。

《小逻辑》第140节疏义

黑格尔《小逻辑》第140节的内容（贺麟译，第290—295页），可概括为“内外相符原则”。其一，内必达于外，无外即无内。倘若你总是“自恃内在的优越性”，总是不作为，“才美不外现”，那么你本质上就是无才，绣花枕头的内在里本是稻草罢了。其二，外必符其内，据外可知内。我们了解一个人，只能依据其行动及其结果，而不是听信空言幻想。其三，内外相结合。不结合的纯内必转为纯外，不结合的纯外实同时是纯内，都是片面不实的缺陷。因此，我们做人就要不仅立志还要行动，志行合一。当然，黑格尔的观念仍失于疏略，可能忽略了实现过程的曲折性、复杂性。但其积极意义在于，揭露了“狂妄虚骄”之徒、“志大才疏”之辈的自欺欺人的本质，对于识人鉴人具有指导作用，对于我们认识自己与实现自己也有重要的启迪价值。

重读黑格尔《小逻辑》第205节

黑格尔《小逻辑》第205节就是讲“外在合目的性”或“直接的目的关系”。这就是初级的目的论思想。这种目的性由于是外在的，它就必然不符合事物自身的需求。目的是目的，作为目的的外在事物只是手段，这两者之间是对立的。之所以说它是“外在合目的性”，就是因为它仅仅符合主观的目的需要，没有站在事物自身的位置看问题。比如，你折下花朵向女性献媚，你只是把花作为恋爱的工具，你没考虑花自身的生长要求。所以，两者之间就存在着差距。于是，不仅目的是有限的，事物本身也是有限的。你折花示爱的过程是暂时的，花作为爱的象征是暂时的，你示爱的目的是会过时的。所以，黑格尔批判这种“实用的观点”：“依这种看法，事物不具有自身的使命，只是被使用或被利用来作为工具，或实现一个在自身以外的目的。”（贺麟译，第390页）所谓“实现一个在自身以外的目的”，是针对着“事物自身”讲的，也就是说，该目的不是内在于事物本身的。“木末芙蓉花，山间发红萼。涧户寂无人，纷纷开且落。”这样的花才是遵循自身的生长要求的。

“外在合目的性”或“实用的观点”是初级的目的论阶段。我们必须警惕其局限性。尤其是必须认识到主观目的性、直接目的性的危害。因为它不尊重事物的自身特点，只顾满足自己的一时需要。它最常干的事情就是“过河拆桥”，这是由其“有限性”决定的。在生活中，这样的人要警惕。他跟你交往，由于目的性太直接，他就根本不懂得尊重别人的独立价值，他只是一时“利用你”，并且用完就丢。搞教育的如果是这种目的论，就不尊重孩子的发展规律与个性要求，只会把自己的要求意图强加于孩子。搞理论的如果陷入“实用的观点”，就达不到“真知”。黑格尔讲：“要想得到对于一个对象的真知，必须由对象自己去规定自己，不可从外面采取一些谓词来加给它。”（贺麟译，第98页）

“外在的目的性直接站在理念的门前，但站在门前或门外总是很不够的。”（贺麟译，第 391 页）这就是黑格尔对于“外在目的论”的结论，也是对其不足的揭示。我们不要做一个这样的人，这样的人就叫“俗”。古人讲：“唯俗不可医。”“俗”的本质之一，就是不懂得尊重事物的本性，只肤浅地局限于“我觉得”。

重读黑格尔《法哲学原理》第 209 节

黑格尔《法哲学原理》曾经被认为是其思想保守性最突出的著作。这方面马克思曾经有《黑格尔法哲学批判》来进行理论上的清理。但如果是冷静看待，《法哲学原理》固然有其保守性，但也有不少好东西。

在第 209 节，黑格尔指出了“相对性的领域”的积极意义。所谓“相对性的领域”，就是具体需要的领域，就是人们现实的各种欲求着的地方。黑格尔指出，正是这个“相对性的领域”保证了“有效性和客观的现实性”。因此，一方面，我们固然要诉诸普遍性，但另一方面，又必须落实到现实性，向着“相对性的领域”降落。

在附释中，黑格尔指出，人作为单个人却具有普遍性的形式。“人之所以为人，就因为他是人，而并不是因为他是犹太人、天主教徒、基督教徒、德国人、意大利人等等。重视思想的这种意识是无限重要的。只有当这种意识把自己作为世界主义固定起来，来与具体的国家生活相对立，它才是有缺陷的。”（新译本，第 348 页）这段话可能是具有争议性的。一方面，它提出了普遍性的人的方面；但另一方面，它又基于“国家生活”，认为“世界主义”有其弊端。

在当代普通民众与知识精英的对立关系中，我们抛开其他因素，单纯从学理上看，可能其根源之一，就是普遍性与特殊性的对立关系。这种对立关系往往因中西方的现实关系而发生变化。知识阶层在思考问题的时候，可能更偏于普遍性的方面，有部分人就基于“世界主义”看问题。他们试图突破国家、民族的界限来思考问题。但是，普通民众更关心现实利益，更系心国家利益、民族利益，等等，所以更关注特殊性的方面。

我个人觉得，既没有必要激化大众与精英之间的矛盾，也没有必要否定两者之间的思维差异。近年来，的确有不少“公知”“砖家”在客观上触犯了民众情绪，加剧了知识阶层与普通民众之间的敌对性。但是，我还是觉得，不应该以“阴谋论”“身份论”“动机论”“背景论”来对待一切争议。绝大多数知识分子是土生土长的中国人，是具有本色的民族感情与国家情怀的。

但与此同时，知识分子也必须顾及国情与民众的基础。理念真正要推行，要实践，肯定是需要大众的，也是基于满足大众欲求的。这就是从普遍性向特殊性的过渡。理念过于“普遍”，就可能是空中楼阁。脱离“国家生活”，盲目追求“世界主义”也是要付出代价的。

黑格尔哲学的“幽暗性”或悲怆感

黑格尔讲“理念就是辩证法”(《小逻辑》第 214 节)，实则，理念一方面是永恒地分裂、对立、斗争，另一方面则是无限地克服分裂、对立、斗争，因为是无限地回归同一性。如果我们看清了“理念”的本质就是历史进程，或者说，它只是全部的经历，是所谓“全体”，那么，谁才有资格以“理念”自居呢？如果我们承认自己只是单个生命，那么从自身角度来讲就注定达不到“理念”的阶段。因为，个体的死亡才意味着“精神的前进”。所以，这就表明，黑格尔的“理念”阶段是观念性的，甚至是一种“虚构”。如果承认这一点，就意味着个体生命只能是“没完没了地走向坏的无限进展的过程”，这就弥漫着一种悲怆的味道。那么，对于单个生命而言，就不存在克服分裂、对立、斗争的方面了，而只能是永恒地分裂、对立、斗争。那真理的达成就不是个体生命所能承担的，只能靠着所谓“总体”，即“整个展开的过程”来展望。黑格尔把“理念”比作“老人”，来回顾全部历史。问题在于，谁来充当人类历史、宇宙进程的回忆者？在《精神现象学》结尾，黑格尔提到端起“圣杯”回顾昔日辉煌。在圣杯的泡沫中，真理涌流。可见，唯一的“举杯者”只能是类似“上帝”这样的存在。而那个时候，地老天荒，人类早已完成使命而成为真理的一环而已。那么，抛开这种浪漫的狂想，剩下的只能是巨大的暗影。

于是在黑格尔哲学中，就发现了他的不彻底性。他并没有把“个体性原则”或“现时原则”贯彻到底，所以，他的真理的最终实现与自由的彻底达成，只能是“黄昏时分”“历史落幕”或“世界终结”的时候。他尽管肯定了有限事物的意义，但是，这种肯定是有条件的，即，有限事物只有成为“理念”的环节才有意义。因此，其真理观、价值观本质上是“总体主义”而不是“个体主义”。他的批判“知性”也同样是基于“大全”的视角。

读《精神哲学》札记

读《精神哲学》，突有证悟。只有从价值论讲，自身与他者的统一才能得到解决。终极的“一”并不是同质化，而是等值化。自由的达成，是把自身与他者视为价值上的“同”而非实质上的“同”。黑格尔往往是从认识论讲，他把“实质”的“同”与“价值”的“同”混同了。

黑格尔《精神现象学》《精神哲学》《自然哲学》都讲到欲望的有限性与恶无限循环。真正的自由之实现，当从欲望的自我克服开始，必须超越倾向于占有消灭他者的自然冲动，必须扬弃自身的本能欲望。唯有通过创造性劳动，人才能实现自由。

无论是认识论，还是实践论，都是有限的视角看问题，都有难以克服的主观性。萨特《辩证理性批判》尤其讲到实践的“反目的性”而非“合目的性”，这就揭示了实践的有限性。解决认识论与实践论的局限性在于，放弃那种上帝视角吧，从众生平等的价值论视角看问题。传统的认识论与实践论，要么就是走向全知，要么就是走向全能，都有一种把自身当上帝冒充真理化身的僭妄症。

在黑格尔哲学中，“自由”是很重要的核心范畴。从这个范畴出发，才能更好地领会其《法哲学原理》，才能深入理解其先进的国家观念，而非局限于通常教科书的宣讲。

很悲剧的一点就是，黑格尔哲学一向被宣传为一种很保守的哲学，一种为普鲁士王朝辩护的官方哲学。但是，我读黑格尔哲学，一直关注的就是其热情洋溢的现代精神，一种先进的价值观。

当我思考黑格尔的理性时，我已经不再是局限于人类解放的立场上，也不再是局限于动物解放的立场上，而是基于万物解放、众生解放的立场上，基于世界解放与宇宙自由的立场上。所谓真理，就不再是认识论的证明，不再是实践论的检验，而是生存论的确证了，是一种价值哲学问题了。

关于一处翻译

黑格尔《精神哲学》第436节，中译本使用笨拙的“反显现”，不如采用“返显现”或“返映”，其意就是，在他者中映现了自身的存在。这就如同光的折射，经过中介而折返回去。这个意思黑格尔《逻辑学》讲“反思”时提及。（下卷，中译本，第14—15、24、26页）

黑格尔以光的折返现象为喻来讲“反思”或“反映”（“反”字即“返”义），目的就是强调人的反身性，他在他者那里确证了自身，就是返己。这就是“否定之否定”的确解。（《小逻辑》，中译本，第242页）“由于反思是回归，所以它是运动，而运动就唯在于是能开始或能回归那样的东西。”（《逻辑学》下卷，中译本，第17页）这是十分重要的一句话，对于理解“反思”，以及了解黑格尔的“否定之否定”是十分关键的。

读黑格尔与儒家

中国儒家喜欢强调与自然万物的一体性。其实黑格尔又何尝不是强调“统一性”。只不过，中国儒家是基于“德性”的普及性，而黑格尔则是强调精神的至高性。严格来说，两者都是“一元论”。在黑格尔看来，自然界就是精神的异在，但这个异在源自精神的自身外化。张载讲的“民吾同胞，物吾与也”的情况，黑格尔事实上也论述过。“我们周围的万物和我们自己有灵魂的生命是同整个自然界亲如手足、共情共感的，我们因而得到某种关于世界灵魂、关于精神和自然界的统一、关于自然界的非物质性的感受。”（《精神哲学》第389节附释，杨祖陶译）但黑格尔对此是不大认同的。因为黑格尔认为这只是类似“泛神论”的质朴的阶段，还不能达到进一步的发展，“这种统一早已是东方主义的基本观点”。它的局限性从黑格尔的立场来看，至少有三：（1）不能发掘出来“自运动”的原则；（2）不能开发出来“个体化原则”；（3）不能够经受或者承认“否定性的严肃、痛苦、容忍和劳作”（《精神现象学·序言》）的积极意义，尤其是不能承认“欲望”“恶”的积极意义。儒家思想的问题，就是对于“一”过于执着，而忽略了“二”的复杂性和曲折性。质言之，儒家思想之所以“内圣开不出外王”，就是缺乏黑格尔讲的“异化”这个过程，不懂得“设置对立面”而后统摄“对立面”的辩证法精神。

黑格尔论中国法律和道德领域的混搅现象

因为看到王子今《权力的黑光》一书引用黑格尔《历史哲学》，就随手重翻了《世界史哲学讲演录》（《历史哲学》，王造时译）。其中关于中国传统的道德与法律的关系的论述值得关注。

在黑格尔看来，中国传统那里，法律和道德的关系是经常混淆的，是边界模糊的。黑格尔代表性的话是：“引人注目的是没有把法和道德区分开。”“在中国，伦理的东西变成了法。”“这个制度缺少自由的灵魂……政府强占了道德，没收了人们的内在领域。”（商务印书馆，2014 年，第 129—132 页）具体如下：

第一，中国传统制度下，“公权”与“私权”的边界不明晰、不确定。实质上，法律经常侵入道德的地盘，本质是“私权”毫无保障。

第二，“道德”“伦理”经常被“法制化”，变成了“法”。“中国体制的基本规定是把道德设定为严格的法。进行这样立法的政府取代了我的内心，主观自由的原则因而被取消了，或者说，它是不被承认的。”（同上，第 131 页）这就是说，“德”向“法”转化，正暴露了“内心”被政府“取代”。

第三，在中国，“内在领域”“为我而在”是不被承认和保障的。“尊严的基础就在于它涉及一个为我而在的不可触动的领域……在中国，这种自为存在没有得到尊重。”（同上，第 132 页）本质上就是，个人尊严得不到承认。

总之，在黑格尔看来，中国制度下，个人的“内在空间”是没有的，一切都归“国有”。

老子与黑格尔比较一例

老子与黑格尔是有可比性的。两者既有同，更有异，甚至针锋相对。比如关于“欲望”“分裂”“战争”“儿童”，两者均是对立的价值取向。

重翻黑格尔《自然哲学》，又一次想到黑格尔关于“火”和“水”的论述。黑格尔更喜欢“火”，因为“火”代表着“否定性本身”，“火是活跃的时间”，“生命的过程也是火的过程”（中译本，第 152 页）。就中西方的民族性格而言，西方可能更接近“火”，中国人则更接近“水”。在“水”的认识上，黑格尔与老子是对立鲜明的。老子对于“水”的赞美众所周知（“上善若水”）。而黑格尔则认为“水”是“火”的消退，“淹没了火的中和性，即熄灭了的火，就是水”（同上，第 153 页）。我们中国古人，比如苏轼，曾经赞美“水”的“随物赋形”的特点，在黑格尔看来就是“依他性”，说明它缺乏独立性。“它仅仅从外部获得形态的限定，并向外部寻求这种限定（附着性）。”（同上，第 153 页）

有趣的是，老子看重“水”的“不争”，而黑格尔则强调“水”必须转向“争”。“水的真正消失并不仅仅是水的一种消极的规定，而且也是水自身的一种抗争，是水向燃烧着的火的冲动和突进，而火作为自为存在是极端的东西，因而在这个极端里地球自己分裂了自己。”（同上，第 164—165 页）可见，黑格尔认为“火”才是更高的存在方式。

黑格尔哲学与熊十力哲学的共同缺点

黑格尔哲学被称作“同一性哲学”，对其弊端揭露最厉害的就是阿多诺《否定的辩证法》。治黑格尔哲学，这是必读书。黑格尔哲学的弊端可从《精神现象学》的最后一章看出来，就是“绝对精神”最终取得了王座，高举酒杯宣示自己的权力，万物皆陈迹，如同酒杯泛起的泡沫，供其缅怀自己的伟绩罢了！换言之，万物皆供其驱使，是其自我实现的手段。黑格尔哲学其实还算是肯定过“个体化原则”的，其实他的反对先知、启示性秘知的思想（《精神现象学·序言》）是具有平民意识、民主意识的。但是，从总体上来看，确实给人一种凌蔑众生的感觉，他在《历史哲学》中讲英雄就该为了实现自己的目标而践踏花草，他在《逻辑学》等书中讲“理性的狡计”就是役使万物以实现上帝意图。

在这里，就可以讲熊十力哲学的同样的问题。熊十力爱使用“大海水”与“众沤”做比喻，讲“本体”与“现象”的关系。他主张“体用不二”。“大海水”散为“众沤”(细波、泡沫)复归于“大海水”。这跟黑格尔讲“绝对精神”先异化其自身而后收归己有是有一致性的。换言之，其“散”只是阶段性的，“众沤”的存在只是暂时的，最终是被收回的宿命。熊十力与黑格尔都是站在至高点位置看问题，是“上帝视角”及其立场。那么，这对于“众沤”就可能是不公平、不公正的。也就是说，我们作为芸芸众生本没有独立意义，只是一枚棋子罢了。所以，熊十力讲“不二法门”最终取消了“分”的意义，正如黑格尔讲“一分为二”又讲“合二为一”(复返自身)一样。

我们作为个体生命，甘心这样吗？谁有资格以上帝自居来告诉众生：你们的存在意义就是充当手段。康德讲“人是目的”，其实还是保守的，应该讲“万物皆自身目的”，都有独立价值。我们活过，死掉，一次生命而已，不管是上帝还是哲学家，都没资格让我们做其手段。我们以自身为目的，同时以自身为手段，如此而已。

因黑格尔想到朱鲁之争等等

在读黑格尔的“在统一或和解的需要得到满足以前，必须激动起分裂的痛苦”(《哲学史讲演录》第4卷论洛克部分)这句话时，我又想起中西方文化的差异。中国的传统文化，鲁迅先生曾经在《摩罗诗力说》等论文中有过论述。中国传统文化，落实到人生哲学，就是“虽撄而宁”(庄子论过“撄宁”)，也就是排除外界干扰而追求内心平和。这种思想其实与古希腊哲学的皮浪学派、斯多葛学派等类似。我读恩皮里柯的著作，就立即想到它与老庄哲学的可比性。中国的风格，无论做人还是审美，主流偏于“静穆”。这方面朱光潜先生曾有论述，鲁迅先生曾经因此论战了一番。朱鲁之争其实都不算错。朱光潜偏于中国传统的“实然”，主“静穆”有依据。鲁迅偏于激励国人行动起来，偏于“应然”，故主“金刚怒目”的一面。

由黑格尔论道德所想到的

“意识一开始以为，对它而言，道德性与现实性之间不存在和谐，但意识并没有严肃地看待这件事情，因为通过一个行为，对它而言，那种和谐成为当前的实际情况。但是，意识同样也没有严肃对待这种行动，因为行动是某种个别的东西，而意识拥有一个如此崇高的目的，即至善。然而至善仅仅是事情的又一个颠倒，因为在它那里，一切行动和一切道德性都消失了。”（《精神现象学》，先刚译，人民出版社，2013 年，第 382 页）这段话也可以用来对照一下中国儒家的道德观念。

比如在中国儒家这里，其目标是“至善”或“良知”，但是这个实现过程并没有“严肃地看待”，尤其是王阳明那里，被处理得极为“简便”。王阳明意识到个人与“良知”之间有区别，但是，消除区别（“不和谐”）的方式就是“去私欲”。这里面首先存在着一个“颠倒”。作为“至善”的普遍一端被作为单个人的王阳明设定为目标，这就是说，作为最宏伟的目的已经被个别化了，“至善”已经“颠转”为某个人的意识了（王阳明自己的）。然后，王阳明作为单个人要“去私欲”，这就是单个人对单个欲望的斗争。这是一个人的内部矛盾。这个过程被轻而易举地认为实现了。所谓“知行合一”，其最大的问题，就是把“实现过程”简捷化了，这也是其思想特色难以与禅宗区别开的关键。

问题的核心始终是，“私”本身的“颠转”运动。一方面，作为“私”的单个人，设定了“至善”为目标，这里面的正当性就没有经过审查。凭什么你作为具体的单个人就具备了“至善”的代言人资格？你所谓的“至善”毕竟是一己之意念。因此，这是一己意念“颠转”为“天下至理名言”。另一方面，为了实现“至善”，必须消除一己之“私欲”，然而实现者与监管者仍然是单个人。这就意味着，作为个人的王阳明，既是实行“去私欲”的执行人，又是最终结果的检验员。这是第二次“颠转”。这次“颠转”同样没有经过审查和外部监管。真正的情形就是，生活中的某一个人，某一天说自己确证了“天下真理”，但是始终都是凭他自己说了算，一念即可实现的背后，隐藏着个人的独断。

黑格尔的道德批判及启示

阿多诺："良知根本不能保证正确行为，自我对该做什么或者不该做什么的纯粹自身专注，纠缠着荒谬和虚华。"(《黑格尔三论》，中译本，第35—36页）阿多诺对于黑格尔的思想分析是到位的。黑格尔在《精神现象学》中对于道德意识的批判犹如他批判"不幸意识""优美灵魂"一样，同样是"铁石心肠"的。他对于"温情脉脉"或"道德良知"表现得无动于衷，毅然举起手术刀，剖开病症的所在。黑格尔的论述表明了，"道德良知"绝不像它自我标榜的那样高尚与真实，它必然走向其反面，暴露了其虚妄与无力。在历史的铁蹄之下，柔情与良知都经不起践踏而狼藉满地。黑格尔把人们一向视为"美好""高贵"的东西撕得粉碎。在这样的章节中，有最值得中国人听取的刺耳之诤言。牟宗三先生虽然曾经写过关于黑格尔的文字，但是他一直把康德作为理论的参照系，对于黑格尔的道德批判的内容缺乏了解。所以他大讲特讲"道德理想主义"，却不知这种"道德高调"根本战胜不了"世界进程"，而中华民族要想崛起，必须抛弃"道德空想主义"，将"满腹柔肠"换作"铁石心肠"，从而加入"世界竞技场"去搏杀一番，而不是因为"道德良知"而生怕玷污了手中刀剑。

黑格尔保守的一面

近日读黑格尔论目的性，发现黑格尔的悲观的一面。以前我觉得黑格尔整体上是乐观的，主要是他坚信"理念统治世界"，"理念"必然能实现其自身。但是，通过重读他论有限事物，就发现他的悲剧意识。因为，在他看来，一切有限事物最高达到的只是外在合目的性。换言之，一切有限事物自身的目的性注定是实现不了的，而是充当了"理念"的工具或手段。

黑格尔论述生命必然陷入"痛苦"，尽管他赋予"痛苦"积极意义，尽管他说"痛苦是生物的特权"，但是，这毕竟表明了"痛苦"是生命的宿命性规定。对于个体生命，黑格尔是从"理念"的立场讲的，他认为"死亡"是其向着"精神"迈进的必要阶段。这当然赋予“死亡”以“不朽”的意味，但是，对于个体性的自我实现实质上肯定不足。

黑格尔的“理性的狡计”思想尤其反映了他对于个体生命的自身实现不够看好。所谓“理性的狡计”，就是上帝利用每一个体的私欲之举而实现“天意”，最终结果与每一个体的“意图”是不同的。这就意味着，在“理性的狡计”面前，个体生命是很难自我实现自己的目的的。而我则认为，每一事物都是以自身本性的实现为奋斗目标的，而且，其本性的实现出来或者显示出来，乃至于隐藏过程，都足以让其运动具有积极意义。个体生命当然是短暂的，有限的，但是，在有限的时间里，它能够按照其本性运动就可得自由，或者说，按照本性来反应世界对其影响，就是自由。比如含羞草，其本性就是一接触就“含羞”，那么，它的“含羞”的本性不是外部赋予的，而是源于它自己的。那么，“含羞”的活动就是自由。因为，所谓“自由”就是“由自”，就是遵循本性。因此，在我看来，每一事物都具有自身目的性，而不仅限于外在目的性。

在黑格尔那里，“理念”阶段才算自由了，而我则以为，每一阶段都已经有自由可得。黑格尔的“理念”本质上相对于个体而言是遥远的，是上帝视角，这就意味着，“自由”对于个体而言是遥远的。黑格尔曾经批判康德、费希特有“尚未”的尾巴，实则，他自己也给个体生命留下“尚未”的印记。

苏轼与黑格尔

今天给研究生上《文艺学专题研究》，讲“主体性”。后面就涉及黑格尔，我提到《精神现象学》的结尾处。这个结尾是耐人寻味的，其中，“回忆”是关键词。在黑格尔的语境中，往事并不如烟，并不是只有否定的结果，而是“扬弃”，是内化了的保存与提升。黑格尔把既往的历程比作是“画廊”，一幕幕经过“回忆”而再现。注意，普鲁斯特《追忆似水年华》中，“回忆”也是关键，通过“回忆”来“重现旧时光”。

然后我就讲到苏轼的“回首向来萧瑟处，也无风雨也无晴”。在苏轼这里，是旷达，是对于苦难的克服。这里，“回忆”也是关键，但两个“无”是否定性的。倘若从黑格尔的立场来看，苏轼还是没有真正“扬弃”。按照黑格尔，应该是“回首向来萧瑟处，也有风雨也有晴，雨也好，晴也好，都是生命的必有过站”。换言之，“风雨”都是人生价值的实现方式。黑格尔说，当人回首往事，应该快意于工作过，享受过，痛苦过。

从“回忆”这个关键词，就可以把握黑格尔哲学的积极意义。人生就不再是猴子掰玉米，只是不断丢失。而是通过“回忆”来“拾取”，是海德格尔讲的“采集”。回头再看苏轼，他的人生态度已经算很好了，但比起黑格尔的那种精神，还似乎缺少点硬朗英挺。苏轼的人生哲学还是以悲观做底子的，与黑格尔的那种积极进取仍有巨大区别。

传统中国文化，即使是儒家文化，在积极进取方面也是有保留的。比如，“知其不可为而为之”，其实很悲壮，因为“知其不可”嘛！但黑格尔就不这么看，“凡合理的必是现实的”，必须是“可”的。大英雄“志其所行，行其所志”，是由于“必可”的坚信，而不是“不可”的预期。讲这些，不是比较孰优孰劣，而是强调中国文化的“优柔”，在黑格尔哲学的“劲霸”比较之下，更加明显了。

列车上想到黑格尔的问题

黑格尔曾批评康德、费希特尚局限于“应然”，二人是“处于过程中”的哲学。这就是说，康德、费希特尚有“虚”而待“实”的成分。故黑格尔主张哲学是时代发展的总结，是“完成时”，是黄昏起飞的猫头鹰。但，从个人角度来说，任何人包括哲学家本人，都是“现在进行时”，都处于“中”。所以，那种“终点”“完结”的设想，也只是“虚设”而已。

再者，黑格尔自己也说过，上帝利用私人之趋利意图而行其志，结果却是人人难以自遂其心而仅充当了上帝之具耳。由此可见，个人终究还是局限于“应然”的，他不得福德俱臻。故，黑格尔之批判康德、费希特，亦是难以自洽的。

戴震讲，所谓“天理”不过是人人俱遂其私欲而已。苟如此，则从个人与“天理”的关系讲，两者就不是康德、黑格尔诸人所认为的紧张关系，而是和解关系。人人都能够实现自己，这就是“仁境”。从人情味的角度来说，中国哲学自有其可贵处，尤其是发展到戴震，已经具有现代意味。

“隐得来示”

忆及昨晚看黑格尔《世界史哲学讲演录（1822—1823）》，黑格尔讲“精神”是“活力”，是“隐得来希”（亦有译为“隐德来希”）。这个词，从黑格尔立场来看，应译为“隐得来示”，音译义译合一。黑格尔是讲“精神”必须外现，也就是走出那“隐”，这就要“示”。海德格尔《存在与时间》第 82 节也说黑格尔是讲“公开出来”。

老子哲学

治老子宗旨

一、不可堕道为术。

二、不可执着名言。

三、义理价值为先。

四、辩证法为核心。

提高老子哲学的世界性意义

把老子哲学置入西方哲学的问题域，或者说对话平台，与柏拉图、亚里士多德、康德、黑格尔、海德格尔进行互动，这是提高老子哲学的世界性意义的重要方向。所以，深入了解西方名家的哲学思想就是必要的。否则，就只是基于中国视野看问题，其立场、角度的局限性就难以克服。

自知不足才是“明”

“自知者明”，更为本质的是，自知自己不足的人才是“明”。读《老子》会发现，老子总是把世俗美好的字眼用于众人方面，而把很多贬义词用在自己方面，这就是“自知者明”的现身说法。所以，谁天天吹自己呢？必然是老子瞧不起的人。

后不胜昔而欺古人

斗争不仅存在力量对等之间，还存在于力量、境界悬殊之间。就治学而言，亦常见大言无知者挑衅、批判真知灼见者。就老子哲学研究领域，有的当代学者的研究反而不是后来居上的，竟不如前人的成果的。但是，这些后来者可能去挑战前人研究的成果，后来又证明是批判错了。我举一个例子，比如宋代的老子研究是非常卓越的，其中苏辙的《老子解》就是一部杰作。但钱锺书就不以为然，批驳苏辙未免过激。然而，苏辙《老子解》已经证明是传世之作，至于钱氏的研究则有待进一步检验。当代人每每吹嘘当代人，故后世方可定论。我们在评估当代的学术价值时，倘若不能摆脱利害关系，则偏见必在一起的。

关于《老子》首章的断句方法

在重新阐释《老子》首章时，我引用海德格尔："谁若经验不到虚无之切近，他就只能永远无望地站在哲学门外，不得其门而入。"(《尼采》) 我之所以不采取"无名""有名""无欲""有欲"的断句方法，正是为了彰显"无"作为核心范畴的独立提出。而通常的断句方法遮蔽了"无"的理论价值，降低了理论抽象的纯粹。

"名"不可"常"

读《老子》首章可知"名"不可"常"。既知"名"不可"常"，则知"善恶是非"不可"常"，道德律令不可"执"。

适才一学生微信对我说："田老师，我最近觉得善恶是非中的变量隐变量实在太多了，真的不可妄下断言。也更加不要对人和事进行随意的谴责和道德制高点上的批判，不然标榜道德高尚的那个自己，可能才是真正的施暴者和加害者。"此言甚是！

今人解老乃有不及唐宋人者

读今人的老子解释著作，有很多反不及唐宋时期的注解者。时代进步在这个问题上就不好说乃至于没体现出来。原因是什么呢？一个根本原因，就是今人大多数

"立场"先行，"成见"太深。今人对于"进化论""矛盾对立规律"等等缺乏自批判意识，而是直接拿来就用，就套在《老子》的解读上。这些人自以为凭借着"时代先进观念"就可以站稳脚跟，甚至不惜厚污古人。这代人的学术价值等到一千年以后，说不定就是笑话。

说"反者道之动"

老子"反者道之动"的"反"字有"正反之反"与"返回之返"两解。我的理解是"返回之返"，"返本复初"之谓也。读庄子《秋水》，见"反其真"之语，可旁证"返本复初"之为确解。《道德经》不屑于世俗的正反之辗转不已，有意超出一头，提升到"道"的境界。若做"正反之反"讲，是把"道"降低到矛盾是非之斗争圈子里面了。这是老子、庄子都不屑于计较的层次。

世人讲辩证法，好像就是矛盾对立，正反面颠倒往复，以至于无穷。这是错的。无论是老子，张载，还是康德、黑格尔，都是超越这个"循环圈"来追求的。仅讲对立面斗争而不讲对立面的超越，是不彻底的。

一般解"反者道之动"为"正反面之反"，这种错误就是把老子贬低到蟋蟀之斗争的层次。老庄看世相，就如同看蟋蟀斗，你们正反面相斗个没完，我们正好袖手看戏而已。"道"相比于此，是高出一格的。

关于"反者道之动"

林语堂讲老子的"反者道之动"为所谓"不朽的循环"不够确切。"反者道之动"怎么讲？大致有三种理解：一是"反"是向对立面转化运动；二是"反"是"循环往复"的运动；三是"反"是"返回本原"的价值贞定。我的观点是第三种。通常的辩证法只侧重于普通的运动学说，忽略了价值学说的意义。辩证法不能只讲"动"，因为容易沦丧为"反复小人"。辩证法还要讲价值操守，以不变应万变，故要超越"动"而"止"于"寂"。老子虽然多次讲运动、变化，但主要还是强调"复归于朴”，强调“无为”实质上就是超越“反复无常”而守住一种“恒常”。

仅仅从物理学等科学思维角度讲是不行的。世人讲辩证法总是一种“知识论”，或者鼓吹其如何如何“放之四海而皆准”，或者诋毁之为“戏论”“忽悠”，皆失之偏颇。辩证法应该摆脱这种套路，从价值学讲人如何超越“大化洪流”，引导世人如何身处“沧海横流”而葆真。

刘禹锡：“长恨人心不如水，等闲平地起波澜。”这是谴责人心之无常。孟郊：“波澜誓不起，妾心古井水。”这是宣扬一种精神操守。前者是“流荡无归”，后者才是价值贞定。

关于《老子》第一章的补充

《老子》第一章末句：“此两者同出而异名，同谓之玄。玄之又玄，众妙之门。”

1.“玄”的词性差异引起的意义差异。“玄”是名词还是形容词，王弼的注是模棱两可的，或者说，是同时兼容的。但是，作为名词，它就是独立的哲学范畴，甚至还是最高的哲学本体。这与作为形容词来描写一种特质、特性是不一样的。

2. 唐代“重玄学”基于此句而建立。实质上是引佛入道。其主张“有无双遣”是与《心经》《圆觉经》的破“空执”思想具有一致性的。

3.“玄”与“玄之又玄”是不是一回事？或者说，“玄之又玄”是不是比“玄”更高的境界？换言之，“有”——“无”——“玄”——“玄之又玄”，是不是这样逐次递升的高阶进程？

4.“观其妙”的“妙”与“众妙”的“妙”是不是一样的？如果“其妙”是指“常无欲”或“常无”的情况，则“众妙”指的就是“玄之又玄”的情况，后一种“妙”是不是比前者更高？“众妙”之“妙”能不能把“有”“无”阶段的存在也包含进来？按照老子本文，“众妙之门”的“门”是“众妙”的总根源，那么，理当包含以上各环节。但是，“玄之又玄”是偏指“门”的吗？如果是，则没有问题，如果不是，则“玄之又玄”本身才是“众妙”本身，这之间的差异还是值得注意的。

以上补充，也是《异在论与比较视域下的老子新解》一书相关内容的进一步发展。讲课有时候比著书更利于详细讨论，“口传”是可以胜过“书写”的。

关于“不可说”的聊天记录

关于《老子》第一章的解读一直有争议。关于第一句话的理解，裘锡圭先生《老子今研》提出，老子的本意是：“道是可道的，只是不是通常的道。”抛开这个争议，我们姑且讨论“不可说”的问题。我曾经在专著中明确反对维特根斯坦的那句话。

黑格尔《精神现象学 · 序言》中专门批判“超凡脱俗”，认为知识必须为众所周知，就必须“暴露在光天化日之下”。否则，它就是一种“天才作风”，是类似“手枪发射”的东西。

在《老子》中，老子明确地为“道”进行过规定，甚至使用过“定义”，比如“道隐无名”“道，万物之奥”等等。西方学者批判海德格尔，其中之一，就是“故弄玄虚”。

《老子》第一章

《老子》第一章的讲解要点：

（1）“道”“名”“欲”“有”“无”的词性问题。

（2）“道”“名”“有”“无”的专名与众名的区别问题。

（3）可言与不可言的区别问题。

（4）海德格尔与老子的差异。一是对于“有限性”的认识，一是对于“言”的地位。

（5）“有”“无”，“有用”“无用”的相待关系。

（6）王弼注解的“妙，微之极也”的意义。

（7）老子超越功利、名利思想的积极意义。

（8）“无用之学”方为“大学”，若求“有用”，“大学”不如“技校”。“无用之学”的多少能反映一所大学的境界层次。

《老子》第二章

《老子》第一章末句涉及的基本关系是“同”与“异”、“一”与“多”。老子有偏于回归无“异”可言的“玄同”的危险。老子此章做了异阶性的划分，比如高阶存在的“道”与低阶存在的“万物”，但是，他不能看到两者的相异相依性。他于两者之间，偏于单向度地肯定其一而贬低另一。第二章主要讲对立面的相互转化、相互依赖。但是，圣人与常人的相互依赖、相互结合没讲。既然前面讲了八对对立面的相互依赖，则圣与凡、无为与有为亦是如此。圣人无为，凡人必须有为，这层意思后人误会太甚。统治者、管理者无为，是为了让百姓与下属有有为的空间。

第二章有两层意思：第一，是矛盾对立的阶段，是对立面之间相互依存而相互制约的情况。王弼注否定了“偏举”其一的做法，是看到了两者的同等价值与地位。所以，两者都有存在的意义，又都有局限性，是“有待”的阶段。第二，是超矛盾对立的阶段，是超脱于对立之间的斗争或冲突的境界。这个境界就是“圣人之境”。但是，“圣人之境”不是一般人所能达到或施行的。你作为普通人，不要动不动“无为”。你能到达“超矛盾对立”吗？整天被世俗琐事束缚，被各种利益纠结，那你根本就没有超脱的可能性。

尚需补充的是，“圣人之境”不同于“皇帝治术”。这一点我课堂上联系了，但没有进一步讲清楚区别。“皇帝”统御“忠奸”而利用之，或坐收渔翁之利，这还是停留于“利”或“用”的层次上。“皇帝”表面上很超然，而实质上还是利欲熏心的。“圣人”不贪功，“皇帝”恰恰是“奉天承运”的“窃名”“据位”罢了。

讲《道德经》，切忌把“道”庸俗化为一种生存之“术”，正如不要把道家等同于道教。

在《老子》第二章中，“知”的因素被忽略了，“皆知”的弊端被忽略了。“美之为美”的表述方式被忽略了。“美之为美”已经涉及“美自身”的概念问题。概念的自身所是，美是其所是，已经在这样的表达中包孕着。因此，我们必须摆脱后来者的无数知识解释学的襞积物，或者在其襞积中展开其因折叠而不引人瞩目的东西。

《老子》第二章的八对矛盾关系

《老子》第二章的八对矛盾关系需要深入梳理。前两与后六之间以“故”字衔接，这是逻辑关系。但这之间的细节还不明确。日本学者池田知久的处理是：天下皆认为美的，其实是丑；天下皆认为善的，其实是恶。由于这样的作为，所以导致本没有什么的世界出现了矛盾关系。(《问道》白话翻译大意）这样的处理有启发性。首先，前两对就是在讲“颠倒”。“美”其实是其对立面。然后是这一“颠倒”导致的后果，即后六对。

《老子》第三章

《老子》第三章，主要点出“弱志说”与“无知无欲”。“弱志说”与儒家的“立志说”构成对立关系。世间所有劝慰人心、避免痛苦的不二法门，总不离“弱志”与“无欲”，实质上就是降低生活要求，降低幸福标准，把追求与目标尽量压低再压低。叔本华的“意志否定”亦如此。尼采看穿了这里对于生存欲望的否定性陷阱，故逆之而提出“强力意志”。因此，老子的“弱志说”与尼采的“强志说”可堪参照。第三章“弱其志”的“其”指的是“民的”，其意味指向性显然是出于安抚民心，“使民心不乱”。

《老子》第四章

《老子》第四章对于道的描述成为中国人的存身术：只有和光同尘，才能合于群、融于众。这就是竭力隐藏、掩饰自己的卓越性与个性。这源于中国自古到今的社会生存空间的恶劣性与残酷性。只有“尊个性”、“尊异”成为社会之共识，“合群”与“融入”才不再是以泯灭个性、掩盖自我面目为代价。与西方社会不同，东方文明一直是在否定自我意识与个性的，“克己”与“无我”说到底就是消除自身的

“异于众”的特性。中国人长期以来，不敢明言自己的欲望，不敢暴露自己的真性情，源于其一旦如此则陷入四面危机之中。自古文人多不幸，源于文人难以销磨其个性也。

本来，道异于万物，而它偏“同于尘”，这一基本矛盾终究是掩盖不住的。老子终于在第二十章喊出“我独异于人，而贵食母”的宣言，这就把自己的真面目暴露无遗了。

《老子》第五章

张默生《老子章句新释》解《老子》第五章有胜义。比如，“不如守中”的“中”字，有解为“允执厥中”之“中”或“中道”之“中”，都不正确。张默生认为，此“中”即“中空”义。这个解释是准确的，正与上文的“橐龠”之喻相应。张默生在总结此章时说：“要之，不炫智，不多言，既不故意作刽子手，也不有心充慈悲家。”此意也与吕坤《呻吟语》讲的大丈夫不为“沾沾煦煦”之态相契合。

《老子》第七、八章

这两章涉及辩证法的实现进路。事物的发展与生命的实现过程，是“曲达”而非“径达”，即是说，它是一种曲折迂回的过程，是欲此而先彼的道路。“成其私”基于“无私”而“善利万物”，自我实现的过程首先基于他者实现、他者成功。一般世人，只懂得直接实现，只想着一口尝到甜头，不懂得这个间接实现、迂回实现的道理。世界大道，就是这个“颠倒”与“反转”的原理。这就是向着对立面运动的道路，欲己而先人，欲利而先无欲，欲成就自我而先无我。将这个“颠倒原理”运用于社会制度、社会改造，运用于善恶、公私之互转，在以前是远未自觉的。

“宠”是“辱”之母

此为结合《老子》第十三章“宠辱若惊”的课前思考。

“宠为下”，表明“宠”是一个贬义词，这是对于“宠”的批判。“宠”的根源基于人际之间的不平等关系，一般是上级对下级。“宠”的目的一般是为了建立私人圈子，基于私利。“宠”作为手段，是为了区别化地对待下级，让下级争风吃醋、邀媚取宠。“宠”的危害性，在于它破坏了正常的人际关系与公平原则，是恶性竞争机制，是为了维护私利而排斥公义。一人“受宠”，则众人“受辱”矣！而此人虽“专宠”于一人，则他日必“侮于”众人矣！观杨贵妃之结局可知之。“受宠若惊”，源于它同时就伴随着“辱”的可能。“宠”是“辱”之母，乃困于众之兆，非恒久之道也。

“宠”是缰绳与枷锁，“受宠者”被捆绑于利益链条上而已。“受宠”而如入“樊笼”，必有所制于人而不得自由，从此仰人鼻息为人所驱使，虽得小惠而大德有亏。故，“受宠”是一种赔本的利益关系，往往源于“施宠”的强加于人。

“宠物市场”比比乎？以“人”为“宠物”，以“物”为“宠物”乎？在“爱”的虚名之下，是“恶”的人性而已！

为士的典范：读《老子》第十五章

《老子》第十五章的宗旨就是描述“古之善为士者”。这就是老子心目中的理想形象。老子在这里用了大量的形容词，可谓倾注了深切的情感。在这里面，我独取其中三个，并赋予自己的理解，来作为当代为人的典范。这就是：“俨若客”“敦若朴”“旷若谷”。

“俨若客”，就是以过客的自觉意识来看待世界。我们是这个世界的他者。这个世界我们只是匆匆来一次，而且只此一次。所以，对待世界要“俨”，不可轻慢，而要严肃恭谨如客人。谁轻侮世界亦必被世界轻侮。

“敦若朴”，就是处事为人的方式。“敦”就是“厚道”，“朴”就是“实诚”。“厚”

的反面就是“薄”，“刻薄”“浅薄”皆不可。“朴”的反面就是“华”，“浮华”“油滑”皆不足。

“旷若谷”，就是认知接纳的开放性。“旷”就是“广之极”，“如谷之虚，受而能应”。这就是谦虚好学，善于吸收，乐于接受外界事物的到来。必须指出，在当今全球化时代，不仅作为个人是这样，作为民族、国家也应这样。有的人作为个人总是讲“谦受益”，但是，这个要求不能推广到世界文化的学习方面，从而“固步自封”“妄自尊大”，这就是“旷若谷”的对立面了。

《老子》第十六章

《老子》第十六章的关键词就是“常”。这个“常”就是“道”之所在。傅佩荣解为“常理”，失之远甚。

这个字帛书也是“常”，但是“恒”的意思。倘若是“常理”，还干吗强调“致虚极守静笃”功夫？作者于老子宗旨偏离远甚。首章“道可道非常道”，已经把“道”与“常理”区别清楚了。

实则，这里牵涉到现代汉语“常理”的日常用法。质言之，老子强调的“道”恰是“反常理”。

按照“常理”（现代汉语的通行义），生命在于运动（夫物芸芸、“并作”），都是重于“动”。但老子偏偏强调“复”“归”，是守着那个最原初，故是“守静笃”。这种“反常理”的立场被傅遮蔽了。所以，按照老子，生命不是越运动越好，养生之道在于“静”。千年王八万年龟。有人说，人生有几阶段：生命在于运动，生命在于不动，生命在于被动。

“道”的“常”，不是一般的万物运动规律，以“规律”“规则”解之，往往落入常识、常理的窠臼。而老子的“道”，是“没身不殆”（本章末词不可放过），是超越生死的那种“常”（恒）。万物皆有死，但“道”是“不死”。

《老子》第二十章

《老子》第二十章“人之所畏，不可不畏”帛书乙本作“人之所畏，亦不可以不畏人”。今人因此生出两解。一采信“人之所畏，不可不畏”，解为“人所敬畏的，我亦当敬畏之”。一采信“人之所畏，亦不可不畏人”，以为“百姓害怕人君，人君亦害怕百姓”(还有其他解释，我采取这种解释)。从全章的中心来看，“我”与“众人”是对立的关系，主题就是“我独异于人”。故，按照前一种解释就是“随波逐流”的“从俗而畏”，这与全章的不肯屈从众人的价值追求是矛盾的。因此，当以后者为优解。

《老子》第二十章的基本层次

1. 生活状态的对比(身体快乐与精神淡泊)
2. 生活方式的对比(重物质积累与重欲望消除，加法与减法)
3. 精神实质的对比(小聪明与大糊涂，斤斤计较的精明与混沌无归的胸怀)
4. 人生价值的对比(有用与无用)
5. 总结：独异者的挺立(“异在论”者，“我异故我在”)

《老子》第二十八章再反思

第一，“复归于婴儿”，“复归于无极”，这是不是反对发展，与黑格尔讲“婴儿”只是事物的“自在”阶段恰相反。第二，“无极”是不是“无极而太极”的那个“无极”？王弼解为“无穷极”是否合理？第三，“朴散则为器”，“大制不割”，这里就是“总体”与其特殊化、个别化的对立关系。这与黑格尔、卢卡奇、萨特所讲的“总体”、“总体化”可以对照。第四，“为天下式”，“式”即“法则”。这与康德讲“为自然立法”可否比较？中国的“法的精神”为何不发达？

求“感恩”必非“上仁”——读《老子》第三十八章

行仁而忘仁，行善而忘善，方为“上仁”“至善”。你做了好事什么的，不要总是提醒对方记着你的好。这种总是提醒对方“感恩”的行为本身就让你的“仁”“善”变得可疑了。老子讲“上仁为之而无以为”，就是讲无目的地做好事。“无目的而合目的”，就是“上仁”。清世祖注：“以者，有心也。无以为，是无心而为之。”如果你的“仁”变成“有以为”了，那就是功利性的计较了，就是一种利益交换了，本身已经失去了“仁”的意义。所以，总是期待“感恩”的行为，从“上仁”的高度来说，本身就该受到质疑甚至批判。

《老子》第四十章

老子分明讲“天下之物生于有，有生于无”，而且观古代的历代注疏，该句的意思并无大碍。可是今人非要讲出另一种“新见”（实则谬论），有人主张“无不能生万物”，直接与老子的原句构成对立。这种既不顾文句训诂，又不顾哲学义理的“臆见”在当代的老学解释中简直很普遍而无忌惮。该章的总体逻辑就是强调“复原”（恢复事物的最初阶段、返回万物初始的状态）。可是，很多当代解老者，不顾河上公、王弼、唐玄宗、杜光庭、苏辙等等众多前人的研究成果，非要按照那一套“对立统一学说”来进行解释。这种解释既不符合老子思想实际，也与“对立统一学说”的源头黑格尔辩证法不合。

《老子》第六十二章

《老子》第六十二章：“道者，万物之奥，善人之宝，不善人之所保。美言可以市尊，美行可以加人。人之不善，何弃之有？”这里，从“美言可以市尊，美行可以加人”到“人之不善，何弃之有”的逻辑关系或者推导思路怎么理解？这里存在着不同意见。有的解释是，“美言”“美行”之所及，会化“不善”为“善”，故“不善”也不该“弃”。实则，诸种解释都不确切。如果贯彻辩证法思想，尤其是联系《老子》第二章，则其义一清二楚。这两句就是讲“美言”“美行”与“人之不善”的相生依赖关系。如果天下皆是“美言”“美行”，则其“市”或“加”的作用就会无效，换言之，正是世间有“不善”，才使得“美言可以市尊，美行可以加人”。因此，没有“人之不善”，前者就失去了意义。故“道”是高于这两者而又包容两者的。两者的存在，既有合理性，又有相待性，由此更显出“道”的高阶价值。

《老子》第七十五章歧解

《老子》第七十五章：“民之饥，以其上食税之多，是以饥。民之难治，以其上之有为，是以难治。民之轻死，以其求生之厚，是以轻死。”其中，“以其求生之厚”古来的注解多以为是就“民”而言的。比如唐玄宗注：“天下之人所以轻死者，以其违分求生太厚之故，是以轻死。”这就把棍子打在“民”身上了。这种解读是错误的。

实则，这三句话是排比句式，语意大体一致。既然前两句都把根子归结为“上”的问题，则此句的“其”亦当指“上”的方面。此其一。而且，“民轻死”则断然与“求生之厚”相互矛盾。第七十四章讲“民不畏死”，可见老子强调的是民“轻生”的问题，既已“轻生”，岂复“求生之厚”？前后语意连贯，本不应如此。故，此章断无插入民“求生之厚”的情况来横生枝节，而导致语脉阻隔甚至矛盾。此其二。

总之，就第七十四、七十五两章的语意中心看，两章都是在批判统治者的问题。所以，“求生之厚”正是指统治者而言的，而上两句“食税多”“有为”本身也正是统治者们“求生之厚”的具体表现。“求生之厚”就是指统治者自己贪图物质享受、疯狂聚敛财富。就老百姓来说，能够活命就不错了，岂敢做“求生之厚”的奢望呢？

“无为”做“无目的”解如何？

最近我突然产生了一个想法，老子的“无为”(“为”读二声)如果理解为“无为”(“为”读四声)会怎么样。从“无为”(non-interference)变成“无为”(aimless)，会不会有一番新义理的生发。“无为而无不为”就变成了“无目的而普遍合目的性”。老子在一些章里的确有“无目的”的强调。比如第二十章，“累累兮若无所归”“澹兮其若海，飂兮若无止”，再比如第三十四章，“大道氾兮，其可左右”，令我想起“泛兮若不系之舟”的逍遥游，其境况或许如法国天才诗人兰波《醉舟》之描写。

再说老子的“为无为”

我在以前的随笔中，曾经讲过老子“无为”的“为”读四声的可能性。这次重读李真译的亚里士多德《形而上学》，里面讲“目的就是限度”(卷二章二，第42页)。这再一次令我想起来老子哲学。《老子》第二章：“为无为，则无不治。”倘若按照一切“有为(四声)”即有限性来理解，则“为无为(四声)”就是“从事无目的之道”的意思，就是摆脱有限目的性而至无限之域。黑格尔在讲绝对理念时，也讲到理论与实践的有限性。特别是实践，一般不大讲其有限性，而黑格尔明确讲“意志活动的有限性”以及其陷入无穷递进的链条的消极模式(《小逻辑》第234节)。联系老子，可知他讲“无为”正是同样地批判“为”的局限性问题。因此，老子哲学之主“无为”就是批判实践的，是“反实践”的。可以说，在揭露目的有限性以及实用的局限性方面，老子、亚里士多德、黑格尔是一致的。

《老子》讲课总结

总结一下《老子》关键之问：运动由何而起？“道”是否运动的主宰者，苟如此，它就是“万物之主”；那么，它的“不为主”就是假的。倘若运动基于事物自身，则“道”只是虚拟的，万物并无外在的主宰者，而是各自为主，是谓“自主”。但是，偏偏几千年来老子哲学培育不出国民的“自主精神”。

老子反对人为干预，但是他显然过于强调“道”的干预。事物的发展变化到底是物自身做主还是道外在强加于物自身的？这个问题的尖锐性还没有受到正视。“不干预主义”不能贯彻到底的后果就是，任由道干预事物的运动。

“独异性”与老庄哲学

“独异性”问题可能是老庄哲学的基本生存问题。一种鼓励“自性”的哲学就是捍卫生命“独异性”的哲学。所谓“道法自然”或“独化于玄冥之境”，就是提倡一种“漠不相关”的“独异性生活”。黑格尔的哲学思路是同一、差异、矛盾。我们则是矛盾、差异、漠不相关的边缘域。老庄哲学都揭示了矛盾斗争的无谓性，但逃避矛盾斗争，但我们则要反复于矛盾斗争之后，守护那种隐匿地带，或者是以斗争的方式来保护晦暗性。从而，“异在论”就是一种老庄哲学的当代复兴，但是也融合了很多西方哲学的东西。

“名与身孰亲”

“名与身孰亲？”老子的辩证法与黑格尔辩证法的区别可由此切入。根据《精神现象学》中著名的“主奴辩证法”，主人重“名”而轻“身”，敢于生死一搏，故能够获得斗争的胜利，从而赢得奴隶的承认。因此，“为承认而斗争”具有积极意义。而老子轻“名”而重“身”的思想显然看不到“名”的积极意义。“名”代表了人的社会性，而老庄哲学反对的正是这一点。发展到道教，则是重“身”的极致，过多地强调了人的肉体意义。

人为何道德堕落

今天讲《老子》第二十八章，老子强调“朴”，对于“散”实有贬低。而黑格尔历来重“裂”，源于“大全”必须经此“裂”而散为个别，个别化之“散”是必然的运动发展。黑格尔是明确反对维护“天真浑朴”的。(《小逻辑》，贺麟译，第88—89页)

老子研究要突破“言障”

老子研究，既要基于版本、语言训诂，但又要不拘泥于此。老庄哲学明显是对于“言”有保留的，表现出超越“言”的取向。所以，应当遵从义理之路，充分考虑其理论价值与理论系统性。有的老子研究过于局限于版本或所谓“古义”，结果把老子哲学搞得过于粗浅，一些语句的理解从理论上来讲，价值就大打折扣了。比如第一章，“无名天地之始”“常无欲以观妙”的断句问题，如果从理论价值的角度看问题，看哲学概念的贡献来衡估，从对于后人的哲学启迪意义来理解，那么，把“无”独立出来就极为必要。如果按照“无名”“无欲”来理解，就降低了其概念的抽象价值，降低了理论的纯粹性，而且从根本上，与老子哲学的总体精神相冲突。因为，“无名”“有名”“无欲”“有欲”都是以“人”为中心思考问题，而老子明显地以“道”为中心来有意降低“人”的核心地位（“人”顶多只是“域中四大”之一）。从哲学义理高度思考问题，就可以突破“言障”，甚至可以把老子本人（或版本传承问题）也表述不到位不够好的地方加以完善，这种理论价值更值得重视。

钱锺书解“老”的微言大义

读汪荣祖《槐聚心史：钱锺书的自我及其微世界》，有不惬意处。比如他讲钱锺书的批判老子为“冷酷内涵”（中华书局，2020年，第226页），表现出完全认同激赏的态度。实则，讲老子哲学必须区判“道”和“术”两端。老子哲学当然容易沦为“术”的末流，但是，老子哲学终究还是重形而上之“道”的，至于所谓“统治术”之类，乃是等而下之的东西。两者不可混为一谈。老子崇“虚”尚“无”，岂可落入那种“黑幕政治”的龌龊伎俩？至于“圣人不仁，以万物为刍狗”，钱锺书本是错解文意的。“仁”非“仁慈”之意，乃“偏爱”之意。此字断不可解错了。所谓“以万物为刍狗”本非“冷酷无情”，而是任其发展，不做干预，不施偏爱的意思。我读古希腊史诗，每每看到奥林匹斯众神干预人间斗争的事情，这就是反面例子。所以，真正的公正就是不干预。汪荣祖并不能于钱锺书《管锥编》的字里行间发掘其隐曲。实则，《管锥编》写于“文革”，其抨击老子哲学连带法家思想，当联系当时“儒法斗争”的学术公案，则可知钱锺书的“微言大义”。钱锺书于“文革”诸多弊端，虽不明揭，但也毕竟曾借“曲笔”以达意。这种写法本为传统的“微讽”写法，但其牺牲的却可能是学术的本身严谨。其得其失，尚需进一步研究。

重读钱锺书《管锥编》第二册论老子

记诵之学不同于思辨之学。重读钱锺书《管锥编》论老子十九则，更可知钱氏只是记诵为主。在十九则札记中，他文史哲面面俱到，广征博引。然多是浮于表面，不曾于一面上鞭辟入里地进行分析。比如论老子的“反者道之动”，他比附于黑格尔的“否定之否定”。但他不能就黑格尔的这一概念的具体语境与内涵实质加以展开讨论。他多是从语词上用力，而不能在逻辑理路上切入。

钱锺书十九则论老子的札记，我看了几遍其文献征引的注释，涉及外文的，哲学类征引虽多，但涉及核心问题的并不多见。他也引用了海德格尔的《存在与时间》，但似乎也不深入。又如引用叔本华、尼采的话，亦不关痛痒。

钱锺书论老子引述了培根的话，亦只是无关实质。培根是坚定地捍卫知识的价值力量的，而老子则贬低世俗知识。当由此比较，当面锣对面鼓地深入推进。

钱锺书多是缕列材料，他一条条地陈设。但他不分析，不思考其观点的具体内涵。比如他引述尼采的《查拉图斯拉如是说》对于“仇身绝物”的批判，一笔带过而已。如此引述匆匆忙忙，自然领会浮光掠影。

钱锺书引用海德格尔的《存在与时间》，仅是其 logos 与言的关系，止于“人乃能言语之动物”。本来，《存在与时间》有针对常人的批判，此与老子对于世俗的批判可以比较的。在实质性的问题上，在涉及双方基本立场方面，进行深入比较才有价值。

钱锺书引述斯宾诺莎的观点“言是此即言非彼”（Determinatio est negatio）。按，此语直译即“规定即否定”。黑格尔《逻辑学》详述了对于该命题的意见（洪汉鼎《斯宾诺莎研究》另有讨论），但钱氏仅止于印证矛盾的相对性，而不及深入。

随手记老子一则

老子：“天下难事必作于易。”今人解说此语皆谬。盖今人出于常理常情，以世俗观念解之。所谓由易而难、由小到大。此大谬不然。质言之，今人之所见，只是循序渐进的进化论而已。老子之道，固与世俗之见相背反，所谓“正言若反”者也。我以“颠倒律”解此章，乃至于解老子全书，迎刃而解矣。要之，事物必向反方向发展，此即“颠倒律”。故，先“易”者，后必“难”，此即“天下难事必作于易”之正解。

突然想到老子的偏颇

想起叶秀山有文章论老子的“道”，称许老子的“道”是保持一种“无限的可能性”而非拘于一种选择。这诚然是不错的。然而，其弊端是，片面否定了选择的局限性，而意识不到“无限可能性”的虚妄性。凡“可能性”，必然是两可之间的，即是说，它同时也是“不可能性”。故，老子的“道”既可以说是“无限的可能性”，也可以说是“无限的不可能性”。

老子意识不到，“一”与“多”是相互转化的。即使是选择了“一”，乃至于固守着这个“一”，它也不是绝对的固定的，它会发生变化，乃至于发生“颠倒”，从而“一”倒转为“多”。故，“一”中即有“多”的可能性，虽然选择“一”，并不妨碍它具有“无限的可能性”。一鸟在手，胜过七鸟在树。实实在在地把握好“一”，充实它、发展它，胜过臆想中的“无限可能性”远矣！

走近老子的三个维度

今天做老子讲座，讲了走近老子的三个维度：（1）争与不争的关系。如何在老子“不争”的思想参照下，处理好当今社会的竞争问题；（2）“余”与“遗”的关系。如何在老子的“多藏必厚亡”的警告下，处理好金钱、物质财富的积累问题；（3）“患”与“身”的关系。如何面对老子的“贵大患若身”的命题，来处理好身体健康的问题。并联系季羡林的“三不主义”（不锻炼、不挑食、不嘀咕）来反思当代方兴未艾的养生保健问题。

“希言自然”的多解

《老子》第二十三章：“希言自然。”此四字可有数解。1. 少言（少说话）即自然；2. 世人少言自然（自然不被世人谈及）；3. 少言自然（自然不可言，故少谈自然）；4. “希言”（淡乎寡味之言）即自然；5. “希”（独立范畴，“听之不闻名曰希”）言（曰，谓）“自然”。我的观点是最后一解。

《老子》第四十一章的“贷”字

《老子》第四十一章：“夫唯道，善贷且成。”此“贷”字耐人寻味，不可忽略。“贷”突出了万物相对于“道”的暂时性。换言之，万物之兴皆是“道”暂时“贷”给的，迟早要收回的。故“且”字应解为“暂且”。万物之“成”皆不可久，故曰“且成”。

西方古代哲学讲万物与本原的关系，有“分有”的讲法，即，万物的存在都只是“部分”之“分有”，而不得为“大全”。老子讲万物与“道”的关系既有“割”与“不割”的讲法，近乎西方哲学的“分有说”。此章“借贷说”别有风味，值得关注。

海德格尔《康德与形而上学疑难》讲“人的有限性”为其奠基。此章也讲“有限性”，但更偏重于讲“道”的“无限性”这方面。

方以智的辩证法思想

读《老子》第二章，要结合方以智《东西均·反因》。“因对待谓之反因，无对待谓之大因。然今所谓无对待之法，与所谓一切对待之法，亦相对反因者也，但进一层耳，实以统并，便为进也……统也者，贯也，谓之超可也，谓之化可也，谓之塞可也，谓之无可也。无对待在对待中，然不可不亲见此无对待者也。”此段话可谓中国古代辩证法思想的最精髓。不仅对于理解老子哲学有益，而且对于理解西方辩证法也有帮助。方以智的辩证法思想已经超过老子的阶段，“对立统一”的观念更明晰而圆融，而且，他不仅指出“对立”向“统一”发展的意义，而且强调了“统一”离不开“对立”的方面。要之，“统一”与“对立”也是“相对”的，结合中国传统，尤其要强调由“统一”向“对立”发展，由“普遍”走向“个别”，这就是“个体化原则”，由此与西方辩证法就打通了。

如何对待老子哲学

我们今天解读老子，要有横贯古今、联系中西的胸襟。我之所以反反复复地钻研康德、黑格尔、胡塞尔、海德格尔，也是希望自己的哲学思维能够提高到必要的层次。这个过程中，当然就要做出许多牺牲，因为这些大家每一个都不好“啃”，可谓“事倍功半”，积年累月的努力不一定换来现实的成果，这之中的寂寞与痛苦唯有自己品尝。对于老子，我们不能仅仅凭借着人类文明进步的“红利”，以当代文化的优势来简单化地对待它。目前看来，老子哲学是达到了那个时代的世界哲学的第一流的，是配得上“世界级哲学家”的。

当代美学研究祖述老子哲学的悖谬

从“道”的高度讲，“大象无形”“道隐无名”，直接拒绝了“言”的通道。因此，对于“道”，最好的策略就是“不言”。故，从老子的立场看，我们目前的意象研究本身也就没有存在的意义。

老子的“道”，不可见，不可说。“夷”“希”“微”三字，已经很明白地设定了这种“绝对否定性”。所有的艺术实践，尤其是绘画、音乐、诗歌、建筑，都是诉诸可见、可闻、可触的。从老子看，都是多余的。

我们现在的美学研究，一方面借助老子的哲学，但实则直接违背了老子的主张。

我们所有的艺术与老子的“道”毫无关系！除非我们不按老子的立场！《道德经》第一章已经拒绝了“符号性”的传达，而所有艺术都是诉诸符号。

“愚”辨

今有人之为“大智若愚”之“愚”，实欲人误以为“愚”而已。

其貌近“愚”而实行诈。倘若别人信了他的“愚”，则“愚”反归他人矣。故，这种“愚”并不是真的“愚”，乃伪装之“愚”或佯“愚”。此“愚”徒有其表，而实则包藏祸心。

老子之所谓“愚”，乃真“愚”，是置自己于不利的，专以让他人实现其利而为利的，这才是真正的“欲不欲”。倘若读老子读出来一种伪装性的“愚”，此读者之过，非作者之过也。

才要“愚”，便不“愚”。凡刻意为之者，诈在其中矣！

机心人误读老子

一个机心重的人适合读老子吗？

他除了学一些权谋，搞一些诡计，修一个老谋深算或老奸巨猾，还能得到什么？而老子、庄子恰恰始终是批判机心的，是提倡“愚”的大智的。而这个“愚”并不是作为世俗贬义词的那种“愚”，而是作为褒义词的“愚”。但是，这个“愚”恰恰是经营算计的对立面。而机心之人看老子文本，就只会看到“愚民政策”，就误以为“愚民”而己独不“愚”。这就是读书读歪了。于是，愚弄他人就成为他们实现自己目的的诡计手段。

实则，“愚”是好的品质，老子不但要民“愚”，而且还要君“愚”。天下尽归于“愚”，则玄同齐一。

一切瞒与骗，都是坑害他人以自利的。但是，老子是提倡“水善利万物而不争”的，他怎么可能提倡搞阴谋诡计呢？他怎么可能主张“愚民”来坑陷百姓呢？

与人辩“天下难事必作于易”反复示例言说

比如，一个学生平时只挑容易的题做，那么，考试时就犯难了。“易”反转为“难”。此解方得之。

大学生天天光想着舒服自在，不想着动脑筋吃苦。这就是“易”。但，毕业找工作就“难”了。

一个人光想着走捷径贪便宜，不想遭遇困难曲折，那么，他就没有大出息。“圣人图难于其易”，与俗人“图易于其难”相反。

“图难于其易”，就是在“易”中偏偏谋取那“难”的。好比登山，一般人走修好的坦途，但真正的美景在于“人迹罕至”之险境，只有那少数“图难”的人能睹之。

“为，无为”，不是意动用法，是矛盾对立面并举，其义是说，两者相互转化。故，取“无为”，是因为“无为”反转为“为”。其他各种对立面都可如此类推。比如，大小，取“小”，因为“小”反转为“大”。同理，难易，取“难”，因为“难”反转为“易”。

再者，“易”中即有“难”，古人所谓“互藏其宅”，就是说，双方是相互渗透的，你中有我，我中有你的。“易”中有“难”，取“难”而使其向对立方向转化，即“难”而得“易”。

老子一向是反常规的选择。比如“知白守黑，知雄守雌”。一般人肯定是“守白，守雄”。故，在难易关系上，老子必然是“知易守难”。所以，他全章通篇是“取难”而不是“易”。

美国弗罗斯特有一首诗《两条路》，一条是人多走的大路，一条是人迹稀少的小路。弗罗斯特选择的是那条小路。

弗罗斯特这首诗恰恰可以用来理解《老子》第六十三章。朱光潜也曾经写文说，要偏往难处走，正符合老子的“处众人之所恶”。一般人不愿意选的，偏偏要选。

民不必教而可导

不要老想着教育老百姓。唐玄宗：“设教立法，其迹生弊。”(《道德经疏》) 不要担心老百姓不学好，也不要担心老百姓走邪路，反正谁犯法治谁的罪。老百姓自有自己的追求和实践，因循之而已。正所谓“圣人无常心，以百姓之心为心”。不必号令而天下齐驱之而不已者，此即“道”即“天理”。别指望大多数人有多么“高尚”，所谓“情欲”“私利”云云，正是其本然。堵不如疏，教不如导。

两种“不争”

老子讲“不争”跟普通人讲的“不争”不一样。现在讲“不争”呢，带有“不乐意争”(怕丢身份没面子或“怕争输了”) 的味道。所以，当代人的“不争”本身就是功利心的表现。老子的“不争”是让自己彻底地“没面子”，是甘愿“丢面子”。这不是“争不过”的问题，而是一开始就设定了“争”没有意义。所以，索性把“面子”都不要了。老子讲“处众人之所恶”，又讲“大白若辱”“质真如渝”，等等，摆明了就是认栽了。“下士闻道，大笑之。”成为众人的“笑料”，这就是“道”的存在方式。所以，老子讲的“不争之德”是众人皆不耻的“下流”。当代人的“不争”呢，至少还想据有道德的“上流”，还是要“面子”的。

关键是“他者化”或“向他而在”

今天讲《老子》第二十四章。这一章整体上就是批判“自……”。“自见者不明，自是者不彰，自伐者无功，自矜者不长。”这是批判，是否定。这里是从反面讲自我实现的道路。即，自我价值的实现不能通过“自”。

自己天天吹嘘自己，这不行，不仅个人，集体、国家、民族都是如此。自己价值要通过他者实现出来，要让他者来检验、接受、认可。虽然老子没有正面讲，但道路就是“走出自己，向他而在”，从“在己存在”发展为“为他存在”。

那么，汉语的他者是什么？你要认识汉语，客观评价汉语，不能单纯汉语母语者自己说好的。同样，评价中国文化，不能中国人自夸。中国文化要和他者文化平等对话，要通过他者文化来评价。

“自”，从个体来说就是“小我”。但是，这个“自”可以扩大，比如“同宗同族同国”，等等。为什么“自是者不彰”？因为两个弊端。一是“自”是最利益相关者，很难脱离利益的纠缠，比如“立场”问题。二是“自”具有天然的视角局限性，比如“灯下黑”。所以，自己看自己、自己评价自己是要打问号的。

“成其私”即“自性”的实现

“私”是什么？发现自己的“本性”，认同自己的“本性”，按照自己的“本性”生活，这就是“成其私”。所以，“私”就是“自性”“本性”。人生为了什么？无非就是“成为你自己”。你不是为了成为“任何”，而是成为“自个”。“复命曰常”“知常曰明”，人生的“归根”就是找到“常”。这个“常”，就是真实的“自性”，这个“自性”就是快乐的源泉，就是动力的源泉。它一旦找到了，你的生命就由“被动”转为“自动”了。因为“本性”就是不需要假借、造作的存在。所以，“自适”“自在”的生活就是按照自己的“本性”而活。

结合老子哲学讲“公私辩证法”

老子的“私”需要重估。“私”并不是贬义词。为什么历来讲老子，都容易在“公私”关系上搞错了？有的人甚至攻击老子的“非以其无私邪，故能成其私”为阴谋论。根本原因就是不懂得“公私辩证法”。

通常的思维是“二极管思维”，“非此即彼”，故“公”和“私”是绝对的割裂、对立的关系。那些讲“公”的人，眼里揉不进沙子，“私”总是意味着罪恶。其弊端就是，绝对排斥而不包容“私”的“公”变成了空洞的、贫乏的概念。

而与之相反，“公私辩证法”强调两者之间结合、兼容、互济的关系。故“成其私”是利于“公”的。反过来，“公”的前提是“容”“私”的，“容乃公”。不能“容”“私”的“公”本就是“私”，是假的、虚的“公”，只是窃据其名号而已。故，讲“公私辩证法”就是强调两者的互相促成关系。这样，就把“成己成物”“自利利他”打通了。“自”与“他”就从排斥、否定走向了结合、肯定。

中国必须实现“公”和“私”的兼容关系，唯此，社会发展才具有持续性，人民才得享幸福。最该警惕的是，“假公济私”或“以公损私”的行为。应论述清楚“私”化为“公”的理论必然性，消除人们对“私”的盲目仇视。

读《老子》第四十九章

《老子》第四十九章，“不善者亦善之”，何也？必须基于辩证法理解。“善”与“不善”俱是“道”的区别化、暂时化。故两者都本源于“道”，其差别亦一时而已。换言之，此时此地的“不善”或可为彼时彼地的“善”，我方之“不善”或敌方之“善”，反之亦然。故，“善”不可“必”，“不善”亦不可“必”。“必”则为“愎”，“愎”则为“妄”为“伪”。充天下之“道”而不自知，“自专”“独断”必在其中矣！

哲学与现代化随想

器物的现代化最容易，技术的现代化也不难，制度的现代化比较难。但是，最难的是心灵的现代化。这就是由外到内的不断变难。心灵的现代化需要根治的是集体无意识。要挖掉自专、任性的集体心理原型。

从老子哲学能不能挖掘心灵现代化的种子？或者说，老子哲学能不能转化为自由、平等的价值基础？简言之，老子哲学是尊自性哲学，也是尊他性哲学。这里面应该有自由、平等的火种。

老子哲学的根本局限性仍是外在化的路不能打通。把老子哲学和黑格尔哲学相结合会发生什么？一种自我实现的哲学。

还有必要实行话语的现代化。传统哲学是诗性话语。必须追求明晰、清楚、平易的散文话语。

《老子》两章随记

近日读《老子》第七十九章，关于“左契”“司徹”当代的解说多从债契解之。实不如古解，宋代范应元、苏辙的解说远胜于今。折中其义，疑碍涣然冰释。

昨日解《老子》第二十三章，“道者同于道，德者同于德，失者同于失”句，理解多歧。实则，“同”是核心词，“同一于”“契合于”而已。明代王道《老子億》解之甚合理。“同”者只是“不异”而已，即自己不干预之而强彻己意。后文所谓“信”，即“一贯性”，一贯地不干预之，则“信”在其中矣。这就叫“圣人抱一”。

老子尚玄同，如黑格尔所谓“黑夜中牛俱黑”。故第二十三章、第七十九章皆可从“同”理解。“信”亦“契合”“同一”之义。如此，则歧义可消，前后贯通。

翻检手边书，则见现代学者陈柱于第二十三章云：“同，谓玄同，不分别，不衿异。”于第七十九章云：“契，合也；徹，分也。有德者人己合一，故无怨。”解释两章的意思尽契吾心，读书遇知音，一乐也！ 区别在于，我是从“同一性”哲学范畴解之，陈柱尚基于人事实践解之。唯有超越现实人事，纯从哲学思辨开始，方可入纯思之域。

“信”基于“常”

“信”，基本意思就是讲信用，重诺言。古代人的“一言九鼎”，又叫“一言既出，驷马难追”。与之相反，“轻诺必寡信”。那种不经慎重思考就做出的“诺”是靠不住的，往往很难兑现。

我想进一步讲“信”的基础。那就是行为模式具有可预见性。这种人做人做事一般具有稳定性、可持续性，这就是“常”或者“习”。老子讲“复命曰常”，“不知常，妄作，凶”。本质上就是“可重复性”。一个人有缺点不要紧，但是，关键是相对稳定性。这就是“沉稳”的意义。反之，则是行为不可预测，反复无常，甚至是“反复小人”。“信不足，有不信。”你做人做事没有“常性”，甚至做出的承诺根本维持不了几分钟，这就是大问题了。所以，真正的“信”基于“常”。

“早知潮有信，嫁与弄潮儿。”这句诗有意思。“潮有信”就是潮水具有可预见性，总是相对稳定地到来。由此导致弄潮儿的行为也是相对稳定的，是可以指望的。“商人重利轻别离”，为什么？因为职业特点决定了他不具有稳定性。古人区分“行商坐贾”，“商”还不如“贾”，因为他是流动的。所以，他是靠不住的。古人为什么讲“君子喻于义，小人喻于利”？根本原因就是“常”与“变”的对立。跟人打交道，古代人是重视稳定性的。讲“义”现代人觉得很迂阔、迂腐，实则不然。重“利”现代人觉得是灵活，是与时俱进，也实则不然。“利”最大的特点就是不确定性。古人讲，“因利而聚者，利尽而散”。所以，这样的人就不“常”，也自然就无信可言。

“知常容，容乃公，公乃全，全乃道，道乃久，没身不殆。”可见，“常”就是“恒”，是管一辈子的，所以叫“没身不殆”。我们讲做人做事，不是从道德层面来讲，而是从人生道路、行为模式上讲。一个人要找到“自性”，坚持“真己”，就是具有稳定性的行为模式。这样，他就不轻易受外界影响，不轻易被言论左右，一旦做出了决策，就必须坚决履行。

我讲老子哲学，认为其基本原则就是“尊重自性本然”。一方面，是尊重事物的“自性本然”，不去轻易干预其发展；另一方面，是尊重自己的“自性本然”，不轻易接受外部干预。你做事不轻易受外部的干预，自然就“常”，就有“信”。做人有“常”，也就是坚持自己的生命节奏，坚持自己的人生道路。反之，则是“三天打鱼两天晒网”，今天一个想法明天另一个主意，做事是三分钟热度，做人就是反复无常。这样的人不可托付终身。

《老子》讲读回顾提要

第十六章：

（1）关键词“复”，一作“反复”，一作“回复”“复归”。为什么必须解作“回复”？

（2）“静”的两种意涵。一是“动”的反面，一是“不受干预地自运动”。

（3）“根”“静”“命”“常”的根本意涵是，生命的稳定性、持续性的运动方式。

（4）为什么“知常容……”这里面的逻辑线索是怎样的？这里面的关键就是处理好自我实现与他者实现的关系。一个人找到了自己的生命常态，坚守自我的道路，那么他就能既不干预别人又不受他人干预。这是“容”的根源。

（5）人如何寻找坚持终身的道路？“没身不殆”实质上指向的，不是一时之计，而是终身之计。

第十七章：

（1）核心问题：国君和百姓的关系。最高境界：非关系性的存在，国君和百姓疏远、互不干预；低级境界：关系性的存在，恩赐关系、威压关系、凌侮关系。

（2）关键词：“信”，其根源是“常”，而不是“朝令夕改”。

（3）老百姓的自豪感：“百姓皆谓我自然”，其本质就是老百姓靠自己得幸福，是自力、自主的发展方式。

第十八章：

（1）核心要义：正常的国家秩序，不需要标榜“仁义”“孝慈”“忠臣”。凡是标榜的，都是缺失的。越标榜，越反常。

（2）老子反“阴谋诡计”。把老子哲学讲成“统治术”“诈术”“老谋深算”，这是对老子哲学的背叛。“智慧出，有大伪。”这一句就是老子哲学反“阴谋诡计”的明证。

“取悦型人格”

昨天讲座，我讲老子实际上是特立独行的人，是庄子所谓“畸人”。反之，人格不独立的人则多是“取悦型人格”或“讨好型人格”。在讲座结束后，接待我的老师说了他受益的地方，其中就有这个方面。他说，他就是“取悦型人格”，生活中很多事情都委屈自己而迁就别人。他讲了一件事，有次陪人看电影，虽然电影已经看过而且不感兴趣，但还是陪人看了一遍，还生怕别人知道自己看过电影这件事。我说，中国人大多数是“取悦型人格”，这是文化塑造的结果。我原来以为北方人会多一些这类人格，后来发现，南方人也不少。我原来以为文化人会少一些这类人，后来发现，文化人只是更隐秘而已。

“知不知”新解

讲座后图书馆陈馆长说，感觉耳目一新，因为跟通常讲的不一样。比如，“知不知，尚矣；不知知，病矣”，通常是从个人保持谦虚治学态度讲的。我则认为，老子本人根本就不重知，主张“学不学”，怎么可能从治学谨慎或自知无知讲？而且这样讲限制了老子哲学的格局。实则，老子是从世界的知识化危险讲。这个世界由两部分构成，一部分是已知世界，一部分是未知世界。老子是主张呵护未知世界的。“知不知”，就是要了解“未知领域”，“不知”是名词结构，是未被认知侵犯的领地。“不知知”，就是“未知世界”向“知”转化，所以它是“病”。马克斯·韦伯讲，现代性的后果就是“祛魅”，实质上就是知识扩大而未知领域日益丧失，导致了这个世界很多问题，尤其是魅力、神秘性的丧失与想象力的匮乏。老子的反“知”立场与西方对于现代性的反思批判是可以对话的。

世界级理论贡献的条件

在讲座后交流时，有听众提问：当代如何像老子那样拿出世界性的思想贡献。我说，至少需要三个条件。一是充分地占有、吸收当代的世界先进文化、前沿思想，与世界级的大师对话；二是突破民族、国家的视域，真正像歌德、康德当年那样，具有全球胸襟、世界气度、人类使命，抓住时代的问题，提出世界性理论创见；三是要有充分优裕的物质基础，达到“无所需要的需要”，真正地进行纯粹思维，具有高远的理论气象与超绝的表述品质，具有广泛的文化吸引力与感召力。总之，真正地像中国老庄那样，具有“天下意识”，能够提出“为天下式”的东西。

“不干预事物发展”

我还是觉得“不干预事物发展”整体上是好的。老子哲学简单地讲，就是“不干预”。“道法自然”就是尊重事物的自身运动，让事物按自性发展。“自然”就是“自尔”，或者说是“自身如此”。为什么有人讨厌“圣母婊”或者“爱心爆棚”呢？从根本上看，就是过于自信于爱的干预力量，本质上与暴力的干预力量有其一致性，那就是干预事物发展。马克思讲“改变世界”，既有其积极意义，但是走到极端也不好，也是干预事物发展。凡是干预事物发展的，短期内可能是好的，或者从某一立场讲是好的，但是，从长期来看，从整体来看，未必就是好的。

我以前有一个执念，老想说服别人，甚至想拯救世人。现在则淡了这份心。有人说“存在即合理”。实质上这话不准确，也跟黑格尔原话不一致。严格来讲，任何存在都有合理化自己的趋势。低层次的存在也有合理化自己的需要。所以，相应的就是低层次的认知方式与思维观念。你强行改变他的观念与认知，他的存在方式、生活境界达不到，就可能导致“眼高手低”，还会很痛苦。黑格尔《大逻辑》讲，精神的本性就在于，其潜在是什么与其现实是什么，尤其在于，其自知是什么与其现实是什么。倘若他的自知是什么与其现实是什么存在矛盾，他就会痛苦，而倘若其痛苦承受不了，则可能出现精神障碍。所以，没必要强行其自知。

亚里士多德与老庄论“明智”与“智慧”的区别

重读亚里士多德《尼各马可伦理学》，其中关于“明智”与“智慧”的区别有一番剖析。大抵来说，“明智”关乎利益，重于实际；智慧则超越功利，系于万物之始点的研究。所以，像阿那克萨格拉、泰勒斯这样的哲人，就不算“明智”而是“有智慧”。“因为人们看到，这样的人对他们自己的利益全不知晓，而他们知晓的都是一些罕见的、重大的、困难的、超乎常人想象而又没有实际用处的事情，因为他们并不追求对人有益的事务。”（廖申白译注，商务印书馆，2003 年，第 176 页）亚里士多德关于“明智”与“智慧”的区别是有重要意义的，有与老庄哲学相通之处。

《老子》第二十章的宗旨就是“我独异于人”。全章就是讲“智慧”与“明智”的区别。普通人是“巧慧”“小智”，精于事务，明于世故，善于逐利。但老子偏与之划清界限，所谓“俗人昭昭，我独昏昏；俗人察察，我独闷闷”。庄子曾经讲过“呆若木鸡”（《庄子・达生》）的寓言故事，认为这种状态反而是“全德”，道理与此相通。

中国是重世俗尚实用的民族。我曾经读李泽厚的书而对其不赞同，原因在于他摆脱不了这种重世俗尚实用的取向，他的哲学理论整个还是中国传统的总结或转化，比如“吃饭哲学”“情本体”，尽管其中引马克思、康德以自重。但是，中国最需要的是摆脱经验、人情的羁绊，是高尚其志的情怀，是“为知识而知识”的超越精神，等等。中国人中，精明人大有而大智者寥寥，这是文化影响必然的结果。一直到今天，我们主流价值观所主张的，仍是系乎现实的精神，强调所谓“对人对社会有益”，而批判那种“为知识而知识”为脱离现实的“象牙塔”。

读老庄随笔

读庄子，有各种难。首在训诂歧解难。其次理论迷离难。然有一难特需要点出：美文摄魄难。庄子善于美言（诡异之处在于老庄主张“美言不信”），读其书往往被其美妙华采吸引去了，而忘记了思考判断。我读其《知北游》甚有批判之念，可谓不受蛊惑乎？

中国地地道道的哲学名作当以庄子的《齐物论》为第一，而老子的《道德经》为之端绪。郭象的《庄子注》最得其精髓而有创见。此后则受佛经影响或刺激，有宋明理学。

郭象《庄子注》之创见，首在于其有范畴之新发明，如“自为”“独化”等。德勒兹《哲学是什么》讲哲学首在概念创造，此之谓欤？

憨山的《庄子内篇注》大有可读。好书终究会有读者的。当由此生自信，增愿力，以成就自己的著述。

中国总是走不出“玄同”“万物一体”的旧观念。今人仍不断地祖述之。我甚忧之。吾之异在论，必当此破古之重任。

不可不读《逍遥游》，读之可得天外之想。不可不读《齐物论》，读之可得卓越之思。若《齐物论》者，虽读百遍亦不可谓多；然，必得众家之作而详参，始可谓之真读书也。

中国自近代以来，世事变幻如旗之风卷，飘忽不定，人心惶惶不宁。故，我今日之解读老子，只一意注目于价值贞定。

聪明人读《老子》，往往歪曲其学为阴谋诡计。必有稚拙人读《老子》，揭示其一往而深的价值意义。

翻钱穆《庄老通辨》，观其论老子之晚出于庄子，甚可笑也。此老之长于史而拙于识，于此甚明，其逻辑论证功夫尤所不足。

读《庄子》则可知处处是文字障，各种歧解。想要治学，语言始终是第一位的功夫。读西学需要面对外语的隔，读中学则是文本训诂的隔，尤其是版本的种种讹传。最终，还是要自我作古，立一个体系出来，但还是要面临语言表达的阻力。

其他哲学

哲学是生命的交响乐

克尔凯郭尔论“绝望”，海德格尔论“畏”，萨特论“自欺”，都是基于丰厚的人生体验。叔本华论“痛苦”，黑格尔论“苦恼”，也都如此。今人不善读书，不能体贴，不能感受哲学的魅力。

唯有积年累月、百折不挠地苦读揣摩，唯有把自己的生命放在铁砧上锻打，唯有捣碎牙也要坚挺地承受他者的否定，才可以听出哲学里的生命交响乐。

贝多芬的《命运交响曲》，那锤击铁门的声响，李白的“阊阖九门不可通，以额叩关阍者怒”，杜甫的“朝扣富儿门，暮随肥马尘”，这都是对于他者否定的不甘心。

什么是“哲学家”

康德：“想真正成为哲学家的人，就必须练习自由地而不是纯然模仿地，或者说机械地使用自己的理性。”“真正的哲学家必须作为自己思维的人自由地和亲自地而不是奴隶般模仿地使用他自己的理性。”（《逻辑学·导论》）这两句话是一个意思，后一句话更为缜密严谨。这就是关于“哲学家”的基本规定。我们可以简明地表述，哲学家就是自由地进行理性思维的人。他必须能够摆脱经验思维的束缚，比如纯粹地就“无”（nothingness）来思“无”，他必须摆脱类比、比喻、实例的辅助手段，纯粹地思考“无”这个概念。严格来说，哲学家就是自由地创造与运用纯粹概念来进行系统化思考的人。

读汤一介《我为什么没有成为哲学家》

人的创造力是有限的，尤其是有时限的，过了那个年龄段，再多的金钱和待遇都没办法补偿。读汤一介《我为什么没有成为哲学家》一文，感觉得到老先生满腹的不甘与遗憾。创造力是一种综合能力，涉及思维能力、激情动力、语言能力等等多方面因素。因此，不是越来越好，而是会消退的。

不仅是人的创造力，事实上，人的阅读能力也是会消退的。比如康德、黑格尔、海德格尔的书，最宜在思维能力还没有定型、固化的年龄去读。哲学思辨力与学问家的那种记诵功夫不同，越早养成越好。所以，有的人只适合做学问家，成不了哲学家。汤一介文章《我为什么没有成为哲学家》还没有涉及这个本质问题。很多学问家，看不了长句子，理解不了那种哲学话语，进不了那些理论场域，就只能是摘录式地阅读。

谈哲学与生活

有的年轻人争强好胜，这不见得就是坏事。但是，倘若是搞人文学科，包括哲学在内，就要做好长期冷板凳的准备。为何？人文学科需要人生阅历，尤其需要对于生活的体验与思考。你熬不到一定程度，火候达不到，单纯凭智力的理解，就总是隔靴搔痒。比如，我的《异在论与比较视域下的老子新解》讲辩证法的核心是“价值颠倒机制”。这个讲法不是纸上得来的，而是现实生活中的观察、感触与思考。在此之前，讲“颠倒”的多了去了。

有的人向往西方，却不真正了解西方。他们了解西方是通过新闻媒体、电影电视，或者道听途说。但是，另有一种了解西方的方式，就是读书，哲学、政治学、经济学，等等。这后一种了解，可以克服个人经历见闻的局限性与现象观察的暂时性，要远为深刻、成熟、厚重。特别是西方哲学，从古到今，认认真真地读几部经典，辅助以剑桥或牛津哲学史，就可以避免很多问题。

关于哲学

哲学是一种概念创构，它或许更恰当的称呼就是概念创作。一般人非要哲学成为真理、科学，颠扑不破，万古不易，哪有这回事儿！我读儒释道，读康德、黑格尔、海德格尔、萨特，近年来处处和当下体验对照与联系。哲学就是个性化的一种思想操练。它里面同样有喜怒哀乐，不仅儒释道如此，《精神现象学》《存在与时间》《存在与虚无》亦如此，更不用提叔本华、尼采这类生命哲学家。读哲学书就是要趁早，用二十年为周期连续不断地精读，必有迥异于常境的悟解。但是，等一等，假如你怕疯魔，怕痛苦，还是算了吧，绕开它。

哲学还能是时代的“精华”吗？

有一个老掉牙的命题“哲学是时代的精华”。有的哲学家的知识素养、思维高度确实堪称“时代的精华”，甚至由此而成为“民族的精华”“人类的精华”。代表性的人物，比如老子、孔子、柏拉图、康德、黑格尔，在知识的广博与提萃方面，都可谓当时的“时代的精华”“民族的精华”，都是黑格尔意义上的“精神”。但是，随着知识越来越专业化、精致化，精神劳动的分工日益明晰而又固化，这种“时代的精华”越来越不是哲学家或“哲学工作者”（汤一介语）所能承担的任务。自然科学、技术革命越来越成为连海德格尔也倍感困惑的问题。因此，这种“时代的精华”的任务越来越被遗忘了。博而不精或专而不博，这是一种普遍的现象。谁还能有勇气与能力来充分占有当代人类知识精华呢？

关于哲学史

本来，哲学史与哲学的关系，就是个别性与普遍性的关系，两者的衔接、中介就是特殊性。普遍共相是如何个别化的？单个人（哲学家总是现实的个体）的声音如何代表（实质上常常是“冒充”）天地万物“立言”的？真理、绝对，是如何被一个个观点所表述的？庄子讲“天籁”、世界之声是如何被个别人的“人籁”所僭越的？ 打个比方，世界真理好比是百元大钞，哲学家的个人观点好比一元硬币，那么，两者之间是如何兑换的？

哲学史的根本问题，就是思想观念的“虚假性”与“欺骗性”。康德、黑格尔时辩证法都针对着它而来的。康德认为，产生“辩证法的幻相”的根本原因是知性僭越其范围。黑格尔认为，思想的虚假性（否定性）没关系，它有积极意义，可以超越自身局限，走向更高级别的认识。

马克思接过来这个“接力棒”，演变成意识形态的虚假性。马克思认为，人的观念意识之所以有欺骗性与虚假性，就在于其阶级局限性。统治阶级的意识形态总是占统治地位，并欺骗人民。皇帝明明是现实的个人，偏偏冒充天（“奉天承运”，上天选择）。哲学家明明是单个人，偏偏自以为发现了万世不易之典。这都是一个道理。

简论哲学问题的“问题性”

真正的哲学问题的本质就是“解决不了”。

那种可以解决的问题，只是日常性的问题。这样的问题，必是目标有限性的问题，故其存在也是有限的。一旦有了答案，一旦问题得到了解决，问题就不再是问题了，其存在就失去了真正的“问题性”。

而哲学问题，是事关永恒、绝对、无限的问题。它所针对的必然不是有限的目的，而是终极目的。故，它必然永远地保持着“问题性”，它作为疑难才成为一种迫逼。它作为问题，必然令人生畏。它具有这样的威力。它逼迫人交出真己。它通过剥夺一切的方式，比如死亡、绝望，来让人赤裸裸地独自担负起生命的重负。

那些意识不到这种逼迫与威力的人，不可能心中有畏，而满足于或沾沾自喜于个人的利益之获得、欲望之实现。而真正的哲学问题，是超越于有限的利益与欲望的，它也因此绝不提供简便易行的法门。那种轻易简便的法门，无非自欺欺人的懒汉的借口而已，无非不敢直面命运威力的懦夫的眼罩而已。

真正的哲学问题，是生与死的临界，而通常的人是根本达不到这种迫逼的临界状态的。他们正活得滋润，睡得正沉，梦得正香。故，形而上学的思考，只能是其不得而入的禁地。

一切本体都是观念物

一切本体都是观念物。“物质”作为“本体”，只能是抽象概括的产物。在这个世界上，在人类的直接接触活动中，并不存在着“物质”，而只有具体的事物。在市场上，没有人能够买到“水果”，他只能购买到“水果”的具体存在，比如梨、苹果、葡萄，等等。作为观念的概念物与作为实存的具体事物，这两者之间是只有人类才能够区分与统一的。

论及意识形态的欺妄

讲意识形态的欺妄，必须注意斯宾诺莎、康德、黑格尔、马克思，尤其前两者被一向忽略了。康德提出的“辩证的幻相”概念，在中国没有真正地扎根发芽，更谈不上普及。所以，真要所谓启蒙，必须讲“辩证的幻相”概念。所谓“上帝”“绝对”，等等，都是这样的东西。康德有保留，他不肯把这类“辩证的幻相”彻底揭穿与丢弃，所以他设了一个界限，留下“信仰的地盘”。但目前看来，这个任务仍十分迫切。

哲学是追根究底

哲学是在穷尽处思考。或者说，它预先进入绝境中。“思到水穷处”，面临着思的走投无路。但我们的通常做法是，寻路。我们急于脱身。于是我们就只能遵循旧路急匆匆地逃离绝境。

倘若按照黑格尔，包括卢卡奇、海德格尔，都把哲学视为一种“整体”的追问。那么，在世间道路的整体上思考，就意味着穷尽一切道路，也就是，走投无路。

哲学进入一种无路可寻的境地。只有这样，思才是超越了所有者、整体性的思。所有前人的路全经过了重新勘查、批判，乃至于摧毁所有的路而恢复到“世间本没有路”的初始状态。

我们在绝境中，压抑着急于脱逃的冲动，逼着自己直面这绝境。所有的路都经过了“无化”，思想者只能依靠自己独辟一条新路径，而不是重蹈旧辙迹。

因此，哲学的追根究底，就是思入绝境或绝境之思。是独自承受思的荒野而求生，独肩那绝境的压力而逼出洪荒之力。

“本”“元”“初”

“本”“元”“初”，这些范畴的讨论是绕不开的。无论是读书，还是感知，我们都涉及最初的对象或对象的最初。我们总是预设了一个“零状态”或“纯存在”，它还没有加入任何外在的东西，还没有被外来人员染指。然而，一切预设都源于“非预设”的“后思”。“后思”事实上先于“预设”而到来。我们以“后思”的方式来设置了那种“本”“元”“初”，或者说，我们总是以“杂”的方式期待着“纯”。那种“自在存在”(“物自身”）实质上并不是最直接的存在。不如说，它的产生远远滞后于一切“后思”。正是“思”的深刻性与精确性要求，才产生了“纯对象”这样的观念，才产生了“对象的纯本身”这样的目标。因此，这一切早就已经是观念化的了。那种“最初的直接存在”，那种“不受污染的纯净体”，只能是思维的产物。

浅谈哲学理论书的阅读

哲学理论书，必须重视整体性，必须把握其逻辑连贯性。尤其是翻译过来的著作，既要字斟句酌，又要反复含玩，沉思不已，务必把握大势。因为翻译毕竟是翻译，其用词未必准确传达原著，其用句更可能打破原句结构。(注意，一些中译者会迁就国人不喜长句的阅读习惯，而化长句为大量短句。但阅读难度的降低伴随着准确的下降。长句的结构变化，尤其是语序的调整，必然导致语意重心的变化。此非深思熟虑、善于深读者不能悟及。）但是，唯有逻辑大势、整体语境是翻译打不破的。所以，真正要准确把握原著的意思，必由整体出发，以大贯小地去领会。

比如海德格尔《存在与时间》里有个重要的范畴“畏”（德语词 angst），我看英译词是 anxiety。查《德汉词典》，德语词 angst 既有“害怕、恐惧”的义项又有“焦虑不安”的义项。可见，中译本与英译本各取其一。这时就要通过整体来把握它。再参考《康德与形而上学疑难》里的一段话（中译本，第 258 页），讲“畏”赋予“操心”以“险峻”而“有限性”是隐蔽的“颤栗”，则中译本处理还是恰当的。

数目一行与一目十行

从哲学书转向文学文论书，如“千里江陵一日还”，虽一日数册亦不为难。尤其是具备了理论分析的眼光，如庖丁解牛，所过委地。快哉！

读哲学书，每每数目一行，反复沉吟。切换到读一般书，则一目十行，有何阻碍？而常常磨砺脑力的快乐尚不止于此。故深度阅读的训练是必要的，它为浅读博览打下了更好的基础。

读哲学，需要正襟危坐，笔墨伺候，全力以赴。而读一般书，则可立可卧，随便不拘，虽闲读翻书亦可也。

康德、黑格尔、海德格尔，需要以十年为单位以攻之。然，我今以积二十年之力以破之，其所论尚且逻辑上经得起考验，真是了不起。而一般的书，一眼可知其破绽。此天渊之别，一般人可得而深味乎？故，能够经受无数人检验的著作，必须千锤百炼方得。靠小慧之灵黠，而乏绝世之天资，其产出只是泡沫而已。

汉语写得最好的哲学阐释书

陈康的《巴曼尼德斯篇》与《论希腊哲学》真是试炼脑力的好书！但这是一块硬骨头。然而啃起来真香。

我读来读去，还是得说，陈康的书是汉语写成的阐释西方哲学的第一流的著作。读其书，方知什么是思力卓绝与鞭辟入里。然，由于其书较早，又兼有意地“宁以义害辞，毋以辞害义”，故许多表述生硬枯涩，欲得其门而入，须有足够的耐心与思力方可。

若非足够耐心兼酷嗜深思，诸如此类的书，犹如冰山雪峰，远之可也。否则，虚耗光阴，事倍功半！

散步与爱人随聊哲学

“唯物主义”与“唯心主义”的译法有问题。materialism，idealism 凭空臆造都加个“唯”字，有意把问题极端化了。

黑格尔讲“事物的本性”就是“概念”，就是“自我”。这个讲法并无那么不堪。唯物主义讲“反映客观事物的规律”之类，与其只是表述不一而已。唯物主义讲“反映”，黑格尔讲“反思”；唯物主义讲“客观存在”，黑格尔讲“事物的概念”，并不那么对立。

黑格尔讲“异化”，反而是向“唯物主义”靠拢了。“精神”的“异化”就是向“客观实在”过渡嘛！

“唯心主义”应该译为“理念主义”（甚至可以是“理想主义”）。学术界早就开始用“观念论”“实在论”来取代“唯心主义”与“唯物主义”的译法，的确可以避免那种想当然的意识形态色彩。

论“绝对”的创制

头脑中设定一“绝对”，以之否定现成，否定知识之既有，此一贯的伎俩，历史上多次发生，层出不穷。观思想史，凡欲否定现实或既有，必由创制“绝对”（上帝、百分百，等等）开始。此概念创造机制与运行原理一旦知晓，则世间各种虚妄理论荡然无所存矣！

抽象的概念一旦创造与宣传，可发挥其否定一切的威力，此宗教运动的思想起源。读史与哲思，可忽此乎？世界大趋势、思想之诡计，千载难解而一旦道破，可不重乎？

凡虚无主义者，必设定一否定一切的“绝对”，欲对治虚无主义，可不重乎？

尼采主“永恒轮回”，以对抗虚无主义。那通常被虚无主义者视为暂时、永远消逝的，恰恰都“永恒轮回”。那消逝的现象，恰恰不断地回归了，这就扭转绝对否定为绝对肯定。

凡诋毁感性，乃至否弃身体，其大本源于“绝对”之否定一切。观此可洞见其小计不足与议。

从有限目的性中挣脱

摆脱实用目的而追求那种纯粹的境界，这方面的哲人是很多的，中国有老子、庄子，西方也有亚里士多德、康德、黑格尔、海德格尔……这个名单是可以继续开列下去的。这是为什么呢？越是实用的东西，其目的性越是狭隘，往往是基于特殊的立场、视角，是为了特定的利益。所谓实用，不就是满足特定的利益需要吗？那么，其为效用越是快捷，则其无效也越是快速。有限合目的性（符合某些人的一时的利益要求）必然同时具有“反目的性”（不符合其他一些人的利益要求或同一批人的时过境迁的利益要求）。这就是为何提出“无目的性”的根据。惟有“无目的性”，才可以摆脱主观性的限制，而实现“普遍合目的性”。所以，问题的实质就是，要与主体性的有限要求做斗争。这也正是老子的“无为（读平声）而无不为（读去声）”的伟大价值所在。

亚里士多德：“目的就是限度。”（《形而上学》第二卷第二章）

从抽象到具体

生命的存在过程、实践过程，本质上就是从抽象到具体。只要你承认人是目的性的存在，则所谓目的就是观念性，就是抽象。比如你提出到远方去看看世界，那么这里的“远方”就是虚的存在，也就是抽象。再比如你找对象，希望对方身高一米八，这个“一米八”也是抽象。还比如你找工作，希望月薪一万，这个“一万”拿不到手就是抽象。所以，一切都是由虚而实的运动。萨特的《存在与虚无》换一个讲法，就是《虚与实》，人生本是至虚，必须纠缠着他者而实在化。用“虚”来规定人生，本质上就是用“否定性”来作为起点，但是，它必须“实起来”，也就是它必须由否定达到否定的否定。黑格尔早就讲过：“单纯的存在乃是纯全的空虚。”（《小逻辑》第 91 节附释）

真理的隐匿

真理的表达甚至比真理的认知更重要。真理的表达途径是否畅通，表达的权力是否具备，这可能不仅是哲学问题。真相倘若总是被隐匿，实事倘若总是被遮蔽，这通常意味着什么？帕斯卡尔《思想录》讲，上帝倾向于隐蔽自己。如果是这样，“隐蔽”而不是“敞开”就是更值得关注的问题。因此，真理的拒绝表达与显现就是关键性的。

“真理”的绝对否定性

普遍流行、普遍接受的东西为什么不一定是真理呢？或者说，为什么真理不一定被普遍流行、普遍接受呢？或者说，这种提问只是伪问题吗？那么，在何种程度上，某种东西算是“普遍流行、普遍接受”呢？是指某个历史时期，某个国家、民族吗？比如，某个王朝时期的科举教科书？还有比“教科书”更为“普遍流行、普遍接受”的东西吗？那么，不同历史时期的“教科书”能不能代表“真理”呢？实质上，“真理”一词本身就意味着绝对的否定性与批判力，它总是超越于一切现成物，而指向人类有待揭示的存在。因此，“真理”就总是“尚未”。但是，一种“尚未”的“真理”还是“真理”吗？

论通常哲学思维的不彻底性

我们通常讲“物质”的定义，或所谓“真理”，必涉及“不以人的意志为转移”。最引人注意的这个“不”究竟是如何做出的？这个“不”的基石并未真正奠立。这个“不”由什么奠基，由谁提出？这个“否定”与“人的意志”的关系究竟该如何厘清呢？“人的意志”究竟是何义？言说者本人的立足点何在呢？他一面说“不以人的意志为转移”，那么，他是怎样的“人的意志”呢？倘若哲学讨论问题，那么，这个“人的意志”并未真正得到思考，连同那个“不”也是来历不明的。

重读亚里士多德《形而上学》驳“实践哲学”

理论与实践的关系看似是不难搞清的。实则不然。在当代实践哲学看来，实践是高于理论的，乃至于实践是至高的。然而，只要我们不搞概念的扩大化，严格控制“实践”这个词的用法，避免它到处扩张地盘，乃至于觉得吃一个梨或写一篇文章也是实践，那么，实践就并不是绝对的而是相对的。在亚里士多德《形而上学》第二卷第一章，亚里士多德本人区别了哲学与实践知识。哲学是探求永恒原理的，而实践知识“只研究那相对的东西和当前的东西”（李真译，人民出版社，2020年，第 39 页）。这就很清晰地界定了两者的关系。任何实践活动，都是具体的当下的某件事情，就因此是有条件的受限制的活动，因此它就是相对的和有限的。我们无论如何，是不能凭实践活动就冒充绝对真理的。要想冒充绝对真理、永恒原理，就必须把“实践”抽象化，把它变成一个“观念物”，但这样一来，它就不再是具体的“做”“行”了，而已经成为“知”“思”的了。所以，实践哲学的伎俩无非就是，以一种哲学化的方式来讲“实践”，但却忘记了它已经不再是“实践”而是“思辨”了。这个矛盾正如“唯物论”的矛盾一样。当“唯物论”讲“物质”时，他所讲的已经是“概念”了，“物质”本身已经不再是具体的梨、桃、葡萄，而是“水果”这样的概括的产物，因而已经是“观念物”了。

思想的“仇智”

落后的精神、鄙陋的思想往往对于先进的文化、深刻的体系具有一种不由自主的“理性恨”。康德说：“人们把仇视科学、反倒愈益爱智慧的人称为厌恶论证者。厌恶论证通常源自空无科学知识和某种与此相结合的虚荣。”(《逻辑学》，李秋零译，《康德著作集》第 9 卷，第 25 页）这种源于概念思维的贫困而产生的“厌恶论证者”是一种思想的“仇智”。

“知”就是“治”

福柯的《什么是批判》由康德《什么是启蒙》开展其思。在康德那里，“什么是启蒙”就是走出“受监护状态”。在福柯那里，进一步把认识与权力相关联。由此，所谓“启蒙”就是摆脱“被治理状态”。实质上，这就等于说，人的启蒙过程就是摆脱权力监控的革命。这样，“知”就是“自治”而抛弃“他治”。我屡次提及，中国讲“知”即有“主管”之义。但是，中国传统并没有进而把这个“主管”的意味推导到“自主”“自由”的现代理念。所以，由“知”而进展到“自理”“自治”而反对“他治”“人治”，这是需要进一步发掘的。

“知”就是“治”。知识与权力的关系由此可以打通了。

知识就是权力

知识的本性是“我性”，也就是据为己有的那种“占有性”。重读康德《纯粹理性批判》第 2 版第 10 节论“综合”，第 16 节论“统觉”，再回顾黑格尔《小逻辑》第 42 节，则可以了解到，知识之生成源于人类的最核心的功能，那就是“归置一切杂多于一个意识”的能力，这就是“九九归一”的“统一性”。所以，在知识的起源中，就可发现权力的原始运作。所以，知识就是权力。把一切杂多性收归于一，这就是“我性”。黑格尔后来讲思维的本性，实质上就是“我性”，它是可以把一切他者拢聚在一起，把一切他性转化为我性的绝对力量。如果我们由此发掘，就可以反思知识的根本弊端了。因为知识就是统治，所以最终必然走向垄断。从这一意义上，“反知”的合理性就揭示出来了。

简述康德知识学

康德的知识学，如果打个比方，“直观”就好比是“铜钱”，“概念”就好比串起“铜钱”的“绳子”。什么是“知识”？就好比回答“钱串子”是如何构成的问题。康德最终认为：“范畴就是知识可能性的条件。”因为“范畴”就是把杂乱无章的“铜钱”联结起来的关键。所以，什么是“范畴”？“范畴”就是建立“联结”的功能。“我思必须能够伴随我的一切表象。”这就好比说，“我思”必须起到“串起一切铜钱”的作用。但黑格尔就不乐意了。他认为，“我思”不只是“绳子”的作用，而且洞穿了“铜钱的本性”，“我思”是两者绝对的“统一”。

重读康德《纯粹理性批判》第2版第25—26节

康德在《纯粹理性批判》中对于“范畴”的强调，认为“自然必须遵循范畴”，所谓“客体”不过是“主体”(“我思”)的“形构”(“统觉的先验统一性”)的结果。尽管康德留下“物自体”的硬核不让思维形式穿越，但毕竟已经打通“主体”侵入“客体”的管道。从此以后，“自然”就必须听命于“主体”了。所谓“对象”无非是“我思”。所以到了叔本华那里，自然就得出“世界是我的表象”“世界是我的意志”的推论。所以到了黑格尔那里，自然就得出“在自己的异在本身中就是在自身”的结果，所以到了马克思那里，自然就推导出“物性……只是纯粹的创造物，是自我意识所设定的东西”。在中国哲学中，“成己”与“成物”的关系实质上可以与之对比。只不过，中国传统儒家哲学是通过“仁”来贯通“物”与“己”的。而在康德那里，尤其是黑格尔那里，则是通过“思”的“统”的力量来贯通两者的。黑格尔反复讲过，真正的“概念”就是既反映“事物的本性”，又是“自我的本性”。所以，“物性”就是“我性”，“他性”就是“同一性”。

漫谈“空间”与“时间”

康德把空间归于外感知，时间归于内感知。(《纯粹理性批判》) 黑格尔则把空间理解为纯粹的外在性之抽象普遍性，或简单地说，就是“外在存在和他在”。而时间，在黑格尔看来，则是“被直观的变易”，“时间概念是变易”。(《自然哲学》) 可见，两者的共同点就是都把“空间”和“外”联系，而把“时间”和“观念性”联系。尤其是黑格尔，在讲时间的时候，更突出了主体性原则，他指出：“时间同纯粹自我意识的我＝我是同一个原则。”所以，两者都属于观念论。从我们的立场来看，所谓“空间”就是无限的“外”或“远”的趋势。“空间”的本质就是“异在性”。黑格尔讲“空间”的时候，已经讲了这一点。他所谓“己外存在”就是“异在”(中译本“他在”)。所以，“空间”就是“异在”。至于“时间”，所谓“内感知”或所谓“变易”，本质上就是“否定性”。康德与黑格尔都把空间归结到时间，实质上就是体现主体性精神，尤其是黑格尔，基于“否定性”来激活矛盾。但两者的本质就是“相异性”，“空间”是并列的“相异”，“时间”是相继的“相异”。当然，黑格尔可能不同意。他必然基于“自异”来讲。因为彻底的观念论，必然基于“自否”，这个“自否”本质上就是“自异”，自己从自己内部派生一切，外化出来。但在《自然哲学》中，黑格尔能够承认“空间”为“己外存在”，已经近乎唯物论了，这已经是他的让步了。

说“把握”

以前我曾经讨论“知识即权力”的话题。我由康德的讲“统觉”，黑格尔讲“概念的本性”，指出“把握”(德语 begreifen) 这一义项与德语词“概念”(begriff) 的内在关联性，这对于理解他们的思想很重要。重读黑格尔《哲学史讲演录》第三卷，可看到黑格尔明确地把两者关联，他强调“据为己有的环节”，就好比把拳头握紧，这里的实质就是对象和自我意识的“同一性”。通过把“对方”统摄于己，思想就可以实现思维与存在的统一。所以，“把握”这个词指向的是一种把异己征服的“强力”。培根讲“知识就是力量”，我觉得，似乎译为“知识就是强力”更妥当。我小时候听戏，里面有台词：“谁有钱谁有理，没有钱就拉下去！”真正说来，应该是：“谁有强权谁有理，没有强权拉下去！”“强力”决定执政权，既然把握了执政权，当然就要竭力合法化自己的统治，由此，就自然就要编织知识系统来为之服务。

哲学问题的永恒问题性

真正的哲学问题是复返性的，是一代代都要接触的根本问题。所以，它可以有一代代的解答，但最多就是说明与理解，而不能从根本上消灭问题。所谓的答案，顶多是比较好的解释，而不是终结问题。哲学问题的本质就是永恒的问题性，或者说，作为问题的不可解决、不可终止。所以，任何哲学理论都不是绝对真理，因为绝对真理就是任何问题的彻底终结。从人类的有限性讲，绝对真理或许只能是历史化、过程化的人类知识共同体。谁代表绝对真理，谁就陷入康德的“辩证的幻相”。

“情人眼里出西施”的哲学意味

俗话说：“情人眼里出西施。”这话结合康德的《纯粹理性批判》就有意思。怎么有意思？是说客体对象不是纯客观的，而是主体塑造出来的。因此，对象是什么样子，是取决于主体的认知能力。这个若与辩论结合就更有意思。很多辩论，都是辩手在与心中塑造出来的对手辩论。辩手水平低，则他塑造出来的对手水平也就低。所以，他就拉低了真正对手的档次。同理，这个理论与阅读结合也有意思。读者自己水平低，他塑造出来的作者水平也就低。简言之，主体的能力水平决定了客体的层次高低。黑格尔《精神现象学》就是讲意识由低到高，不断塑造出“他者”的历程。

关于“成熟”一词

如果我们没有共识或者对话的基础，那么所有的争议都是无效或者无谓的。因为即使同一个概念或词语，其意味在每个人那里是不一样甚至对立的。所以，这种观点立场之争有可能仅仅是语词不清。比如，中国人所谓“做人要成熟”与康德《什么是启蒙》中讲的“启蒙就是走向成熟”意思几乎是相反的。康德所谓“成熟”则是指“独立运用理性”，从“受监护状态”走出。换言之，中国所谓“成熟”是“依他”“由他”，康德所谓“成熟”是“自思”“独立”，是“在一切事物中公开的运用理性的自由”。我敢说，谁若是在中国执行“在一切事物中公开的运用理性的自由”，谁就要遭遇各种异否定，会被贴上“不成熟”“幼稚”的标签，文雅的批评叫“书生气十足”。

康德哲学的主体精神——重读《道德形而上学的奠基》随记

一、《纯粹理性批判》“哥白尼式革命”高举主体精神。

二、《实践理性批判》把“自由”“道德自律”作为基石。

三、《判断力批判》把“无功利合目的性”视为旨归。

康德哲学的主体精神，本质上是想把人的存在认知、生活理想、审美判断奠基在普遍必然性上。这就可以确保绝对的理性自信，守护人类自由的尊严。在认识论上，只要我尽职不逾矩，我就能守住并探勘清楚自己的岛屿。在实践论上，只要我基于自身规定，按照自由原则为自己立法，我虽不能必然幸福但已经无愧于心。在审美领域，虽然有各种私见，但只要摆脱个人利害，总可以达成“共同感”。

康德哲学虽重主体精神（也因此被误解为“主观唯心主义”），但是恰恰最抵制“主观任性”，最防备任何个人性的利益因素、主观好恶、兴趣偏向对于“纯粹性”“本真性”的败坏与侵蚀。康德哲学以“自由”为旗帜，暗中批判帝王君主的任性专断，具有强烈的民主精神。

康德哲学具有强烈的人文精神。他抵制出于任何目的而视人为手段的思想。他捍卫“自由”理念，是启蒙运动与法国大革命最好的理论继承人。他设想一种道德伦理，但是，却始终考虑这种伦理不是外在的强制，而是基于“自由意志”。所以，“道德自律”作为道德哲学范畴，不仅不是道德束缚，反而是为每个人的“自由行事”争取最高权力。

康德的理性自信（捍卫人类的主体地位），在黑格尔看来还不够彻底。而从现代哲学看来，过于强调“必然性”而忽略“偶然性”。康德不知道，过于“必然”的生活就是“决定论”，世界就像一条直线一样乏味，而“偶然性”反而更“刺激”，更激发生活的“惊奇”与“意外”。所以，真正的“自信”，就不必是基于自己预设的“图式”，而是不拘于“套路”，随缘放旷，任意逍遥。这样，真正的“主”就不必拘泥“经验”与“先验”的区判，甚至不必拘泥于“谁主谁客”。

一言以蔽之，总问题是，“公”（普遍性、必然性）的实现如何避免“私”（任意性、经验性）的干涉？单纯地杜绝“私”行吗？康德哲学的局限可能也在于对于“私”防范过当（另一方面则是注意到相互间必然相互对立、争执争辩现象）。

重读康德所感

这是第几遍重读康德《判断力批判》了？好像记不得了，这次重读又有深入的领会，理解一层透入一层，把枯涩的概念像茶叶一样泡开，让它舒展在思想语境的开水中，香气氤氲，生机盎然。

思想的境界急不得，必须往复不已，凝定下来，持存为精致严密的文本，经受学术共同体的检验与评判，然后才可算数。总之，能不能创造经得起时间检验的知识系统，能不能建立言之有据的文本形式，这是思想成果的评判依据。

人的普通意识倘若没有经过严格的概念训练，倘若再沉溺于传统文化而自醉，不知天下之通则，则极容易陷入“自闭”，营造一个茧把自己缚住。

“恒”的诉求——重读康德《未来形而上学导论》

不仅康德，而且我们也认识到：形而上学的领域是“战场”，历来是观念之争。这种“争”是理论研究的一种“常态”。海德格尔曾经讲：真理是“争”而后得。但这一切源于现实世界就是“争”。古希腊赫西俄德《工作与时日》讲，大地上的“不和之神”之一推动了人类发展。赫拉克利特更讲：“战争是万有之父和万有之王。”

但是，在“争”的动荡中，在“变”的不止中，激发了“恒”的追求。所以，老子的“道”，柏拉图的“理念”，本质上都是“恒”的标志。比如我们熟知的“实体”，本质上就是“恒体”。黑格尔提出“实体即主体”，实际上就是和解“变”与“不变”的对立关系，从而把“变”理解为“实体”的“自运动”，这样一来，“变”就是“自变”，因此亦是“不变”了。

如果我们从价值体系来看问题，人类文明是需要一种普遍性共识的。也就是，人类社会理应达成一种共同体之间的认同体系。否则，价值混乱，各搞各的，公说公有理婆说婆有理。康德的《纯粹理性批判》从这个角度看，就是“息争之学”。他认识到，人类认知的任意性，有一种任性的胡闹现象。所以，必须让它懂规矩，守纪律，于是颁行理性的规则，让它“不逾矩”。在《未来形而上学导论》的附录中，康德期待着一种“全部完备性”和“达到那种持久的状态”的形而上学，这再次证明了他对于“恒”的追求。而这个追求又基于康德所提倡的“批判”。“批判给我们的判断提供了能够可靠地把真知与伪知区分开来的尺度……批判哲学把狂想从它的这一最后的避难所驱逐出去了。”(《康德著作全集》第4卷，李秋零主编，中国人民大学出版社，2013年，第389页)

因此，阅读康德哲学，本质上就是接受一种思维训练，让我们摆脱思维的胡闹与任性，从而尊重规则来思考问题，懂得把握“矩”的“不逾”。概念之所以不同于“私谓”，就在于它是“通用货币”，不允许“铸私钱”。否则，交流就失去了意义。

重温康德“人是目的”命题

真正的人道主义，源自康德的“人是目的”命题。

（1）任何一个人、一个团体，都无权把他人的生命视为手段，而不同时视为目的。这一条就决定了，任意地牺牲其他人的生命是不人道的。

（2）人性本身就是尊严，就具有高贵性。因此，以任何名义、依据去改造其他人的做法是需要质疑的。

（3）人的自由就是认识自己，完成自我陶冶，从而配享幸福。这就是说，个体的生命以自身为目的，以自我完善为最高价值。

（4）人格是神圣不可侵犯的，个性是自我实现的集中展示，是生命的光芒。完善个性、捍卫个性就是人道主义。

总之，不要把他人当作工具、手段，不要任性地试图改变别人、控制别人，不要干预甚至破坏别人的以及自己的独立性。但是，矛盾是避免不了的，只是通过“普遍对立”的中介运动，来达到“自由共存”。

《关于费尔巴哈的提纲》追记

1. 马克思首先是革命家，然后才是理论家。

2. 马克思的关键词就是“革命”，就是“改变世界”。

3. “革命”不是随随便便说说的。“革命”是“翻天覆地”的变化。

4. “实践”虽然也是其中的关键词，但是，它的内涵被学者们有意“中性化”或“普遍化”。本质上降低了马克思理论的“火药味”，淡化了其理论的冲击力，目的是追求“和谐”。

5. 理论创新往往是打破僵局的，“革命”怎么可能“一团和气”？当代学术界太“客气”，人际关系太“和谐”，缺乏“破坏大环境的人”。大家开会，讨论问题，要么就是“请客吃饭”，要么走向“请客吃饭”。

6. 旧的从来不会自动退席的。学术更替也是如此。

7. 当代的学术机制，尤其是评审机制不利于学术活力必需的“火药味”。因为，大家都想广交朋友，极力争取“投票”，谁也不想得罪人。

8. 马克思哲学与旧唯物主义的区别就是：（1）高度重视“人”的能动性，要求“从主体方面”思考问题；（2）把“关系思维”贯彻落实，把“世界”与“人”都视为“社会关系”。

9. 一切思想矛盾、精神问题，都可以归结为现实矛盾。所以，一切精神烦恼、思想痛苦的解决之道，就是勇于面对现实矛盾。

10. 人主动改变环境，而不是依附于环境。这是马克思关于人与环境的基本立场。

11. 宗教问题，现实世界与信仰世界的分裂与对立，源于现实世界的自身分裂与对立。现实矛盾痛苦的长期不得解决是宗教信仰的根源。

12. “全部问题都在于使现存世界革命化，实际地反对并改变现存的事物。”这是理解马克思哲学及其辩证法思想的金钥匙。

13. 是屈从现实，匍匐于现状，还是积极行动去改变现实、改变事物，这是真假马克思哲学的分界。

14. 马克思哲学是“认命”的对立面。一切“认命”，本质上就是为“无能为力”找借口。

15. “命”就是人的局限性。所以，讲“命”就意味着事情超越了他的能力。问题是，能不能直率地承认“无能”。

16. “命”不能经常使用。谁经常讲“命”谁就是经常“不行动”或经常“不行”。

17. 马克思讲“感性的人的活动”，本质上就是讲诉诸现实的行动，尤其是改变一部分人压迫另一部分人的旧制度的社会革命。

18. 单纯的思想、观念是最无害的，甚至是彻底的“无用”。但是，它一旦转化为大规模的“感性的人的活动”，就是天翻地覆的变化，就是血与火之战。

19. 理论家创造概念。但是，经过革命家的中介，就是“革命口号”。

《关于费尔巴哈的提纲》再记

马克思对康德、黑格尔哲学的突破，在于他把人的本质力量归结为社会存在。卢卡奇讲“社会存在本体论”是有依据的。

马克思讲“对象性的活动”，是从主客体的双向运动讲，讲的是主客体的相互作用下的双向改变。一方面，是对象的向人转化；另一方面，是人的向对象转化。这是人化、物化的二重性。

“革命的”“实践批判的”，马克思的限定词极其重要。其本质就是“变革现实”。

马克思为什么坚决反对费尔巴哈的“直观”？因为，“直观”只是被动接受，而不是改变对象。

马克思讲“革命的实践”，是讲“改变环境”与“自我改变”的双向运动，这个双重运动又是一体的。从本质上来看，“自我改变”必然导致“环境改变”，因为自我本是环境的一部分。

马克思继承了黑格尔的矛盾思想。他的唯物主义精神体现在，把一切矛盾理解为现实矛盾、社会矛盾、阶级矛盾。

与其讲唯物主义和唯心主义之辨，不如提倡唯物主义精神。而所谓唯物主义精神，并不是唯利是图，而是直面现实并解决问题的勇气。

《关于费尔巴哈的提纲》三记

第七条 （1）马克思把宗教现象，这里是“宗教感情”归结为“社会的产物”。这是一种方法论示例。马克思一向把“虚”（意识、观念、精神）的存在奠基于“实”（经济基础、社会关系、现实矛盾）。从现实社会矛盾出发来分析宗教现象，这是马克思的方法论。所以，以此为法，则很多错综复杂或虚无缥缈的精神问题、思想纠结、心理症结，都可以从生活矛盾、社会关系、物质条件、社会实现程度来找原因。男人，一般是事业受挫；女人，一般是情感婚姻的不幸。在偏远地区，由于物质生活简陋、精神空间狭窄、矛盾诉求无门，就容易发生精神障碍或思想疙瘩。（2）马克思把单个人的存在归属于社会形式，这纠正了只见个体忽略全体的旧方法论局限。海德格尔讲“此在”，从“共在”讲起，是纠正胡塞尔的“唯我论”嫌疑。两者之间有一致性。

第八条 这一条表明，马克思哲学是西方主体性哲学与现代性思潮的一部分。这一条体现了现代性主流的一致性，即“祛魅”。马克思讲“神秘主义的神秘东西”都可以通过社会实践来解决，这一方面是现实主义精神，另一方面则意味着对于

“神秘主义的神秘东西”的破解，这就是“祛魅”。这个“祛魅”有得有失。

第九条 （1）“把感性理解为实践活动”，这就相当于是对于“感性”的内涵进行界定。这个“感性”的内涵，与通常讲的“感性”有着显著的区别。这个“实践活动”也不同于一般所讲的“实践活动”，而是“革命的实践”（结合第一、三、四条）。（2）马克思为什么说旧唯物主义最多只能达到个人和市民社会的直观？这是因为，马克思受黑格尔影响。黑格尔《精神现象学》《精神哲学》讲人的发展，有三阶段，即家庭、市民社会、国家。这就是说，旧唯物主义达不到国家这个阶段。这个阶段就涉及阶级矛盾，涉及国家作为暴力机构等问题。所以，由此更可知，马克思所言“实践”绝非通常的意味，而就是指向国家机器的革命运动。

补充：家庭基于血缘关系，维系于情；市民社会基于利益关系，维系于利；国家基于权力关系，维系于力（权力、暴力）。

第十条 再一次指出旧唯物主义止步于市民社会的局限性。突出新唯物主义的特色是全人类视野和社会性关切，其宗旨就是解放全人类。

第十一条 这是马克思哲学的本质特征。马克思哲学实质上具有“反经院哲学”“反书斋生活”的特点，它是走出书斋，走下象牙塔，走向社会，面向群众，诉诸现实斗争与实际行动的革命哲学。“问题在于改变世界”既是马克思的理论出发点，也是其理论终结处。实质上，马克思从来不甘心于仅仅是理论家。

总之，《关于费尔巴哈的提纲》的关键词是“革命能动性”“社会性”。把握住“革命能动性”，就可以知道马克思所谓“实践”“感性的人的活动”“从主体方面去理解”等话语的真实内涵。把握住“社会性”，就可以突破旧唯物主义的局限性，把单个人、宗教事务、精神现象都归源于社会生活、社会矛盾。

不赞同实践本体论

普遍来说，人类的劳动实践具有强迫性、非自由性。如果说人类有追求自由的倾向，那么，劳动实践就是一种必然的代价。实践本体论是一种“奴隶本体论”，因为它把一种具有普遍的强迫性的活动视为本体。它颠倒了生存与实践的关系，因为实践只是生存的手段，并不是人类的生活目的。尽管劳动实践创造了人类赖以生存的物质条件，但是，它也仅仅是条件的提供手段。尽管劳动实践创造了伟大的成果，甚至还包括伟大的艺术品，但是，也只有在人类摆脱了必然性的束缚，获得了一定程度的自主性、自由性的前提下，才能实现的。所以，我一直对于实践本体论有异议。在黑格尔哲学体系中，绝对理念才是最高阶段，认识和实践都是此前不自由的阶段。

“反实践”

那些大讲“实践”的各种所谓“实践哲学”，根本不懂得“实践”的有限性、暂时性，也就不懂得如何克服“实践”的目的局限性。一切“实践”都是有限的人的有限目的的实现过程。一切“实践”都因此不具有绝对的真理性。一切“实践”都必然遭遇“反实践”，就比如建造大厦必会摧毁大厦。因此，必须超越这种“建造—推翻”的恶性循环，必须超越“实践哲学”。

必须对一切“实践”进行价值重估，正如革命运动实质上就是“反实践”的暴力运动，把前人的政治实践所建立起来的东西打翻。

重读《海德格尔文集》的一个印象

海德格尔的优点突出，比如：（1）极强的原创意识，喜欢寻根究底，发前人所未发；（2）强大的文本分析能力，他俨然一部行走的西方哲学史，对于很多经典文本有深度解析。比如黑格尔《精神现象学·导论》，他一段一段去推敲。这种精耕细作的功夫，举世罕见；（3）强大连贯的思维能力，他的思想始终是连锁的，核心范畴“一以贯之”；（4）见解独到，具有强烈的时代意识，尤其是针砭西方文化之弊颇中肯綮。

海德格尔相比于一般的哲学家，最大的优点就是，他是“学”与“思”相结合的典范。单论他的学问，就是超一流的。他没有一般哲学家空逞思辨的弊病。

海德格尔的缺点也有，比如：（1）过于借助“语源学”的分析，咬文嚼字，这是黑格尔曾不以为然的。这一方面是“语言学转向”的大势所趋，但也有难脱俗套之感；（2）"车轱辘话"过多，很多东西翻来覆去，若读他的书超过五本以上，就有"重复率过高"之感；（3）后期有点走极端，甚至故弄玄虚了。

海德格尔严格来说，是"神学家"，西方宗教的影响非常明显，还可能被低估了。

不知"难"，不入门

重读海德格尔《形而上学导论》，在对待"难"的事情上（中译本 13—14 页），我仍然深深共鸣。《老子》第六十三章关于"难与易的辩证法"，通常都解错了！俗人只求"易"而畏"难"，而不知"难"是伟大者的标志。对于哲学经典，唯有不避艰难者胜出。读其书，绝不可蜻蜓点水式，绝不可闲庭信步式，那种倚着枕头读书的方式行不通，必须全身心投入，反复再反复地探究，才能在思维上有进步。那种休闲式的阅读，不动脑筋而不求甚解，虽"易"则"易"矣，而实则终身无益！在智慧的险峰上，只能有极少数人能够忍受空气的稀薄！

不知"难"之乐，不足以谈哲学，或者只配谈那些花前月下的所谓哲学。老子说，"圣人犹难之"，而俗人偏偏"易之"。

关于海德格尔《存在与时间》

海德格尔讲"此在"，讲"向来我属"，又大讲特讲"去存在"与"可能性"。实质上，海德格尔的"此在"就如同"不存在"，因为它的一切都还是"尚未"，它是有待于填充的空白。这就意味着，它的现实尚是虚的，所以，发展到萨特就大讲特讲"虚无"。这就导致悲剧的预设。人的一切存在从积极方面来说，是无限可能性，但从消极方面来说，就是一切现实还是空的，非属我所有的。

海德格尔大讲"将来"，再从"尚未完成"的"未来"来理解"现在"，乃至于重估"过去"。这里的弊端就是，那种"尚未"凭什么具有评判当下既有的资格？那种遥远的存在作为一种观念，凭什么具有优先性呢？而同时，海德格尔又讲"先在""先有""先理解"，这种"先"与"后"的关系当如何解决呢？

重读海德格尔《艺术作品的本源》随笔

重读海德格尔《艺术作品的本源》，我更坚信老子与其的基本立场是对立的。海德格尔讲"澄明""无蔽"，都是老子思想的反面，老子恰是重"隐"与"蔽"的。那种拿海德格尔与老子做牵强附会的做法是错误的。

海德格尔虽然与萧师毅一起翻译过老子的《道德经》，但总体来说是不得要领的。德国汉学家顾彬好像也不得要领，我曾当面问他《道德经》第一句话怎么解，他答不上来真东西。

海德格尔屡次讲"光"，讲"现身"，这都是老子所反对的立场。

海德格尔终究还是露出来狐狸尾巴。在他关于作品真理的讨论中，黑格尔的辩证法气味日益浓重了起来。我越读越觉得学术界把他神话是一种不当之举。《艺术作品的本源》的整个逻辑框架是清晰的，但其论证的说服力不足。海德格尔越到后期越求助于语源学，表明了他的思维能力的衰退。在本文中，关于作品的三种"习见"（特征载体说、感性统一体说、质料形式说）的批驳不够充分，显得武断与仓促了。

本文先破后立。立论时，主要举了凡·高的画作与希腊神庙两个例子。关于凡·高的鞋，学术界多有引述，但这段文字的诗意性大大掩饰了其说服力不足。

海德格尔把艺术存在鼓吹为真理之无蔽。但老子明确地讲"朴散则为器"，主张"复归于朴"。真正主张"技进乎道"的，是庄子。

海德格尔讲："作品建立着世界并且制造着大地，作品因之是那种争执的实现过程，在这种争执中，存在者整体之无蔽状态亦即真理被争得了。"但我认为，老子一向是主张"不争之德"的！

海德格尔 Lichtung 一词的翻译

海德格尔的 Lichtung 这个词，如果按照孙周兴等诸位先生的译法，就非常为国内学者熟知，即"澄明"。张世英先生是受海德格尔影响很大的，他提出的"主客二分"与"超主客二分"是直接源自海德格尔的。张先生的《进入澄明之境》一书从书名即大体可知其理论来源。但问题就是，这个词的翻译以及相关研究的偏颇，导致对于海德格尔只知其“显现”“光亮”的论述，而不知其“遮蔽”“幽暗”的一面。关于这个词，张振华博士的《斗争与和谐》一书有所谈论，他为纠正“澄明”这一译法的不足，而译为“疏朗”。这个译法相对更准确。海德格尔在《面向思的事情》一书中，谈论过 Lichtung 的意思，他的方法前提就是“思辨辩证法”，所以他是结合“黑暗”与“光亮”的关系来讲。他为此打个比方，就是“林中空地”。这个“空地”伴随着“稠密森林”，所以 Lichtung 这个词涉及“让光亮与黑暗游戏运作”（孙周兴译，商务印书馆 2014 年，第 93 页）。由此可知，这个词所指的“自由之境”并不尽是“光亮的”。搞清楚这一点，就知道“澄明”的译法明显不妥。中国一些美学界专家喜欢援引现象学理论，来论述中国的“象”或“意象”，总喜欢往“光”的方面靠拢，就忽略了“暗”的重要性。所以，我更主张 Lichtung 这个词译为“幽明”，这就兼顾了两方面。“幽明”比“光”更源始，这是必须强调的。

再聊海德格尔 Lichtung 的翻译

我的随笔发了以后，有群里的老师做了积极的回应。针对群里的老师的回应，做简单的补充。

这里的关键就是思维方式的转变，或者思想范式的转化。“澄明”这个词，带有主动输入“光”的意味。但海德格尔在《面向思的事情》中，明确讲“Lichtung 与光的差异性”，“绝不是光才创造了 Lichtung”（孙周兴译，第 93 页）因此，需要考虑的反而涉及“光”的“遮挡”“扣留”的方面。关于“林中空地”，有的人可能过多关注“光”的射入，但忽略了“遮挡”“阻隔”的更广阔的“稠密森林”的存在。讲“澄明”明显是“显”的方面被强调，但“隐”的方面就被忽略了。海德格尔：“我们这里提到的东西，抑制、拒绝、扣留，显示出一种自行隐匿之类的东西，简而言之，就是隐匿。”（同上，第 33 页）

尤其值得注意，张世英先生曾经明确地讲“显隐说”。其《哲学导论》主张：“审美对象正是在事物隐蔽处——在事物所隐蔽于其中的不可穷尽性中显示、敞亮其最真实的面貌。”（《哲学导论》，北京大学出版社，2002 年，第 160 页）因此，根据张先生的论述，就可知道“显”与“隐”的基本关系。“隐”才是“显”之基础。

一切翻译，在早期都存在“格义”的弊端，就是拿自己的文化系统来套取异质性的文化系统。比如佛教的早期翻译。海德格尔的翻译也证明了，早期用佛教的术语翻译它的问题。用海德格尔解海德格尔，可能更准确。

尤其值得注意，张世英先生曾经明确地讲“显隐说”。其《哲学导论》主张：“审美对象正是在事物隐蔽处——在事物所隐蔽于其中的不可穷尽性中显示、敞亮其最真实的面貌。”(《哲学导论》，同上，第160页）因此，根据张先生的论述，就可知道“显”与“隐”的基本关系。“隐”才是“显”之基础。

海德格尔《存在与时间》总论（研究生课程简要回顾及小结）

1. 这部书并不完整，本有的续作没有出。看这部书要反复揣摩其目录，由目录来把握其整体格局。

2. 如果我来写续作，或许要搞第三篇《此在与空间性》。并且，空间性要重于时间性。

3.《存在与时间》讲因缘整体性，可以与佛教讲“缘起性空”进行比较，尽管两者差异很大。

4.《存在与时间》从常人共在的沉沦到本己本真的崭露，这个思路可以与佛教“截断众流义”一起探讨。

5.《存在与时间》通过“死”来讲生存的专属性（向来我属性）或独异性，这个思路既有长处也有点狭窄。人的身体是唯一性的，凡是身体的活动（吃喝拉撒）都具有“不可代理”性，而不仅是“死”。

6.《存在与时间》讲整体，与卢卡奇《历史与阶级意识》可以一起探讨。甚至有人认为海德格尔借鉴了卢卡奇的理论。

7.《存在与时间》的思路仍然是西方“在场形而上学”的路子，其后期才扭转了这一思路，尽管也不彻底。

8.《存在与时间》从“工具”的“上手”讲世界的组建，这个路子并不为新，可以引入马克思主义的“工具”思想。

9.《存在与时间》的基本框架是存在与存在者、此在与一般存在者的基本区分。但这一区分仍是本体与现象之分、自然与社会之分的翻版。

10. 海德格尔讲“共在”是带有贬义的，其价值取向与马克思主义之主“人是社会关系的总和”是对立的。

11. 海德格尔整部书是从抽象到具体、从一般到特殊的运作方式。但他又通过此在来追问存在，通过周围世界来通达世界之为世界，这是“下学而上达”的方法。

12. 海德格尔始终基于“有限性”来思考问题，这导致他对于存在整体的追问必然是失败的。“有限而无限”，这个转渡的处理历来都是难题。

13. 无限必须有限化，接受限制，绝对必须走向相对，道必须走向器。这个转关，费希特、黑格尔、谢林都讲过。中国佛教讲“不二法门”“空即是色”也有类似的意图。方以智最有自觉性，他讲“合不碍分”“绝对必在有待中”极有启发性。

漫谈德国哲学与法国哲学

法国哲学与德国哲学的关系非常重要。这两个国家是真正的思想大国。历史上两国曾是世仇，但思想联系更有意思。比如，法国思想曾影响康德、黑格尔，卢梭对康德的影响毋庸置疑。黑格尔写《精神现象学》的时候，拿破仑军队攻进来，但黑格尔非常欣赏这种“马背上的世界精神”。再比如萨特，他的《存在与虚无》我经常读，最近还在温习。这部书是在二战德国战俘营写的。有趣的是，萨特这书深受黑格尔、胡塞尔、海德格尔这些德国思想家的影响。康德在哥尼斯堡一辈子，但他思考过“人类永久和平”“世界公民观点”的问题，其思想是世界级的，不单纯是其思想的高度，而且还有真正的“天下意识”。我读老庄，里面也屡讲“天下”，尽管那时的“天下”概念跟今天不一样，但显然是突破了当时的“国”的边界的。我们经常讲“以天下为己任”，但实质上往往是局限于国家、民族的利益。这里面当然有其现实考虑，但是，胸怀、视野可能是狭隘的，你的“天下”可能并不大。陆九渊说过：“宇宙不曾限隔人，人自限隔宇宙。”我们当代多少人的观念还处于“自我限隔”的状态呢？

漫说哲学气质

在图书馆翻书，看一作者言语急切甚至偏激。由此又生发了对治哲学者的主体气质的思考。喜欢哲学、钻研哲学的，可能容易钻牛角尖，也容易固执到底，有时候性情方面也会表现为待人接物不够圆融。我自知自己就是有待人处事的缺陷的。著名的哲学家当中，性格怪异者不少，与世龃龉者不少，命运蹇涩者不少。从事哲学思考多了，看世界的方式就跟普通人不一样了。普通人呢，大多数就是基本需求而已，他们有合理化自己生活方式的依据。搞哲学的就容易一根筋想去纠正他们，比如苏格拉底，弄得很多人烦，最后判刑处死。他其实有机会逃脱，但是，他坚持为理念而死，这就是“一根筋”。普通人觉得“好死不如赖活”，他偏主张“未经省察的生活不值得过”，这就是对着干。其实，老子、庄子也是这样。老子放着“国家图书馆”的工作不干了，非要西度流沙，估计是对于当时的社会很失望吧。庄子老婆死了，非要鼓盆而歌，这也是惊世骇俗的举动。

闲聊西方哲学重“显”

关于“现象”，可以看看萨特《存在与虚无》的《导言》。黑格尔、胡塞尔，也不出重“显现”传统。黑格尔的“异化”（外化、客观化），胡塞尔的“意向”，都是视觉的“看”的引申。张志扬曾讲“光”有三种，阳光、神之光，还有一个什么，我暂时记不得。但，“目光”与“意识之光”是要有的。

从主体性哲学讲，自然之光、神之光都要转化为“目光”。叔本华《作为意志与表象的世界》讲，月亮的存在总是意味着目光的存在。贝克莱“存在就是被感知”，把“存在”归约到“感知”（包括了视觉）。胡塞尔把一切存在收归于“朝向”（意向活动）亦是传统的路子，所以《存在与时间》有讽刺之语。

刚才查对了一下，张志扬讲三种光：洞穴之火、太阳光、神之光。他还是有所遗漏于目光、意向之光。

黑格尔《精神现象学・导论》讲：“认识就是光线自身。”

以西释中要慎

我发现海德格尔与中国传统的区别很大。把他的理论应用于中国经验的分析需要小心。西方重视“显”，强调置于“光”中。而中国强调“幽”，主张“暗”的守护。这是讲现象学或海德格尔最需要注意的。海德格尔晚年强调“蔽”与“显”的争执。但根本上，他还是“显”的传统。讲“外观”“外化”，尤非中国传统之主流。

“夙夜基命宥密”的意义

《诗经》中有一些句子富有哲学意义。上午我看到“夙夜基命宥密”，引发生命的思考。这句话就是一部人生哲学，就是一条做人纲要。“夙夜”，从早到晚，念兹在兹，一刻不息。“基命”，以“命”为“基”，把生命安顿下来。关键是“宥密”，“密”是生命的隐匿性、珍藏性。作为生命，要有尊严，守住自己的独一份，绝不给人，绝不动摇。一个人爱另一个人，表白：我要把命给你！实则，你做不到全部交出来，“命”能交的只是肉体。这个“密”是想交交不出，想夺夺不走的，那就是最后的“硬核”，是关汉卿的“铜豌豆”。我们在生活中有各种无奈，常常有违心的言行，但是，没关系。因为我们还有一份最后的“剩余价值”。我想起康德的“物自身”概念，那也是穿越不了的物的最后尊严。“夙夜基命宥密”，自觉我们的“独一份”，守护我们的“独一份”，就是大丈夫。

《楞伽经》与老子

“长短有无等，展转互相生，以无故成有，以有故成无。微尘分别事，不起色妄想，心量安立处，恶见所不乐。”(《楞伽经》卷一）此数语俨然是《老子》二章的注解。皆是由矛盾对立面之间的关锁勾连（展转依存）中超越而出，达到一种无牵无挂（不受矛盾对立关系的束缚）的境界。

读《楞伽经》一则

“一切无涅槃，无有涅槃佛，无有佛涅槃，远离觉所觉。若有若无有，是二悉俱离。”(《楞伽经》) 此数语具有思想解放的启迪性。可以把人从偶像崇拜中解救出来。“远离觉所觉”，近乎《圆觉经》中所说：“远离为幻，亦复远离。离远离幻，亦复远离。”所谓“若有若无有，是二悉俱离”，近乎“中道义”，不执着于“有”，亦不执着于“无有”，两间自由运动而不极端。佛教哲学的辩证法思想，其独特性就在于此。

关于《心经》

《心经》还是矛盾，没有彻底认识到彼岸与此岸的相依为伴、相互承认的关系。一方面，它开端以“五蕴皆空”为总纲，贯彻绝对否定一切的精神，连“苦集灭道”的“四谛”也要否定（“无苦集灭道”)，这就从传统佛教教义的羁绊中挣脱而出。它看到了现实事物与观念世界的联系，甚至承认两者的同一（“色即是空，空即是色”)，实质上距离“担水砍柴即是道”“庭前柏树子”的禅宗思想只有一步之遥。但是，它走不到底，它没有完成对现实人生的肯定。所以，结果就仍然是“无……”的否定式表述。按说，既然“色即是空”，那么，当下之“色”即是所得，怎么还会最终“无所得”呢？所以，《心经》只是过渡性的思想。

《心经》讲“色不异空，空不异色；色即是空，空即是色”，这不是把“色”与“空”画等号吗？既然如此，那么选择“色”亦没问题。但是，它骨子里还是蔑视“色”，还是把“空”置于“色”之上，这就是价值观的异阶建立。“色”是低阶存在，“空”才是高阶存在。它的理论矛盾由此可见。

佛家讲“不一亦不异”，但追求仍是“异”于现实一格的，这有其合理性，亦有其不足。孔子“知其不可而为之”，就是明知道可以“不执”而仍要“执”。人生就是苦乐交集，无论做什么，放什么，都是如此，因此，倒不如索性执取一样，率性地坚持到底。

《心经》终究还是停留于“空”与“色”的紧张关系。它达不到“色”与“空”的相互承认。假如承认两者的各自意义，则在“色即是色”的肯定中，不妨做“空即是空”的肯定；反之，在肯定“空即是空”时，亦不妨做“色即是色”的肯定。《心经》虽然提出“色即是空，空即是色”，但实质上仍然不肯承认“色”独立存在的意义。它实质上仍偏于以“空”去同化“色”，最终还是归“色”于“空”。

人生三境界

禅宗语录有所谓人生三境界：（1）初阶：看山是山，看水是水；（2）进阶：看山不是山，看水不是水；（3）高阶：看山还是山，看水还是水。

此三境界我常思之，亦有不同时间的感悟。今又有所思。此三阶段的关键处是，第二阶段为何会有“不是”的否定性？换言之，此“否他性”源于何？

实则，第二阶段的“否他性”源于主体性，是强烈的“我性”。“我性”要实现其价值，则往往以改变他者为途径，于是看待他者皆“不是”自己的期许，必欲强之就己。东方哲学的主流是消解这种欲望主体性，而提倡一种价值主体性（道德主体性），这恰恰是针对第二阶段的。所以，第三阶段则超越了这种“否他性”而开始贞认世界的合理性，于是“不是”转化为“是”。

黑格尔的“凡是存在的都是合乎理念的”，常常引来批判，实则，它是由“否定”而终于“肯定”，也就是中国儒家讲的“仇必和而解”。中国哲学，乃至于世界哲学的必由之路，亦在于扬弃形形色色的“否他性”而终于抵达一种“贞认”的价值共识。舍此，世界终究是纷争的，无序的。

王阳明心学之弊

一人所倡之观念如何普遍化、客观化为天下通则？“心”之虚灵不拘而随物赋形，往往流荡泛滥，在俗众那里不啻洪水漫溢而不懂堤岸关防之限制，不懂着落于“枝枝节节”之积极价值，终究还是空空无物而已。

王阳明心学之弊，尽可由其核心观念中窥得，它只是独标一“虚灵本体”，它不可方物，不肯下降为个体之规定性、主体性、客观性，也就难免在普遍推广中迷失了自己。人人皆可凭个人领悟而各树旗帜，这就难免于一种主观随意性，言人人殊，呶呶不休，虽有“解放”之功而开“恣肆”之门，横溢无检，流荡而为物欲滔天，其破坏力大而建设性很少。

传统几千年开不出民主的本体论根源

用一种观念化的抽象概念（大全、天人合一、天道、圣人万物一体之念），来消融一切，故一切有限者都因此没有独立意义。为什么一切有限存在都终究没有意义，就是因为有这个抽象概念作为对立面，以之为压抑个体、扼杀现象之具。一切个体都要死，一切现象都短暂，以此来推崇一个绝对的、永恒的“大全”“混沌”“大同”，等等。

东方哲学为什么主“无常”的观念？

中国传统文化有一股“虚无主义”的思潮，一直延续到《红楼梦》的《好了歌》。这股思潮就是认为，奋斗没有意义、最终一场白忙活。如果你了解古典文学，相信你肯定在不少文学作品中看到类似的观念表述，比如《水浒传》《三国演义》《桃花扇》，甚至《金瓶梅》，等等。人生一场空，富贵荣华转眼云烟，这就是“无常”。印度佛教也是如此，中国本受佛教影响，所以“梦幻泡影”“镜花水月”之喻经常念叨。

这个问题其实黑格尔注意到了，并且进行了东西方文化的比较。这个方面的论述出自《哲学史讲演录》论印度哲学的部分。黑格尔认为，东方哲学是主“流变无常”的，而西方哲学是坚执“有限”“特殊”的。两方面各有利弊，本应互相补充。但是，西方哲学至少自黑格尔那里，已经在考虑吸收东方哲学的长处；而遗憾的是，东方哲学一直都是延续着旧辙迹而无补充异质性的营养。

当然，黑格尔没有进一步分析其中的根源。东方国家为什么会有“无常流变”的主流思想呢？从哲学、文化讲，东方国家盛行的主流价值观就是“否私”“否己”，提倡的一直都是“天下”“国”“家”这样的东西。所以，个体性的价值、有限物的存在一直都是被否定的。

有感于中西哲学比较的讲座视频

我听一段抖音上讲中西方哲学差异的视频。我非常吃惊。这名教授竟然浑然无“概念意识”。比如，他讲中国哲学重生命情调，而西方哲学就欠缺这个。这个就属于“宏大叙事”。“西方哲学”这个概念太大了，从时间上至少可以从相当于中国的先秦时期的古希腊讲起，从空间上就涉及德、法、英、美，等等。据我所知，西方哲学也有道德哲学、宗教哲学、心灵哲学，等等。远的不说，单是克尔凯郭尔、叔本华、尼采、海德格尔、萨特，就非常关注人的生存问题。

治中哲者每爱比附西方话语

中国哲学与西方哲学不同，乃至于海德格尔、德里达都不承认中国有西方哲学那样的东西。

治中国哲学而讲辩证法，动辄就比附于“否定之否定”之类，此亦很不堪。夜翻金景芳、吕绍刚《周易全解》，谈及《未济》：“应该承认，他们已经意识到了一个伟大的真理，即：事物总是按着否定之否定的形式向前发展。”此说何等可笑！又谈及“乾知大始，坤作成物”，非要按照认识与实践的二分法，把“知”解为“知识”“认识”，而不是解为“主宰”“掌管”。

这种求同比附之风，既泯除了中国哲学的独特性，又曲解了西方哲学的话语。如身着旧衫长袍而勾肩搭背于西装革履的洋人，毫无自尊自重自信可言。

中西哲学的一个比较

用“成己”与“成物”的中国哲学语境，来阅读黑格尔《精神哲学》第413节，会有意想不到的收获。

中国古代讲“成己”与“成物”的合一，在黑格尔这里就是“自我”与“对象”的合一。“自我……是在他在中的同一性”，“自我”必须从自身建立“区别”，从“不是区别的区别”到“现实的区别”，这样才是“成己”的真实实现。换言之，“成物”是“成己”的必经之路。中国也讲“己欲立而立人”。但是，中国哲学忽略了这个“现实的区别”的重要性。中国哲学过于强调“天地万物一体”，事实上省略了这个“曲折”，导致“内圣”绝缘于“外王”。而本质上，一切“外”都是“自我”的另一面，本来就应该建立这个“外”出来。

“生的哲学”如何窒息了生机？

曾有不少学人提到，中国儒家是“生的哲学”。中国儒家思想，强调“生机”，强调“春意”，强调“活泼泼地”。这本身是好的东西。但我突然升起一问：这种“生机”是如何颠倒过来，而成为一种“严霜”，成为一种“道德的寒冬”，反而窒息了各种生机，反而导致了生命的活气丧失殆尽。

一种哲学，一种思想，应当是“活人术”。所谓“仁”，是春风吹拂大地，是万物生长，是生命蓬勃，是各种可能性的极大释放。倘若我用异在论来讲“仁”，那么“仁”就是各种“异”的极大包容。反之，所谓“不仁”就是某一种“同”来窒息各种可能性。

我的博士论文中曾经讲，“生生不息的否定力”应当是《周易》里的那种“一团生意”，是“乾知大始”的催动力量，是“元亨利贞”的那个“元”。它是活跃万物的，是“鼓天下之动”的。要避免那种死机一片，要避免“杀机”，更不要“杀气腾腾”。

回头再看，包括牟宗三在内，儒家思想家的“生意”“春意”多呢，还是“死气”“秋意”浓呢？反观我自己，是不是也有类似的问题？

关于中国哲学的未来

牟宗三一辈子搞康德哲学与中国哲学的融释，但始终还是局限于中国传统道德理想主义。中国传统哲学的最大问题，就是太过于“道德理想主义”，完全在观念的圈子里打转。马克思主义在中国的传播，其最大的贡献也许就是“物”（经济）的力量的强调。在未来，也许应该实现传统的“心学”（道德理想主义）与“物学”（唯物主义、经济学）的结合。

读张世英《九十思问》

今天读张世英《九十思问》，发现两点思想共鸣：一、批判传统的“天人合一”；二、承认“主客二分”值得汲取。这两点是我几年前私下就讲的，只是人微言轻而已。

对于张世英，我以前曾有不满，以为他助长了中国当代人云亦云讲“天人合一”而反“主客二分“的时风。这股时风根子在于海德格尔的输入与宣扬，但是，国人缺乏必要的批判。往往拿海德格尔做炫耀传统文化优势的工具（海德格尔还得向老子学习哩！）。今天读张世英先生的最新著作，我改变了对他的看法，觉得老先生的最新思考才是超越时风的独立思考。

“隐匿本体论”

我们思考的问题不是万物的本性之显现，而是世界本体以及万物的本性之隐匿。为什么会隐匿而且不得不隐匿？于是世间的伪装、掩藏、虚假就从而得到解释。在这个虚假的世界里，我们要寻找虚假的总根源。当然，这里的虚假不带有道德谴责的意味，尽管它会转向善恶的价值判断。隐匿的必然性或必然性的隐匿，这是第一问题。本性的显现或暴露为什么具有危险？这是因为，本性即事物的自身所是，但其“是”本身就具有其“非”，就具有摧毁其自身的可能性。我们认识一个东西的本性，往往就是曝光它，摧毁它。一个事物把本性亮出来了，往往就是把自己的致命性暴露出来了。其所是即其所非，就决定了向他者转化的趋势，就意味着“丧己”的潜能。我们进而也可以客观了解到，无论是邪恶的人或者政府，其隐匿性或伪装性为什么最突出。也因此，我们也该明白，所谓善人或好政府也不得不懂得隐匿之道。正是“隐匿”导致了世界的复杂性与斗争激烈性。我们思考的问题就是建立“隐匿本体论”或“隐匿哲学”。这样，它就可以心平气和地理解世界的邪恶与善良，了解伪饰与欺诈的总起源。

“奴隶哲学”

我是从农村来的，我小时候听得最多的话就是：“这都是命啊！”什么人讲这样的话，是什么样的情况讲这样的话？往往是农村妇女，往往生命遭遇了严重的伤害，比如包办婚姻，尤其那时候还有“换亲转亲”（女孩为自己的兄弟换媳妇，自己嫁到对方那里），怎么办呢？“认命吧，这都是命！”我小时候，大概是还没上小学的时候，去自己家隔着池塘的那家看新媳妇，新媳妇娇小白净的，我回来对大人说新媳妇很漂亮。可惜没多久，这媳妇就喝农药死掉了。她是被逼着嫁的。所以，有的人讲“命”的有无，我就不高兴。因为，“命”的本质就是“不可抗拒性”，但往往转化为“不该抗拒”的“认命”。有不只一个所谓大学教授讲“命”，或者如儒家讲“知天命”，我都不高兴。中国人能“忍”，与“认命”有关系。宣扬“命”的人，到底是什么目的呢？客观上无非就是要求你放弃抗拒、接受现实。所以，这样的思想是“奴隶哲学”而已。我读康德、黑格尔、马克思、尼采、海德格尔、萨特，等等，还没有遇见过赞同“奴隶哲学”的地方。

老问题：要不要论证过程？

我曾经讲过这个问题。拿中国先秦著作与大致同时期的古希腊哲学比较，就发现中国论证过程远不及柏拉图对话录所展示出来的那样重重叠叠、不厌其烦。最近重翻李泽厚先生的对谈录，其中有部《中国哲学登场》(中华书局，2014年)，里面有篇《玄奘怕丢人，不敢译〈老子〉》，其中讲："老子和禅宗，都不作论证。分析哲学在中国始终不吃香，维特根斯坦比海德格尔在中国的影响差得太远，大概也与上述中国思维的特点有关?"这里且不说维特根斯坦著述多"语录体"而表述多简略的问题，单就中国思维特点说，这个讲法值得注意。但随后李先生提出一个新的"哲学观"："哲学主要是制造概念，提出视角，如果它们是独特的，站得住脚的，那就可以了。"言外之意，哲学不必注重论证过程。

我最近又在重翻黑格尔《精神现象学》，在《序言》中，黑格尔与重直观而忽概念，重启示而忽明晰的作风进行斗争。黑格尔拿"树"做比喻，指出单纯的"橡实"是不能让人满意的，它必须展开为"一棵身干粗壮枝叶茂密的橡树"。"没有这种发展形成过程，科学就缺乏普遍理解的可能性，就仿佛只是少数个别人的一种内部秘传的东西……只有完全规定了的东西才是公开的、可理解的，能够经学习而成为一切人的所有物。"(贺麟、王玖兴译)可见，在黑格尔看来，有两种知识形态，一种是"内部秘传"的，它常常是"先知式的言论"，"蔑视规定和确切，故意回避概念和必然性"，它没有详细的充分的展开过程而多是格言警句；另一种则是"一切人的所有物"，是人人可学的，因为它不是玄秘的而是普遍的。且不说黑格尔是不是全对，至少黑格尔的知识学的立场是挺注重"平民百姓"的。

李泽厚先生的"哲学观"还是中国传统的思维方式的产物。它还是注重"结论"而不大重视"过程"的。这种观点至少与黑格尔的"哲学观"是对立的。这里倒不是争论谁对谁错，而是提出一个问题：要不要论证过程，要不要让哲学"能够经学习而成为一切人的所有物"?

偷不走的哲学是一种整体现实生活

有人说，你公开讲自己的思想不怕别人偷窃观点去提前发表出来吗?我是最不怕这个的。原因是我的思想是一个整体，它基于活生生的现实生活。一种哲学实质上就是一种生活。能偷走的只是个别观点，偷不走一种哲学。

我的“异在论”任由别人偷，任由别人说，倘若是真理，由不由我发表没关系。话说回来，这个“异在论”没人可以复制。我有这个自信。倘若有人根据个别观点把它拓展到一个完善的体系，那是真的厉害！

灵感啊，零星火花啊，人人都有，但要推开为一套话语体系，那就太难了。中国古代文论，论体系性著作就《文心雕龙》一部，这足以说明问题。

你偷个别的东西可以，但几乎没有人可以偷体系。这好比你偷家里的家具可以，但无法偷走整个家，尤其无法偷走那整个环境。

祛魅（disenchantment）与复魅（reenchantment）的哲学思考

刚才看了一段赵冬梅教授与马未都的一段视频。赵教授主张要历史还原，要追求历史真相。我看马未都一脸不以为然，他说：历史没有真相，不必要非要这样。赵教授强调要历史细节。马未都则举“司马光砸缸”的故事，问这个故事是不是真的。赵教授据文献资料说是真的。马未都说：根据文物考古，宋代那时候根本烧不出那么大的缸！留给赵教授一脸懵。

这个视频本身我不想多说。我想讲的是：知识学倘若不考虑价值取向而采取一种所谓价值中立（注意：绝对的价值中立是没有的），仅仅根据有限的认知去寻求所谓的真实，就可能导致普通人认知的混乱与价值迷失。比如，赵教授说北宋杨家将的故事很多是假的，这是一种“祛魅”，一方面固然告知大家一些历史事实（姑且不管其学术能不能立），但另一方面则破坏了人们对于杨家将忠肝义胆的崇敬，这种价值观损失是很难估量的。

实际上，西方已经开始纠正现代主义、后现代主义的“祛魅”恶果。而最早发现“祛魅”之弊端的，恰是提出这个概念的马克斯·韦伯本人。他的《新教伦理与资本主义精神》等书，都讲到精神迷失的后果。近来，更有学者主张“复魅”，实质上就是恢复那种价值精神。

由此，更需注意中西哲学的差异。中国传统文化，尤其是道家文化，是注重“隐”的，拒绝曝光，所以老子讲“玄”（就是“幽暗”），以保持一种神秘感。这就是“魅”的呵护。西方近现代哲学，则是推崇“光”的，从黑格尔到海德格尔，都注重

“显”，注重“敞开”，这是刻意曝光一切的追求，实质上是“祛魅”这个主流。海德格尔后期意识到了弊端，开始讲“澄明”与“遮蔽”的二重性，但主要还是侧重于“明”。

所以，真要讲“复魅”，就要讲“隐”与“显”、“玄”与“光”的关系。程颐讲“体用一源，显微无间”，但实则是要区别的。道家哲学有其弊端，但就“复魅”讲，其重于“隐”“微”的方向，是值得重估的。

文化比较随笔

漫说“人生没有意义”

一所谓名人说：人生没有意义。还说：你若是不了解不正视这一点就是没有参透。这种价值虚无的观点虽然可以讲，但是却暴露出来基本的无知甚至狂妄。若言“人生没有意义”就必须界定“意义”。连叔本华在内，连萨特在内，都不是没有前提基础来讲人生的。比如叔本华讲人生如钟摆，摇摆于厌倦和痛苦两极；再比如萨特讲人是无用的激情，但是，两人都是用两厚本书来论证的。当然，照搬别人的观点也行，但是，不要就一副参透人生的架势，因为不过是照搬别人的那一套罢了！讲人生的虚无，还有比佛教讲得更多更深的吗？“苦集灭道”“缘起性空”之类的背后，仍然没有走向否定一切意义。佛教讲，人只认识到“空”还不行，还要“空空”，也就是把“空”否定了，从而“回向”此岸，肯定“庭前柏树子”即“祖师西来意”，这就是在有限中确证终极意义。就“人生无意义”而言，一说“无意义”就已经在建立“意义”了，只不过建立起来的是“无意义之意义”。所以，这种局限于“无意义”的否定才是“没有参透”。达到“无意义”的“无”，只是一个环节，还要进一步达到“无之无”，这就是重建“意义”，从“否定”进而“否定之否定”，实现“神圣的肯定”。最后，“人生意义是什么”与“人生有无意义”也不是一个问题，在搞清楚这些之前，倒是要追究“人生有没有意义”之问的根源。为什么会提出这样的问题？这一问题性奠基于何处？这里面就涉及哲学的终极问题。但是，无论如何，能够提出这样问题的人，本身就已经超越于现实生活，已经在进行“形而上学之思”。能够进行这样运思的人，其生活往往不再是受物资匮乏的束缚，而是陷入了“精神匮乏”“意义贫困”之中。那么，与这个“精神匮乏”“意义贫困”做斗争，这本身不是意义吗？在这样的时代，当代人普遍面临着传统价值观的崩溃，主流意识形态越来越让人失望。所以，很多主张“人生没有意义”的人，有可能只是表达一种情绪，就是一种姿态，表明他不屑于“意义的灌输”，不满于“价值的说教”。这恰恰说明，这一言说极有意义，且不论是非，至少有“弦外之音”。

简说“亵渎神圣”

人类的进步，往往是以“亵渎神圣”的方式开路的。如果我们了解西方的文艺复兴运动，阅读《十日谈》《巨人传》，就非常清楚这一点。中国历史上也有过“亵渎神明”的例子，比如禅宗的“呵祖骂佛”。但是，中国主流一直是“祖宗崇拜”。好处是缺乏颠覆性的变化，所以就传承因袭悠久，比如建筑史，从早期的房屋建筑到明清建筑，明显地具有一贯性。中国传统文化在先秦诸子那里奠基，然后就陈陈相因，中间受佛教影响才有点异彩。西方文化，从坏处看，相比之下当然就连贯性、传承性不如中国，但从好处讲，就是异彩纷呈、丰富多变，一浪又一浪。但是，西方文化实质上也有连贯性，怀特海说，西方哲学都是柏拉图注脚。西方文化的源头一直稳定，特别是古希腊文明。但是，西方文化最可贵的是即追溯又敢于批判。比如海德格尔，他屡次讲古希腊哲学，但是，就敢于颠覆柏拉图以来的传统。再比如尼采，就敢于咒骂苏格拉底败坏了悲剧文化。

简说“道德”

网上看了复旦大学杨泽波老师的毕业典礼发言，有所谓“三不”之说。杨老师是搞儒家哲学的，他的关于牟宗三的书我还买过。姑且不说观点，在我看来他的论述实质上尚不够“哲学”。感觉情绪化的东西多，理性论证的质量不足。单就道德来说，我认为要一分为二。一方面，遵守道德约束有利于自己的为人处世，也就是便于被社会接受和认可。这方面我倒是推荐一本好书《道德的市场》。这本书从效益成本的角度来讲“道德成本”的问题。我觉得比很多“高头讲章”有说服力。另一方面，道德伦理具有时代局限性，到了一定阶段就构成了社会发展、人性发展的障碍。杨老师引用黑格尔，却谈的不是道德问题，黑格尔对于“德行”有非常深刻的洞见，在《精神现象学》等书中，对于道德世界观有过批判，也对康德的“道德律”进行过批判。《共产党宣言》讲，“一切神圣的东西都被亵渎了”，这就是封建主义的必然命运。提不出“个体化原则”，不懂得“恶”反转为“善”“私欲”反转为“公益”的辩证法。而这些方面，恰恰是西方哲学、经济学都反复论述过的。

说“爱”

施特劳斯：“真正的爱不是占有，而是帮助被爱者成为他自己或她自己。”(《尼采的沉重之思》）这个意思我以前也讲过。真正的爱不是束缚，而是解放，不是改变对方，而是成全对方。而世俗的爱之所以扭曲，在于束缚对方、改变对方。真正的爱，是互相成长，同时享受对方成长的快乐。世人把爱功利化了，于是变成了利益，进而带来了斗争与冲突。真正的爱，是绽放生命之美的催化剂，而不是摧残生命的利刃。真正的爱是生命的巅峰体验，是感激对方的存在，是了解自己的局限性，是积极提高自己的动力。真正的爱是创造意义，而不是剥夺意义。真正的爱是暴露缺点而接纳缺点，而不是掩饰缺点、伪装自己。真正的爱，是在对方那里看到生命的独特性与奇异性，而不是让对方成为理想的自己或者同化于己。被爱者不是手段，而是目的，不是脚踏的路，而是回家的根据。真正的爱是“道”，是“无私而成其私”，是尊重与捍卫双方的自性。

“自性至上论”

万物皆有自性，实现自性、维持自性是一切生命的第一冲动。反之，一切生命都要与否定自性、压抑自性的阻力做斗争。如果有事物或生命采取了逆来顺受的方式，不是反抗而是忍受，那么倒不如说，这种“逆来顺受”就是其自性。如果我们主张万物皆依自性而行，则这个世界的法则就是“自性至上”。所谓“道法自然”，“道法”即“自然”，“自然”即“自性之然”。中国古代郭象讲“独化论”，本质上就是强调“万物自化论”。也就是说，万物都是追求按照自己的本性运动变化的，除此之外，并没有什么力量是至上的。宇宙之内，虽有天地人三才，然而“域中最大”却是“自性”。人生的意义是什么？确证自己的本性，守护自性清净，这就是人生意义。你按照自性运动，虽动而静，终日奔波劳碌而不妨自性安定；反之，你没有自性的醒觉，没有自性的自信，即使终日枯坐、床榻长卧，也是虽静而躁的，虽整日闲而整日烦的。自性即清净，故曰自性清净。能知自性清净之理，则人生处处有意义，时时得自在。所谓“自在”，就是“依自性而在”，摆脱“依他性”而“常守自性”即得“自在”。“自性”若牢固，虽暂时“依他”“从他”而仍不失“自家面目”。“自性”的“家园”常在，虽远游何妨？“自性”不离身，他乡即故乡！

生命是“自我肯定”

人生当求幸福，或人生当求快乐。这种答案总是似是而非。或者说，与其说是答案，不如说是争议。因为，“幸福”“快乐”不仅因人而异，而且因时而变。换言之，“幸福”“快乐”都是不牢靠的主观性，常常混同于“感觉”“心情”，这就如烟似幻，风一吹就散了。我倒是想提出一个命题：“人生就是追求自我肯定。”人的外部追求，权力、金钱、美色、美名，说到底都是“自我肯定”的转化形式。人们总是难免于人前炫耀或展示这些东西，说到底都是为了换取“自我肯定”。因此，人的一切追求都是证明自己的“是”。甚至于当他自我否定的时候，作为“否定着”的活动，也已经是一种“自我肯定”。只不过，他是以否定为肯定。当他坚信一种“绝对否定”，实际上他已经在肯定自己的“坚信”“观点”。即使一个人自杀，他也以“自我否定”的绝对行动来完成了“自我肯定”，即，他以行动肯定其观念：生命该结束了。

政治与学术

政治是什么？政治就是围绕着现实利益的斗争及其和解。政治需要总是有限目的性。它现实针对性越强，其目的性越有限，其速成性越大，其反目的性也越强。也就是说，一切政治需要及其满足，都具有暂时性。现代政治，往往是以“届”“任期”为限制条件，这更决定了其阶段性、短暂性。真正的学术应当与政治保持合宜的距离，最好是超然物外，原因就是，学术追求长期有效性，尤其是经典具有超越性。学术靠政治太近，最终还是害了学术，是为了一时需要而放弃了长远发展。政治往往利用学术，但是，不好的学术也会危害政治。

说“改变”

当我们改变别人或改变自己的时候，却往往省略了一个审查步骤。这就是，“改变”的合法性是什么，或者，“改变”的目标是正当的吗？向着谁而改变，为什么而改变，改变的后果是什么？如果没有审查这些环节，所谓改变就是匆遽的、莽撞的，也只能是不负责任的。“变得更好”“使之更进步”，在一切改变现实的要求后面，必然基于进化的理由。但是，其中的标准是什么，由谁来确定呢？“被改变者”或“被迫改变者”自己的要求与愿望获得考虑与尊重了吗？父母、师长经常对子女、晚辈、下属提出“改变”的要求。但是，这种“要求”总是正当的吗？当我们理直气壮地“改变世界”时，尊重“世界本身”吗？

文本演变的“后来居上”

文献版本的订正，总是一种“合理化”的工作。每一个文献校证者都是从自己的理解出发，来追求一种“合理化”的文献形态。一部老子的流传史，就是文本的系统性、条理性不断增强的完善史。尽管最初它可能成于一人之手，但是，在流传的过程中，它迭经演变，已经变成“集体创作”。越到后面，它的内涵越丰富、条理性越清晰、系统性越成熟，这个现象不见得就是坏事。与其纠结于最初的“本真”，倒不如贞认这一事实。我们的文本解读总是“上下回溯”的循环，一方面寻找最原初的样貌，另一方面则只能基于当代性的认知条件、个人学养。而在这反复“兜圈子”的文献盘桓中，最关键的是能不能增值新的东西。所以，“后来居上”就是当有之义。文化如积薪续火，理当如此。

“瞬间性崇高”的局限性

有一个非常美妙的叫法，“瞬间即崇高”。然而这种观念的局限性是值得一而再再而三地揭露的。根本的弊端就是，它缺乏稳定性、持续性、普遍推广性。我们讲诗学固然可以这么讲，但是，从道德哲学、政治学的角度，就非常有问题。有的人谴责贪官污吏的阴阳分裂，台面上表演一套，背后另行一套。但是，除了谴责之外，应当理性思考：如何不依赖于一时一地的“崇高”，如何摆脱这种“表演”现象？我们教育孩子也会遇到类似问题。有的孩子，通过“动之以情，晓之以理”，一时间确实很振奋，充满了干劲，但是，仍然保障不了日常学习的持续稳定性，甚至最终依旧沉沦。因此，“瞬间性崇高”是靠不住的，“兴发感动”的刺激作用是非常有限的。我们应当思考、探索更为有效合理的方法，寻求让人长期稳定发展的合理途径。

“分”与“合”：中西思维的一个焦点性分歧

讲中西思维方式的差异，尤其是讲中西哲学的差异，就要绕不开“分”与“合”的关系。我之所以锲而不舍地批判“天人合一”思维，根子也在这里。中国人重“合”，但是，对于“分”的积极意义一向重视不够，甚至强烈排斥“分”。在这个问题上，我就要大大地表彰明末清初的方以智。有人说王阳明是中国哲学的最高峰，这个观点我个人不认同。我认为方以智才是最高峰。方以智具有非常重要的辩证法思想。他的《易余·性命质》讲：“高悬性命者，苦不能合矣，正苦不能分也，苦于不知言即无言矣。”他的《东西均·三徵》讲：“分合合分，分即是合。”这都是对于“分”加以高度重视。但遗憾的是，方以智的思想并不是中国传统哲学的主流，以至今日也没有引起足够重视。

中国传统主流是重“合”而反“分”，著名的就是老子讲的“大制不割”。但是，他不懂“割”有“割”的道理。比如，我们讲“天人合一”，但事实就是“人”不是抽象的，而总已经是一个个肉体凡躯。这就已经是“割”了。这个“割”是现实，那么，你非要“合”，凭什么呢？你不能凭借某一个人说“合”就“合”。你比如王阳明，他能“合”吗？事实证明，他“合”不起来，照样“满街都是凡胎俗子”。

像黑格尔就不这样讲。黑格尔也讲“合”，讲最终回归到“同一性”，这激起了阿多诺的强烈批判。这且不说。黑格尔其实很重视“分”，他讲“合”是基于“分”。“作为实体，精神是坚定的、正当的自身同一性；但实体即是自为存在，它就是已经解体了的、正在自我牺牲的善良本质，每一个人都分裂这个善良本质的普遍存在，从中分得他自己的一份……但恰恰这个实体是在自我中解体了的存在，所以它不是死的本质，而是现实的和活的本质。”（《精神现象学》第六章，贺麟、王玖兴译）黑格尔认为，所谓“至善”那个“大全”必须自身分裂，“天”必须碎散为亿万的个人，这样它才是活泼泼的生命。“一”必须散为“万殊”，“至善”必须堕落成“众庶”，这就是“圣”自我牺牲地化成“俗”。这里，我改用先刚译本，突出这段话最关键的一句话：“本质的这种瓦解和细分恰恰是全人类的行动和全人类的自主体的一个环节，这个环节是实体的运动和灵魂，是一个已经实现的普遍本质。”这句话正代表着迥异于中国传统主流思想的西方哲学精神。

“分”与“合”的关系的政治学、道德学的具体运用，则是“私”与“公”的矛盾，或者说，是“个体性”与“公共性”的关系问题。

中国传统主流思维方式是“肯定性思维”

在课堂上讲到理论研究需要批判性思维，即本质上的否定性思维。但中国传统主流的思维方式却是“肯定性思维”。这种思维方式，多是肯定当下，接受现状。比如黑格尔的名言“凡是实在的都是合乎理性的，凡是合乎理性的都是实在的”，这句话有不同的理解和翻译，但在中国最流行的形式就是“存在即合理”。这句流行语把黑格尔哲学的保守性的一面推在极端。其本质性的原因，就是它极其符合中国人主流的“肯定性思维”特质。我们信奉马克思主义，但马克思恰恰批判过黑格尔哲学的保守性，马克思讲辩证法，其核心就是“批判的和革命的”。马克思最不崇信任何现存的事物，这就是批判性思维。

中西文化差异一例

萨特哲学强调“及物”。他讲人是“虚无”，但“虚无纠缠着存在”。人必须纠缠着异己的存在才得充实，反之，与物绝缘则自己是“空”的。所以，人的存在就如“洞”，于是产生“填充”的冲动。（《存在与虚无》第一章与末章）对于萨特来说，人的“活”就是“纠缠”。物极必反，“纠缠”他物终变成“作茧自缚”。中国传统向来强调“绝缘”，从与他物、外界的撕扯中摆脱出来，离物而返己。所以，中国传统文化主流是“不及物”的，是“解缘”而不是“结缘”，一切“结”都是“疙瘩”，所以要挥剑斩去。读中国古典，常常可见“逐外”的批评，要求必须“回向自己”。所以，中国人与萨特对于“虚”的诅咒心不同，中国人喜欢“虚”，尤其是老子哲学为最。

中西文明从互斥到共融

中国未来，应有继承西方优秀文化并成为出色的传承者的追求。比如说，德国，与希腊是不同的国家，但是，德国有一批哲学家如黑格尔、尼采、海德格尔，都是有追慕古希腊文明的情怀甚至以继承发扬希腊传统为志业的。未来中国也要融合西方文化的长处。

有没有具有东方偏见的“西方学”？

萨义德的《东方学》影响很大，主要是揭露遭到西方主流知识界歪曲的“东方”形象。换言之，所谓的“东方”是被西方的文化偏见塑造出来的。因此，这是一部颇具启示性与争议性的书。其实我近几年也在想中国人的“傲慢与偏见”问题。在阅读学生的作业时，有学生提到孙绍振和孙彦君的《文学文本解读学》，该书作者认为“西方文学理论对解读文学文本而言是低能甚至无效的”。此论我很吃惊。孙绍振先生的其他大作我是拜读过的，但还是不认同这一主张，认为里面有明显的问题。“西方文学理论”这个概念太大了！如何论证它的“低能甚至无效”呢？就我所知，“英美新批评”是搞“细读”著称的。燕卜荪的《含混七式》仅对于“含混”就进行了细致的文本分析。我阅读过波德莱尔、奥登等人的诗歌文本分析，读过布鲁姆的文学作品分析，读过伊格尔顿的《如何读诗》，我不一定就赞同这些解读，但是，我绝不认为这些解读是“低能甚至无效”的。因此，这种论定我非常吃惊，这远不是严谨的论定。

曾经，我非常崇拜熊十力先生，以至于爱屋及乌，他的四大弟子的书我也一一拜读。但是，随着知识见解的提高，我感觉到熊氏的“傲慢与偏见”，他所揭示的“西方哲学”是戴着有色眼镜的。他的高足，可谓最有哲学成就的牟宗三先生，也因老师的影响，在论述西方哲学时似也不能做到公允客观。我也曾经崇拜过钱锺书先生，他的代表作无不精读熟读，但是，我在黑格尔与老子的关系上，认为他是有成见的。

以上这些就表明，我们中国人有一个独特的“西方学”。古人云：“知己知彼，百战不殆。”我感受到一些国人的盲目自大，总是有意无意之间就贬低西方文化。这与崇洋媚外一样，都是不可取的。

关于中西文化

捍卫中国文化的独特性（异质性），就要与那种简单比附于西方文化的治学方法划清界限。要勇于承认这一事实：西方有的，我们没有。而那种竭力证明西方有的我们也有的观念，危害性极大，不仅混淆中西方文化的殊异性，而且不利于中国取长补短。

中国吸收异域文化，进而凝铸创造新文化的历史进程不是一蹴而就的，而是漫长的、曲折的。同为东方文化的佛教文化，中国吸收它改造它用了至少一千年（从汉传入佛教至宋新儒家形成）。西方文化远比佛教文化复杂，中国要消化改造它需要多长时间呢？

中西方文化论辩中的论证问题

有学者否定（中西方皆有这样的学者）中国古代有科学、哲学。于是有不少具有爱国情怀的学者，进行反驳，认为中国同样具有科学、哲学，只是与西方式的科学、哲学不一样罢了。这个思维方式可以概括为“中国式思维”。即是说，我们有“中国式”的科学、哲学。

但仔细推敲一下其论证破绽。对方之所以不承认中国古代有科学、哲学，其心目中的科学、哲学正是以西方的科学、哲学为标准的。你可以说，我干吗认同你的标准？你这个标准是“西方中心主义”，是文化偏见。我要重新拟一个标准，拟一个定义。问题在于，这个策略并没有真正驳倒上述观点。

西方后现代主义文化本质

我说西方后现代主义文化是“亢龙有悔”的“夕阳哲学”。这个“亢龙有悔”是准确的。西方后现代主义文化是对于现代性文化的反思，而其肇始，就是两次世界大战。这两次世界大战是“亢龙”的暴戾性体现，所以，“有悔”啊！霍克海默、阿多诺《启蒙辩证法》，阿多诺的《否定的辩证法》就是“悔”的典型代表。海德格尔《存在与时间》、萨特《存在与虚无》都是两次世界大战为背景的，前者出版于 1927 年，后者写于二战战俘营。但海德格尔“悔”得更彻底，也更复杂，他的前期与后期也有明显的区别。到了后期，他近乎走火入魔了，在关键大字眼上打叉。但他死后才发表的《明镜》记者 1966 年采访，暴露了他的思想无力感与绝望感。所以，“悔”既是好事也有弊端，那就是觉得现代文明的意义虚无，就会为产业空心化提供思想基础，因为工业化、物质文明没意义嘛！所以，中国恰恰不能还没有发展就开始“悔”了。

粗聊中西之别

东西方文化传统，从轴心时代开始，就孕育了以后的异趋之路。西方的辩证法本义就是对话，而中国同期的《论语》《老子》都是断语式的。苏格拉底的对话总是开放性的，他从始至终都没有唯一的答案来要求别人信从。而孔、老倾向于讲出来一个高于一切的东西。

《申辩篇》为例，这本来是苏格拉底死前的辩护词，他有自己的价值立场，但是，在最后他的话说：我去死，你们去活，究竟哪一个更好，只有天知道。他并没有把自己的追求当作铁板钉钉的真理。

再从希腊神话来说，西方神话里的神多是“放大的人”，有常人的情欲冲动。马克思说：希腊时代是人类健康的童年。中国的“圣”“仙”“佛”不是宙斯那样的“流氓”，而是剔除了情欲冲动的。直到后来，即使是济公这类的异端，也不是主流。

“忧患意识”的本质

“忧患意识”是儒家文化的传统。其代表性的表述就是孟子的“生于忧患，死于安乐”。其实老子哲学里也有“忧患意识”，他讲“多易必多难”“图难于其易”，就是对于“难”很重视，他认为选择“易”会走向“难”，而选择“难”则走向“易”。

“忧患意识”的本质是什么？简单地说，就是生命对于危险的意识。任何生命体，第一是生存，第二是发展；但是，与此同时，就意味着对立面的存在，意味着“存在”与“发展”的否定力量。费希特讲，“自我”必然遭遇“非我”。所以，“忧患意识”的根源在于，生命遭遇着生存威胁，也就是与“自肯定”相对立的“异否定”。当然，孟子从正面肯定了“忧患”的积极意义。正是由于外部环境的“不”，反而激发了自身的“是”。哈姆雷特的疑问实质上也是这个问题，面对各种“不”，“去是抑或不是”(To be or not to be)。我以前也讲过一部书《存在的勇气》(*Courage to be*)，做人就是要“自我肯定”。黑格尔“否定之否定”的一个核心内涵就是“返己”，其实质就是“否定自己的否定物而重建自己”或“在异在中确证自己”。

“忧患意识”就是对于“异否定”的意识。由此，发奋图强，激发出一种在对抗中建立自己的强大力量。所以，扭转“不”而成为“是”，正是“忧患意识”的积极作用。

毁誉不一才真实

读第欧根尼·拉尔修《古希腊名哲言行录》，会发现柏拉图、亚里士多德等哲学家的形象不是单一的而是多面的，不是完美的而是有缺点的，甚至非议纷纭。面对这种情况，可能有的人觉得西方哲学家修行方面不足，或者道德实践有亏。但是，或许可以换一个角度，那就是，有缺点的巨人更真实。其根源或许在于，哲学家的生活环境是多元的价值取向，故其时人们的认识不是单一的，而是具有批判的可能性。这个道理并不难理解。“众人皆誉之”或“众人皆毁之”，都不如“有人誉之，有人毁之”。这种虚假的“完美”之所以出现，根源于什么是不难看出的。因此，“有人誉之有人毁之”的现实环境是值得提倡的，被这样评价的人才是真实的、有性格的人，而不是“乡愿式”的老好人。

读书回顾

通往真理的路是迂回。我用近一年的时间，重新阅读了亚里士多德、斯宾诺莎、康德、黑格尔、海德格尔等人的主要著作。这次阅读过程中，还对前苏格拉底的哲学进行了补课。这些阅读有力地促进了我对老子哲学的思考，以及对中国传统文化的反思。此外，还对西方自然科学知识进行必要补课。这些努力，都是为了践行我自己提倡的“中西双维度视角”。这样的功夫是长期的，而不是一时苟且求用的伎俩。读书越多，越知道反反复复进行检验的必要性。我们的生活是变化的，我们自己的体验和想法是容易随波逐流而多变的，这就更有追求稳固的知识体系的必要。在“动变”中“贞定”，这就是哲学理论的意义，也是理论思考者的致力之处。

为学的大与小

境界愈高则开放性越大，境界愈卑则自闭症严重。“大思想家的唯一特权始终是，让自己受影响。与之相反，小思想家则苦于他们的原创性局限，因而把自己锁闭起来，拒不接受远道而来的思想的流入。”（海德格尔《什么叫思想》第九讲）有的人读书自设槛限，这也不读那也不读，任性可笑如挑食的孩子，则其鸡肚之小殊可见。而我曾读王国维、陈寅恪、梁启超，则见其人为学之不拘中西的恢宏。

“生命的活动在于加速生命的灭亡”

估计只有黑格尔才会写出“生命的活动在于加速生命的灭亡”（《自然哲学》）这样的酷句。有的人总是莫名伤感生命的凋零，尤其脆弱地激动于谁谁的英年早逝。实则，我们人类活着就是制造“英年早逝”，无数的动植物都“英年早逝”。每个人都有自己的生命长短，早晚都要死，何必计较长短呢？这个道理《兰亭序》已经讲到。所以，除了必要的健康生活，其他的事情就交给生命自身的发展吧。比如“养生”之类，一旦超出正常范围，就会走向其反面。

学术也是名利场

不要把读书看得多高尚，学术也是名利场。有些人就是利益攫取者。这也是正常现象。我以前是愤嫉这些事情的，但现在开始看淡了。社会就是这么个社会，哪里有利益聚集，那里就有是非争斗。利益很诱人，有力者据之，智巧者谋之。

比如黑格尔哲学吧，也是一个特殊的领域。有的人会翻译会德语，就俨然是最正宗的。固然，我们要承认人家这方面的优势，并充分利用和借鉴学习，要对于一切学术贡献报以敬意。但是，倘若搞成一个圈子，甚至建立垄断性的势力，这就是问题了。学术是天下公器，书既出版，就是人人可读的。再者，哲学研究之区别于一般学术，就在于批判性和创造性。首先还是自我批判性，善于自我否定并善待他者否定。

黑格尔哲学是一块肥肉。尽管曾经火过又冷寂，近年还是有复兴之势，所以有智之士亦不乏用力于此者。读黑格尔我觉得还是要平常心。下笨功夫，十年二十年都不是事儿。要做好一辈子也读不透的思想准备。我甚至认为，“读懂黑格尔”本身就是不好讲的，因为这里面具有主观性。

还是那句话，任凭他人去争。我自寂寞读书，这既不高尚也不卑下，而是一种平平常常的生活方式。就好比有人吃米饭有人吃馒头，只是兴趣各异。当然，会有争米饭或馒头的事情，也随他去，他能吃就多吃点，我胃小就少吃。

自纠我的“道德自负病”

我受中国传统文化影响很大。儒释道的书读过很多种。我受马克思影响也很大，以前老有“解放全人类”的冲动，老是痛恨资本家昧良心，等等。像岳飞《满江红》，文天祥《正气歌》，少年时代极喜欢。我读方孝孺，热血沸腾；读刘宗周，激情澎湃。

但是，我近来批判“道德自负”，就想到自己的这种病。以前，我看佛书的时候，里面讲不要“满脸佛气”。什么是“满脸佛气”？一般是佛教初习者，刚刚读佛典，搞修行，于是看周围都不顺眼，都是“俗不可耐”之辈。我觉得自己以前也有，现在也可能没有根除。

有的人读儒家经典，可能读着读着就有“立志做圣人”的架势了。我曾经做过一个梦，梦见自己脚踩西湖的莲花瓣，风行水上。醒来激动得不得了，觉得自己“得道”了！实际上，只是自己的虚幻一场。这就是“病”。我不知道其他人有没有这种读书导致的“道德自负病”，反正我有过，就写出来作为警示。“道德的自负”，就是优越感十足、正义感爆棚，老是瞧不起别人，老是贬低别人的生活欲望，这本质就是“道德干预”“道德评判”他人的生活。现在我觉得自己不够格。我觉得自己之所以没堕落，可能是外界诱惑不够或者自己本钱不足。

不要老想着拿自己的“善”的标尺来丈量世界。不要以自己的标准来劝人“向善”。“天下皆知善之为善，斯不善矣”，这就是“善极必恶”的辩证法。因此，“道德自负”是一种病，得治！

真正的低调是不要“道德自负”

读书最终还是冷暖自知的事情。达到温饱之后，就要适当超然于世俗而读。那些争名夺利的事情，让别人去做，而且也要理解并接受别人这样做。

我读《维特根斯坦传》，最佩服的是他勇于舍弃继承的大笔遗产，过着困苦的日子，宁可去小学任教。他的家族富得不得了，但他执着于真知而孤往独行。他的这种困窘生活纯粹是“自找的”，可能在很多实用主义者看来就是“傻子”吧。中国历史上有类似的“傻子”，比如玄奘法师，非要冒着生命危险去“西天取经”。

世界是多元的。各种追求都是自作自受。所以，对自己的追求不必妄自尊大。无论是“善”还是“不善”，都是“道”应当“保”的，因为所谓“善恶”的界定毕竟不是永恒的，更不是绝对真理。

论学习

学习的前提就是自我克制（克己），懂得限制自己的欲望盲动，懂得限制自己的主观臆想，从而让对象得以本真地在场，让对方更好地实现自己。简单地说，学习就是“让出”，从而辟出对象到来之空地。因此，学习就是“虚以受之”。不懂得虚心，不懂得牺牲自己，就不懂得学习。而太多的人让自己的声音压过了事情本身的声音，只顾着喧闹而不能倾听，只顾着表达自己而不能让事物自我表达。所以，他们不懂得牺牲自己，就是不懂得让世界本真地现身，他们只局囿于自己，在事物中只看到自己的映像，于是越发成为自恋狂。而这样的人就是不会学习的人，虽终日读书而自闭，虽貌似求知而无知。知，是向着异己者的敞开，是让他者进入的允诺。学习，就是与异在打交道。学习，就是异质性的吸收和融合。学习，就是克服自己的“独”而期待“共”，实现“自”与“他”相结合。

或许该读读英国思想名著

利维坦，利维坦，个人相对于单位是渺小的，单位就是利维坦。这是近来跟单位打交道的心得。写作《利维坦》的霍布斯了不起。

西方思想家尤其是英国的，务实而尖锐，观点可能让“温良”的中国人听了不舒服、刺耳，但是，事实证明比较符合现实。中国思想家多是理想主义，比较现实的都不受待见，比如杨朱、韩非。像我这个人比较理想主义，又是农村出来的，晚熟，所以必须经历了生活的苦头，才认识到英国思想家的厉害。像休谟、亚当·斯密，也很了不起，洞察人性。作为农村出来的人，我真建议多读英国书。这是自己吃亏后悟出的结论。英国人务实，经典名著比较不那么“高大上”，但是，诚实、朴素。

我以前是不可救药的“堂吉诃德”，喜欢玄虚的思想，德国古典哲学一直嗜好。但生活经历告诉我，具有英国人的精明不容易吃亏。

谈海德格尔与福柯

从海德格尔、福柯那里最重要的是，学习其方法，尤其是处理材料的方法。海德格尔有了不起的处理哲学文本的才能，尽管他有时过度依赖语源学的解释技巧，尽管他有时过度“牵人就己”。福柯了不起的地方我觉得，就是他往往能从生僻的史料中发现新问题，他处理材料有一套解释技巧，不拘一格，或历史或文学，总能运用于自己的理论运作。相对于海德格尔而言，福柯更具可学性，相对于传统的哲学著述来说，避免了一般人印象中的“空”的缺陷，而体现了一定的“厚实”的“知识考古学”的功底。我近年来一直在揣摩这两个人，所得不仅是观点，更重要的还是方法，是处理好自己与他人的理论关系。哲学不能仅仅是“自说自话”，要与传统与学界进行对接，要置身于学术史、知识共同体来谈问题，要与既有的成果进行有效的对话。可以说，这两个人都提供了足资借鉴的东西。

“特点”须经比较得出

欲讲“特点”，必须经过比较的过程。比如讲“中国哲学的特点”，就要通过与世界的其他哲学相比较，来证明“人无我有”或者“人有我优”。我看一些讲“中国哲学特点”的书，包括牟宗三的《中国哲学的特质》，在论证“特点”“特质”之为“特点”“特质”方面是不够充分或尚需补充的。作为“特点”“特质”，不能是肤浅的、表面的东西，比如“天人合一”，西方固然没有汉语这样的表述，但是，实质性的东西人家有没有？如果“天人合一”就是指人与世界的和谐一体，就不能说人家没有这方面的东西。比如人家讲“三位一体”算不算讲一种整体一致性？一切都是上帝的造物，包括人，这种理论算不算把“人”合于“天”？所以，不能从字面上看，要从精神实质上来看。有人指责黑格尔搞“主客二分”，然后褒扬中国的“天人合一”。但是，黑格尔把整个世界看作绝对理念及其异化，这不也是一种“合一”吗？“概念由于他有而实在化自身，并且由于这个实在的扬弃而与自身融合，并且恢复了它的绝对实在，它的单纯的自身关系。”(《逻辑学》下卷，杨一之译，第545页）从开始到结尾，始终是“单纯的自身关系”，所谓“分”只是中间环节而已。所以这种指责就是片面的。故由此而来的“中国独有”的一种模式也可能是自我迷恋的幻相。

论“学”

凡“利”之辐辏处，“争”必集之。所以，官方倡导的东西往往变质。“上有所好，下必甚焉。”以“禄”为饵者，所钓者可知矣，奔竞上钩者尽为此矣。故“显学”多“伪学”。古代的“经学”之腐化，源于“五经博士”的设立，后世的科举考试制度更催化了趋利之徒的所谓“伪学”的流行。治学之堕落为“禄”为目的，则凡所为必以悦世媚上为工。所谓“独立思考”自然是无从说起的。一切努力，都是为了“货与帝王家”而已。心理学家马斯洛认为，愈是基本需求愈是顽固的、强大的，所谓高尚其志、自我实现者之历来寥寥，就是顺理成章的事情。故，真正的为学者，必是寂寞之人。

“文化自恋情结”

不懂古希腊哲学，也就可能不懂得先秦诸子，因为你可能囿于单维度的视阈，不能从世界哲学的相互比较中看中国文化传统。中国人看中国文化，类似于子女看父母，可能缺乏客观的旁观的审视。我阅读柏拉图与亚里士多德，阅读更早的前苏格拉底哲学，发现了理解老子哲学的更好的入口，而很多研究老子者，囿于母语文化的自我认同，甚至导致了“文化自恋”。这种“文化自恋情结”不是学术研究的良好态度。

致命的自负

《致命的自负》，这部书我不断地想起来。我最近读黑格尔也好，读老子也好，也不断地想起来一个问题：我们是不是过于自负？我们的道德观念是不是过于自负，我们的思维方式是不是过于自负？我们总以为自己可以干预一切、控制一切，甚至我们总以为可以“创造未来”。这种“自负”可能导致我们对于“事情本身”不够敬畏，对于客观规律缺乏尊重，对于自己的局限性缺乏自知之明。而“致命的自负”可能让我们付出惨痛代价。

自由与自我限制

自由取决于自我限制和他者限制的基本关系。尤其是要强调自我限制，既然他者限制往往不是单方面的努力决定的。懂得自我限制，就是懂得限制自己的目标、方向，懂得限制自己的努力的聚焦点。漫无边际的目标等于没有目标，漫无边际的努力等于胡乱一气。有人说选择比努力更重要，其合理性在于，选择本质上就是限制。条条大路通罗马，但你必须选择自己的路，从而限制自己的努力在这条路上。有的人盲目努力，有的人到处抓瞎，根本就是不懂得限制自己。有的人什么都想要，最终什么也要不到。有的人举重若轻，有的人举轻若重，根本区别在于懂得不懂得限制自己的力量分配。这个世界是无限的，懂得在有限中得自在的人才是真自由。

“概括的任性”

从理论思维角度来看，可能还存在着“概括的任性”。我们（包括我自己）可能讲问题的时候习惯于“大字眼”，而这些“大字眼”往往概括力最强。比如“天理”这个词，一下子笼天罩地，把万物包括无遗。那么，这种无远弗届的“概括”是不是需要审判呢？如果它未经检验就滥用，那么就是“概括的任性”。

“管的任性”

中国的所有问题就是一个“管”字。但是，“管”的合法性、合理性是最值得审判而又常常被遮蔽的。于是，“管”得过宽过严往往就是最大的问题。这又表现出来两种“任性”，一种是“道德的任性”，一种是“权力的任性”。此外或许还有一种“任性”，就是“教育的任性”，只要是“为你好”就总是对的。然而，我们常常是不经质疑就认为“管”是天经地义的。

王阳明经常讲的“知”就是“管”的意思（如知县、知州之知），其所谓“致良知”就是“管”到人的“内心深处”里去。但是，这种“管”到灵魂深处的权力由何赋予呢？你凭什么“管”呢？如果是“天”赋予你的，凭谁说了算呢？凭什么你就是“天理”的代言人呢？这都是问题。在这之中，“公”（天理）到“私”（王阳明单个人的主张）的切换是未经审判的。

霸道的“任性”

很多人缺乏基本的法理观念，对于他人的经济权力缺乏敬畏。比如最近有一种声音要“取消外卖”。你是基于什么理由呢？即使是冠冕堂皇的理由，你尊重基本的法理吗？只要是合法的经济行为，你的干预就是违法的，至少是侵权的。我们对于一个行业缺乏基本的尊重，骨子里还是一种霸道的思想意识。至于很多普通人，则往往是基于“道德的任性”，谁提一下不同意见就厉声斥责。有时候，“道德的任性”比“权力的任性”还可怕，还具有欺骗性。它往往站在道德制高点上，对于某一行业、某一群体指手画脚，而毫无基本的尊重意识，甚至丝毫不关心别人的死活。

“是”与“管”

我今天写了一则随笔《“管”的任性》。但仍然可以照着这个思路想下去。由此，就想到西方形而上学，其本体论就是“是论”。汉字的“是”很有意思，就是“上日下正”的会意字，把东西在日光下照以“正”之。当然，西方的“是”源自判断系词，从“这是”“那是”到“一切是”，再抽象地思考“是”本身。这个过程就是抽象化、概括化的过程。它也是康德讲的“统觉”的“统”的机能。这个“统”了不起，被黑格尔抓住了，结合“我性”并以“同一性”提升之。

哈贝马斯《现代性的哲学话语》一书有文章两篇《现代的时代意识及其自我确证的要求》《黑格尔的现代性观念》，重点讲的是黑格尔哲学的主体性精神及其与现代性的关联。其一的标题所谓“自我确证的要求”，就是“照管一切”。在黑格尔《小逻辑》第42节附释中，他讲：“人的努力，一般讲来，总是趋向于认识世界，同化并控制世界，好像是在于将世界的实在加以陶铸锻炼，换言之，加以理想化，使符合自己的目的。”（贺麟译，商务印书馆，1980年，第122—123页）在后面他又讲：“所谓存在不是别的，即是这种自身联系。”（同上，第141页）可见，“存在”就是与“自我”联系起来，发生“自我关联”，这正说明，“我”在“照管”着“存在”。

“是”虽源自系词，但反映了人的思维的“照看”一切的努力。“那联系字‘是’字是从概念的本性里产生出来的，因为概念具有在它的外在化里与它自己同一的本性。”（同上，第340页）这就非常清楚地把“是”和“与它自己同一的本性”关联起来。关于“什么是概念的本性”，更详细的讲解是在《大逻辑》的《概念通论》中。《概念通论》是值得反复阅读的，涉及“自我意识的本性”（等于回答“人是什么”）的具体阐述（《逻辑学》下卷，杨一之译，商务印书馆，1976年，第249页）。这一切都涉及“综合”或“自我意识的统一”（同上，第254—255页），都体现了“照管一切”的知识意志。在黑格尔那里，“知识”远不是通常贬低的那种软弱无力的认识，而是刚性的、积极的“自我意志”。乃至于说，“知识即意志”，是理性“照管”世界！

王阳明“知行合一”小议

王阳明“知行合一”是众所周知的。然而，其内涵可能言人人殊的。我们当代人往往按照理论认识与实践活动相结合的观点去理解，实则不尽符合其本意。关于“知行合一”，王阳明曾经明确说：“圣贤教人知行，正是要复那本体，不是着你只恁的便罢。”（《语录》一）所以，“知行合一”的依据和归宿就是“本体”。那么，什么是“本体”？“至善只是此心纯乎天理之极便是。”（同上）可见，“本体”就是“纯乎天理之极”。从反面讲，则“此已被私欲隔断，不是知行的本体了”。由此正反面的表述，“本体”本是先天至善的心体。这也就是“良知”。故“知行合一”本是基于儒家道德形而上学的话语形式。它具有道德规范的意味。质言之，其所谓“行”或“知”都是基于协调人际关系的传统道德伦理体系。

根据王阳明与其弟子的对话语境，其具体表现就是“如事父之孝，事君之忠，交友之信，治民之仁”之类。更具体的内容是《教约》里的：“遍询诸生：在家所以爱亲敬长之心，得无懈忽，未能真切否？温凊定省之仪，得无亏缺，未能实践否？往来街衢，步趋礼节，得无放荡，未能谨饰否？一应言行心术，得无欺妄非僻，未能忠信笃敬否？”由此可知，其心目中致力用功的东西，就是“教做人”的道德修养之类。

总之，王阳明讲的“知”或“行”并不是当代人所理解的概念。它纯是道德范畴，是儒家道德教化理论的总结。它的目标就是“致良知”，它的日常功夫就是“做人处事”尤其协调人际关系的诸种道德规则的训练。换言之，它讲的主要是与人打交道的“人伦”。故，它并不是当代人所关注的“物理”。儒家哲学思想总体而言，就是“人际关系学”，即使讲到“物理”，也往往还原到“人心”“本心”。所谓“心学”，其实质就是道德教化之学。由此，是基于“人伦”来理解世界，让这个世界披上温情脉脉的面纱，从而与科学研究的方法论是相悖或对立的。这也正是“道问学”与“尊德性”的分歧根源。

读历史增智在于联系对照现实

我们如果学历史的话，或者说想通过历史增进智慧，最好的方式就是阅读古代皇帝的诏书以及著名人物的奏章。古代的诏书写得篇篇都冠冕堂皇、正义凛然，甚至感天动地。再看看流传下来的谏书，往往也是怀揣着崇高的理想，替生民立命，而且为此不惜牺牲性命的大有人在。历史总是反反复复，太阳底下无新鲜事。但是，如果你不别具只眼，不能够跳出中国看世界，不能够基于世界看中国，那么你就可能只看出个忠孝节义。所以，一定要善于对照史实和现实。我们真该感谢马克思主义的传入中国，因为它坚持联系实际，让人们不要盲信观念的东西。

两种“主体性”辨析

有两种“主体性”。一种是主观任性、盲目妄动的“主体性”。这种是自以为是的，不尊重客观事实，不尊重事物本身的“主体性”。所以它往往是一种狂妄无知的蠢动，片面地强调“人”的“主体性”而不顾及“地”本身的特性；另一种则是尊重事物的“自运动”的“主体性”。它不去盲目干预事物的发展轨迹，而是让事物按其本性运动。换言之，这种“主体性”是不会妄自做“主”的，而是认为“物”各“自主”，让“物”得其“自主”。这后一种“主体性”是近乎老子“道法自然”的精神的。

通常对于知识的误解

（1）忽略了“知性”的“平民性”特征

在黑格尔看来，“知性”是人人具有的，由此，普通意识就可以经过教化和自我训练而抵达真理。反过来，真理也必须转向普通意识，从而实现其自我意识或自我认识，这同样依赖于“知性”的作用。因此，“知性”的存在就是“知识民主化”“真理平民化”的关键因素。这个世界有两种“知识形态”，一种是“秘知”（单个人或少数人的专利品），本质上是一种“垄断性知识”，只有极少数人具有对它的解释权；另一种是“公知”或“共知”，是注重普及性、沟通性的知识，能够最大可能地被大众认识。前者是封闭性、密藏性的，后者是开放性、显现性的。我们讲“知识”，讲“知性”，要区别这两种“知识形态”。要看到“知识”背后的权力机制。

（2）忽略了“知性”的积极改造世界的作用

我们可能会贬低知识的作用，尤其是贬低认知的贡献和价值。通常总是认为，知识是有限的，是抵达不了真理的。故有的人认为，唯有直觉、经验、实践才能抵达真理。实则，“知性”本身具有强大的改造对象、改造世界的作用。比如，我们总是以为，有限的认识会“歪曲”“改变”对象的“本来面目”或世界的“本身存在方式”。然而，这恰恰证明了，这种“歪曲”“改变”的机能是客观存在的，是否定知识者的立场前提。既然“知性”能够“歪曲”真相，那么它就能“纠正”真相。问题的关键是，“真相”总已经“为我们存在”了，总已经走出其“原初”而成为“公共对象”了。否则，它的“本相”或“原初”就是无人可及的存在。反之，正是依赖于“知性”，“真相”才抵达公共场合。“知性”就如同赫耳墨斯，它是真理的“信使”，发挥着“中介”作用。这个“中介”是不可片面否定的。

（3）忽略了“直接存在”与“间接存在”的转化、结合的必然性

我们盲目鼓吹“直接存在”，于是总是提倡“直接认识”，于是重直觉，力求自己与真理的最亲密接触。然而，最亲密接触并不能保证真理性。比如，你的背长在你身上，并不能保证你可以直接认识到背部的样子。你的眼睛并不能直接“看”你自己的眼睛，你的鼻子并不能直接“嗅”你自己的鼻子，等等。所以，一切“直接存在”必须向“间接存在”过渡和转化。正如你的眼睛必须通过镜子才能看到它自

己。而且，一切“间接存在”本身就有其“直接存在”，或者说，一切“间接存在”都由“直接存在”而来，并且会转化为新的“直接存在”。因此，两者是可以互相转化的、互相结合的。我们总是贬低“知识”为“隔靴搔痒”，无非就是夸大了其“间接性”，而忽略了“靴”本身原就是“直接存在”了。换言之，是不是“直接存在”，本身并不是固定的。“痒”对于“靴”可能是“隔”的，但是它本身无非有另外的“间接”可抵达的方式罢了！比如，对于“痒者”来说，他自己不说出来，就无人知晓，但它要成为“知识”就必须经过“说”。如此等等。

以矛盾教育孩子

大概很多中国人，在一定时期，要经历一个“价值观崩塌”的节点。因为，教育常常是一种理想状态，甚至与现实之间是严重脱节的。

最近我听到一个词“小粉红”，大概就是基于“纯洁无瑕”的教育吧。这是人为设定的“理想环境”的产物。实际上我当年就是“小粉红”，以至于我现在还很理想化，可能还是“老粉红”吧。但是，“梦”总是会醒的。

以前，我读到的“大师”一个个多么“纯洁”啊，我所以为的大学该是如何美好啊！我们宣讲一个对象，就往往“高大上”地对其理想化，这就叫“艺术加工”，“集众美于一人”。这本质上也是“同”。那么，这是违背现实的事情。于是我们破灭了理想，认识了真相，有的人骂爹骂娘：“老子当年被你们骗惨了！”

因此，我们的教育要符合实际，不要刻意营造“温室”，传播那种“天使般”的生活。要教育孩子，引导他们认识矛盾，理解矛盾，处理矛盾，接受矛盾。矛盾可以深刻教育人。矛盾最能够促进成长。而现实生活本来充满矛盾，这是谁也掩盖不了的。以矛盾教育孩子，将来利于孩子在矛盾中生存发展。

“变化”与“贞定”

需要重新思考“变化”和“贞定”的关系。

“道”这种高阶存在必须“变化”，否则就冥顽不灵，就是死机一团。而它的“变化”就是“异化”，从高阶下降，转化为“器”（中间或许还可以设置“气”），那么这就是低阶存在，是所谓现象界。这是“变动不居”的领域，走马灯一样，芸芸众生，生生灭灭，往复不已。从辩证法来看，有两种“变化”。一种是异阶的（道—器，器—道），一种是平阶的（器—器，此—彼，反—正）。过去讲辩证法经常混淆这种不同层次的转化关系，包括黑格尔也是表述不够清晰。

我们作为存在着的一员，置身“大化流行”，要通过诸种“交替往复”看本质，进而总结规律并超越规律。比如“寒来暑往，秋收冬藏”，你看久了这种“反反复复”，就总结出来“规律”了。而所谓“规律”就是建立在“反复性”基础上，乃至于说，“规律”就是现象的“反复”。

然而，搞哲学的或者搞人文的，与搞理科的不一样。后者只是找出“规律”并加以利用，不必追问这个“规律”的“价值”。或者说，理科只关注“事实”，不问“价值”。但是，人文学科就高度重视“价值”。所以，总结出“规律”以后，还要进一步追问“目的”“意义”等问题。

“规律”既然就是“反复”，就容易单调乏味。这种“机械性”是必须超越的，所以，我们要摆脱乏味的“变化”，要建立更高的东西。这就是从“变化”到“贞定”。我们所要建立起来的文明，本质上就是对抗“变化”的“贞定系统”。这也是从“丛林法则”到“价值法则”的关键。任由“大鱼吃小鱼，小鱼吃虾米”，这就没有文明可言。因为文明有稳定下来的一套东西，有足可传承并广为公认的东西。这才是努力的方向。

传统思想对个体性的遮蔽

我们每一生命都是个体，我们的身体是彼此互不关联的独体。所以，我们的思考要基于个别性。如果我们的价值观念不从个别性出发，并且最终回归个别性，那么，我们的生命就从根本上得不到认可和保护。

比如“天理”，如果不能基于个别性的生命体，它就是悬空的、无着的。它就是“空”“无”。那么，它事实上总是由生活中的某个活人承担起来，比如被程颢说出来。但是，程颢是具体的个体，他性别男，籍贯河南洛阳，等等。“天理”这两个字固然可以说“自家体会出来”的，但也正因此，它具有个别性特征，它能不能推广开来真正名副其实地担当“天理”？这个不能仅仅凭借“自己体会”，要靠天下人认同，这就叫从个别到普遍。所以，我们思考一个名目、概念的时候，要考虑它的缘起。它不是凭空而起，而是因个别人而起的。

陆九渊曾经讲：“宇宙不曾限隔人，人自限隔宇宙。”这话很漂亮，但是经不起推敲。他把整个世界“一体化”，“打通”“包圆”了，这就是只注重“统一”或“同一”。他忽略了一个基本事实，人的身体天然就是限隔的。陆九渊吃的饭、喝的水，跑不到另一个人的身体里。你的身体天然地就是“私有”或“独有”。再比如庄子讲“通天下一气耳”，也是忽略了身体的限隔或独立性。“气”被你庄子吸进去再呼出来，就改变了。你的鼻子代替不了别人的鼻子。

所以，我们总是忽略、遮蔽个体的，基本上传统的基本范畴，诸如“道”“天理”“良知”都是脱离个体的悬空物，它们最基本的特征就是个体性的对立面。所以，它们必然构成个体性的绝对否定。于是，“无我”“无私”“去物欲”的否定要求就历代不绝，一直以来都是不能落实的。因为，生活中的活人，必有肉体需要，必有所谓“私欲”，就必定担当不了理想化的那种设定，除非这之中发生反转和颠倒。于是，越是“纯”的范畴，越需要降落到“污”中。不是现实本“污”，而是理念的设定出了问题。如果理念承认现实，则现实本不“污”。反之，那种“纯”的设定才是错误的，那种方法论才是需要批判的。

“规定即否定”有感

“规定即否定”是斯宾诺莎的著名命题。这个命题的实质是不能承认“规定”的积极意义。任何规定都是有限的，都最终失去了意义，由此则消极、虚无地看待有限事物。黑格尔曾经把这种哲学立场视为东方思想的特点，简言之，不具备“个体化原则”。这种思想传统的立场总是站在“绝对否定”的“道”看问题，于是贬低、否定一切有限事物、有限言说的积极价值。以至今日，有的学者还在坚持“道不可言”的主张，否定“言”的积极作用。

中国传统文化的弊端就在于，不能把“绝对否定”转化为“绝对肯定”。“道”总是否定一切“器”，“器”总是受压抑的。一切有限物都必须为“道”服务，否则就必须受到贬抑。于是，中国传统主流一向偏于“宏大叙事”，只推崇“宏大目标”“宏大事物”，瞧不起“细枝末节”，贬低“琐屑”，不肯讲“实现过程”。中国传统哲学的思辨方式，推崇“电光火石”“羚羊挂角”，省略具体的步骤，不肯纡尊降贵地从事逻辑的论证。这就叫“简便功夫”。

那么，在对待个别性和普遍性的关系上，中国传统总是否定个别性，独举普遍性。在思想方法上，总是采取“负的方法”，这是“绝对否定”在方法论上的具体表现。它瞧不起“正的方法”，认为一切肯定都有局限性。在言说方面，最好的做法就是“无言”，因为一切言说总会出错。

“必须忍耐这条道路的辽远”

黑格尔：“没有耐心就会盼望不可能的事，即盼望不以手段而达到目的。要有耐心，一方面，这是说，必须忍耐这条道路的辽远，因为每个环节都是必要的；另一方面，这是说，必须在每个环节那里都做逗留……或者说，只有当全体是在这种规定性的独特性下加以考察时，每个环节才算是得到了充分的或绝对的考察。”（《精神现象学·序言》，贺麟、王玖兴译）再次阅读这段话，我想到了人生道路、国家民族的发展道路。

人们总是急于求成。妄图一蹴而就，总以为可以省略过程，甚至投机取巧地抄近路走捷径，这就往往“欲速则不达”。这就是缺乏耐心的表现，实质上是急功近利，逞小聪明。

一个人也好，一个国家、民族也好，能不能弯道超车呢？这是个问题。我想再次回顾黑格尔讲的两个“耐心”：“具有耐心来经历漫长的时间里的这些形式，并有耐心来担当形成世界历史的艰巨工作”。（同上）大凡“缺乏耐心”、急于求成的本质上就是“浮躁”。谁把历史的进程人为地缩短了，谁轻视了“艰巨工作”，谁凭借着主观意志强行超车，谁可能就要付出惨重代价。与其急速超车而导致车翻人亡，倒不如慢下来，把该走的路认真走好。

“大道甚夷，而民好径。”读黑格尔哲学兼想起老子哲学。“知我者谓我心忧，不知我者谓我何求。”

磨盘的启示

我小时候推过磨。磨面是当时农村的常事。包括牲口饲料，也是要磨的。我们把玉米粒倒上去，在磨盘的转动下，玉米粒从磨孔漏下去，先被磨压扁，进而被磨齿蹂碾，一遍又一遍，最终化为粉末。这就类似于“恒转”。所谓“大化流行”，最终万物被碾碎了。陶渊明说，“纵浪大化中，不喜亦不惧。应尽便须尽，无复独多虑。”实则，陶渊明还是参不透，他的“大化”是绝对否定的力量，还不能转化为对于万物的绝对肯定。

没有个人的存在，就没有“国家”“民族”的存在。倘若个人利益不受承认和保护，最终损害的还是“国家利益”“民族利益”。因为玉米粒被否定了，磨盘就空转了。

我们应该变“空转”为“实转”。我们必须承认万物个别存在的意义。老老实实地保护个别性，建立“个别性原则”。站在为无数苍生立言的基点，必须被绝对否定的反而是作为大字眼的那些“绝对真理”。因为，真正的“真理”“大道”是庇佑万物生长的肯定力量，而不是否定一切，落得“白茫茫大地真干净”的凋敝和荒芜。“白茫茫大地”可能道德上很“干净”，但是，这种“纯洁”本质上必导致万物的不幸。

求知的基本要求

不要把愿望当作事实，不要把立场当作真理。这是求知的基本要求。比如你今天希望天晴，不能强制天真的就晴，你要尊重天阴这个事实。同样，你立场上是维护民族利益的，但是，其他民族也有同样的利益诉求，不能认为自己的民族利益就是天经地义的。主观的愿望、自以为公正的立场，并不代表着“绝对正确”。应该把“希望的”与“实际的”区别开来，应该把“应当”与“实在”区别对待。

“为己”与“为一”

需要认真思考“为己存在”。任何事物都是“为己”(“为自身”)的，它只有行使好这一步，才可能参与世界的运动。比如，一个桌子必须做好桌子，才能作为桌子存在而被人用。“君君臣臣父父子子”，还可以推及自然界，比如“花花草草虫虫鱼鱼”，“花”为“花”的规定性而存在，“花”成为“花”该有的样式，这就叫“花花”，余可类推。任何事物遵其本性，呈其本然，这就叫“为己存在”。

这种“为己”而非“为他”的存在，必然发展为“否定性”，这就是从“为己”到“非他”。在此过程中，“非他”必然发展为两个层级，一是“非道”，它自己作为“器”首先从“道”而来但“否定”了“道”，它与“道”具有了张力关系；一是“非他者”，它作为“此器”而“非彼器”，于是与他物保持张力关系。这就是说，作为一实存的存在者，它的存在本是艰难的过程。

中国传统哲学偏于高扬“道体”，认为“道”才是最高境界，故往往以“道”贬低“器”。实则，“器”的存在更艰难。“器”不仅是经历了上述两个层级的“否定”，而且还要在观念上经历哲学家的“否定”，承担这种被“贬”也是不容易的。所以，这就更透露出“器”的可贵性。它总是作为“辱”而存在的。不仅是“道”压制它，其他“器”排挤它，思想家还诋毁它。这就要承受三种被否定的命运。

成为“为己”的存在，就必然是成为“独一”。它既不是“大一”(“至大”的“道”那样的“一”)，也不是“彼一”(某一任意的他物)，而是具体的“此一”，所以它是“独一无二”的“这一个”。这就是“为一”的存在。它不是至高的“道”，不是“所有者”，而是“此”。所以，作为“此”并专为“此”，它的“为一”就是“为此”，它是“唯一者”。

作为“唯一者”是最困难的事情。因为到处都是对其展开的“否定”。所以“为一”或“为此”的对立面是最大最多的。所以，它随时可能被碾碎。

治哲学理论者的两种病

读哲学、治理论者往往易有两种病。一种是胆大病，多是初学者，初生牛犊不怕虎。这种病源于哲学理论之思者往往包藏宇宙、胸怀天下，常与大概念、大字眼打交道，于是自己就容易以上帝视角看人间，所至披靡一切；另一种则是胆小病，多是入行者，已经见识过了世界级的大师，研读过岁月检验过的巨典，于是开始清楚自己的斤两，知道自己的差距，于是胆子越来越小了，生怕说错话贻笑大方。

应区别问题的制造者和问题的提出者

福柯："我们必须以一种问题化的方式进行思考，而不是以疑问和答案的辩证方式进行思考。"（转引自《剑桥福柯研究指南》，中译本，第 49—50 页）而通常对于质疑者的态度是，"如果你给不出解决方案就闭嘴"。这就是拒绝质疑的一贯作风。"拒绝质疑"的本质就是"解决提出问题的人"。它把提出问题和解决问题混为一谈，它把解决问题的任务强加于人。它不去追问问题的根源，不去质疑问题的制造者。"解铃还需系铃人"，真正的问题往往与问题的制造者相联系，因此，解决问题的根源往往就是找出"制造问题的人"。所以，我们必须把"制造问题"和"提出问题"相区别，必须对问题的根源进行问责，而不是把板子打到发现问题的人身上。就好比秃子，真正要对治的是"秃"的根源，而不是攻击发现"秃"的人。

重读古希腊悲剧《俄狄浦斯王》

这两天断断续续地，从头到尾，重读一遍古希腊悲剧《俄狄浦斯王》。这次重读，核心的问题就是"知"与"视觉"。我想老子如果与作者相遇，大概是可以对话的。这部悲剧其实就是"知的悲剧"。这部悲剧既是以神的预言和惩罚为主线，也是人的“知”与“无知”的矛盾冲突。最有“知”的俄狄浦斯王，智足以破解斯芬克斯之谜，却不能避免神设定的宿命。即是说，人间最智者，于神仍无知。其次，这部悲剧还表现了“知”的自身矛盾。“知”即使俄狄浦斯称王，享尽世间富贵荣耀，但也导致其灭亡与人生最大的不幸。所以，这部悲剧其实宣扬的是神的胜利，是宣示神的权威性和不可抗拒。谁最有“知”的力量，神必使其犯下滔天罪行。因此，这部悲剧是“反智”的主题。

与此同时，我关心的是“视觉”，是黑暗与光明的关系。这部悲剧俄狄浦斯王的“眼睛”就是焦点，刺瞎双眼是全剧的高潮部分。实际上，这是人对“知”的主动放弃。俄狄浦斯王步步紧逼真相，这既是“知”的实现过程，但也是他转向灭亡的过程。所以，真相本来就是不可逼视的；换言之，正视真相就如同逼视太阳。“眼睛”只是“萤火之光”，最终胜利的还是太阳神阿波罗。克瑞昂说：要尊重养育万物的阳光，而俄狄浦斯要带进屋去。

《俄狄浦斯王》的悲剧，就是“黑暗世界”的原则获胜。作为人类的求知所开辟的光明，亮瞎了自己的眼睛。所以，“刺眼”就是富于寓意的诅咒的实现。人的“知”是注定受神诅咒的。所以，神的胜利就是“知”的失败。但是，人类怎甘心就匍匐于神的脚下呢？所以，这部悲剧暴露出来的矛盾，或许是永恒的。“知”的揭秘冲动具有二重性，它一方面让人类荣耀无比，另一方面也让人类付出惨重代价。“刺眼”就是重返“黑暗”，是“隐秘”的回归。神性的本质就是“隐秘性”，而“知”的本质就是“揭秘”，是“敞开”“显现”。在这样的过程中，斗争就尖锐化。

由此我们可以联系现代性的二重性。现代性本质上就是启蒙，是人类知识的胜利史。但与此同时，它支付了高昂的代价。它是“祛魅”之旅，是神性失去意义的过程，是人类之“光”的胜利。而它的后果就是“诸神死了”的困惑，人失去了精神的支点，从此流浪不归。所以俄狄浦斯王的被判流放是有寓意的，是“家”的彻底丧失。那么，“返魅”就成为了必要，在“揭秘”“显现”的过程中，或许有必要“遮蔽”“隐匿”。这就是说，“黑暗”或许是最好的“佑庇”。俄狄浦斯的刺瞎双眼，本身就是创造“黑暗”的行动。

骗局的本质与“反智”的本性

所有的骗局都有一个共同点，就是恶意制造并利用信息不对等，造成人与人之间的认知不平等。正常人的认知能力是相差无几的，即使是有差距，通过努力也是可以缩小到微不足道的程度。骗局则是尽量扩大这种认知的差距，制造认知的障碍。在人类历史上，统治阶级往往跟骗子类似，所谓意识形态的虚假性，就是指其宣扬的东西具有蒙蔽性，是试图欺骗百姓的东西。不仅如此，统治阶级还善于封锁消息、封闭信息，不让普通百姓或普通官员了解内幕消息、机密信息。这就是善于“隐匿”。子曰：“民可使由之，不可使知之。”这句话就道尽了一切意识形态的虚妄性或统治手段的蒙蔽性。“不可使知之”就是不让老百姓了解其内情，建立所谓“黑幕统治”。

为什么会有反智主义？为什么会有“敌知识者”？因为“知识”倾向于揭秘。黑格尔《精神现象学·序言》讲，存在必须暴露在光天化日之下，必须区别于“秘传的东西”而成为人人可知、普遍可学的东西，这才是科学。我们可以发现，骗术或伪科学的共同特点就是，它们是“内部秘传”的东西。它们倾向于“独知”或“少数人秘而不宣”。所以，知识分子往往成为它们的攻击对象。它们往往对于“知”抱有本性俱来的敌意。因为知识分子的求知冲动会揭穿这种瞒和骗。

真正的知识天然地追求普遍。因为知识的本性就是让人人可通晓，追求普遍的可理解性。知识的本性就是信息共享。而一切骗局、伪科学或“黑幕统治”的本性就是“反智”的，就是信息的“独占”，是真相的“垄断”，是严格封锁信息，是避免普遍共知，从而保障自己的“信息特权”，进而维持自己的“利益特权”。所以，“专制”就是其基本的存在方式。哪里有“专制”，哪里就有“秘传”；而哪里有真知，哪里必有揭秘。

“意见”与“知识”

有一北大教授讲孔子的“唯小人与女子为难养也”时，满嘴都是“可能”，认为

"女子"应该指南子。这种以"可能"来论定"女子"的逻辑如何成立呢?

我看过一些考证性的东西，往往所谓"考证"就是依靠自己的"脑补"。根本不是"一分材料说一分话"，而是对"一分材料"大量灌水，补充大量的"推想""臆测"，然后"坐实"一个结论。

然而，从哲学上来讲，一切"可能"都具有被推翻的可能，因为它不是"必然"，它具有偶然性因素或不确定性。所谓的学问、主张无非"一己假想"。既然只是"一己假想"，就不具备评判他人观念的资格，甚至就不具备成为"知识"的资格。

我们应该把"意见"与"知识"相区别。"意见"就是"一己之见"，就是个人性的观念、推想、臆测，等等。而它最大的问题就是主观随意性或"想当然耳"。苏轼有一次在考场上编造了一则材料，考官没见过这则典故，就问他出处，苏轼说："想当然耳!"这就是"杜撰"。这样的"意见"就不能成为"知识"。成为"知识"是要经过知识共同体的检验和认可的。

艺术与哲学

艺术是偏于个性化的追求，是感性的愉悦，是情欲的丰盈。在这个方面，它又与强调理性的哲学构成对立。"有一种软弱无力的美，它憎恨知性，因为知性要求它去做它无能为力的事情。"(黑格尔:《精神现象学·序言》，先刚译，第21页)这就是站在理性主义的立场看问题，实质上反映了两种价值取向的对立。黑格尔指控的"它无能为力的事情"是什么呢?那就是诉诸共相、编织概念的知识形态，这种要求对于"美"来说的确是"无能为力"，但也是不该让它承担的任务。反之，与黑格尔立场相悖的谢林、叔本华、尼采，就给予艺术非常高的评价。所以，艺术与哲学之间，既有冲突激烈的时候，又有挽手共进的时候。而在黑格尔《精神现象学》的对于浪漫派、优美灵魂的分析中，既有深刻的洞见，但也有其立场的偏见。这是不能照单全收的。

艺术和道德

“但是我们倘使艺术成为道德的，或正确一点说，成为道德化的，那我们就不对了，因为我们的那种要求，等于使艺术不成其为艺术，艺术只有致力于艺术利益的时候，才是艺术最致力于社会利益的时候。”（格罗塞：《艺术的起源》，中译本，商务印书馆，1984 年，第 240—241 页）艺术与道德的关系是不是具有对立性？这个问题是很值得研究的。艺术天然地是与情欲冲动、自然属性联系起来的，艺术是个性化的追求；而道德则注定了要限制、规范人的情欲冲动，是倾向于维护人的社会属性的，是诉诸普遍性或共性的。艺术往往是犯禁的，是突破旧规范的；而道德则是维护禁忌，维护旧规则的，道德总是和既有的习俗、习惯联系在一起。所以，艺术和道德既有和解的情况，但本质上还是相互冲突的时候居多。

我们的“西方观”要经得起考验

像“西方哲学不照料心灵”这种话是如何流行的？我从抖音又一次看到相关视频。这种错误几乎可谓无知的偏见。但凡读过福柯的《主体解释学》就不会犯这种错误。有的学者是误人子弟的，宣讲的是一种错误的认知。为什么有的不读书的人越来越“妄自尊大”“老子天下第一”？这种错误的宣讲是源头。我们经常讲“知己知彼百战不殆”。但是，我们的教授、专家在“矮化”对手，甚至是“妖魔化”对方，这不仅不是对待友邦的友善之道，而简直就是不无恶意地诋毁他国文明。我们号称是爱好和平的，是要发展友好关系的，但是，极个别的人是常常在不负责任地批评、攻击他国文明的。这种扭曲的“西方观”是不利于我们看清竞争对手的。作为学者，理应宣讲正确的知识，传播严谨的见解，以经得起考验的思想观念来塑造或引导下一代。因此，一方面要抵制“西方中心主义”，但是，另一方面也要警惕“东方中心主义”，反对“固步自封”或“盲目乐观”。

浮华时代偏要朴实

有一多年毕业的学生跟我讲，她直播学习的场景许多人看。我尽管尊重其个人选择，但持不苟同的态度。

我是从“隐匿哲学”的立场看问题。这是一个“视觉化”泛滥的时代，即所谓“图像时代”，一切都是“可见”的。“可见性”成为至上的价值追求。但是，其弊端就是忽略了“隐”。这是一个“光的暴力”肆虐的时代，万物皆因普照而成“裸体”。伴随着现代性的发展，“失眠”与“焦虑”成为时代病。为什么？与光与声的充斥有关。我在农村的时候，睡眠很香甜，原因之一就是，农村的“光”与“声”是相对地稀少的。在城市，夜与昼没有太大区别。“光污染”“噪音”非常严重。

总之，一切存在成了“显在”，一切潜在必须曝光。万物皆无遁形，一切皆“裸”。

我们作为人，固然要展示自己，显现才华，从而获得社会承认与他人接纳。这就是“走出自身”建立“他者关系”的必然性。但与此同时，在世俗浮躁、日趋浮华的年代，应当保持自己的独立性，不随波逐浪，偏要强调“隐”的价值，偏要强调“暗”的积极性。所以，我们要学会“遁形”与“隐身”，不盲目充当视觉化潮流的一分子。

在抖音之类的平台上，有着大量的“身体美学”或“身体丑学”，本质上都是“暴露学”。有的人以暴露身体为荣，一味媚俗悦众，博取眼球，获得暴利，于是“网红经济”盛行。这或许也是成名成功的捷径。但是，凡事一利必有一弊。你曝光越多，观众越多，你越是“被看”，直至你成为“众目睽睽”的猎物。当然，狩猎者也以猎物出现了。因为你无非是想要猎取名利罢了。

很多寂寂无闻的人，渴望成功，这就是“隐”而“显”的渴望。然而，又有多少名人一旦“显”得过度，就毫无隐私与自我了，这时候又渴望“隐”起来。于是，居家不得不窗帘重重，出门不得不墨镜口罩，层层包裹，重重设防。这里面就是辩证法的颠倒机制。

我们看透了“隐”与“显”的辩证法，就要调整自己的姿态，摆正位置，处理好两者之间的关系。那么，就这个浮华时代而言，我宁可选择朴实。当然，对于直播我也不能一概否定，只要不违背公序良俗，也自有存在的意义吧。

人生痛苦与事物必亡的根源

人生是痛苦的，万物是必亡的。这个道理不难理解。这个根源就是“质”。“质”就是“规定”，是一切实存的本质属性。在“质”中，就内置了“他者因素”或“他性”，即所谓“否定性”。斯宾诺莎讲，一切规定即否定（Omnis determinatio est negatio）。这个意思被黑格尔按照辩证法来加以转化，即，一切规定都是自否定。实际上，这个“自否定”本源就是“异否定”（源自他者存在的否定），但黑格尔把它颠倒、内化了，于是把“他性”转化为“自性”。（相关内容参考黑格尔《逻辑学》上卷，杨一之译，第105—107页）

从辩证法来讲，这个世界的基本规定就是“自—他”二重性的，即，在任何事物中，都兼具了“自性”与“他性”。这个二重性被黑格尔理解为“质与否定”（同上，第104—108页）。就任何一物自身讲，就是“自性”或“质”；就任何一物与他者的关系讲，就是“他性”或“否定”。但是，这两者是一体不可分割并相互转化的。我们讲“痛苦”，讲“必亡”，都是源于与事物的“质”密不可分的“他性”或“否定”。或者说，“他性”（“否定”）本就是“自性”（“质”）。

因此，不是由于外部原因，而是事物的本性就具有“痛苦”或“必亡”的萌芽。黑格尔玩了文字游戏，把“质”（qualität）和“痛苦”（qual）从词根上关联起来（同上，第107—108页），这正说明了“质”本身就是“痛苦”，或者两者本来就是同源的。

武侠小说“奇遇”情节盛行的哲学本质

中国武侠小说的兴起，更多意义上讲，是一种文化现象。这里面代表的一种“弱者文化”，其本质就是，渴望出现奇迹、通过奇迹来改变自己、改变世界。“奇迹”“偶遇”就是“外因”“机缘巧合”。因此，它就是“依他”的。“弱者总是靠相信奇迹求得拯救……因而失去对现实的一切感觉。”（马克思：《路易·波拿巴的雾月十八日》）

人生道路或自我发展，无非就是两条路线，一条是正常的、基于自因的，一条是异常的、基于外因的。最近《国际歌》很流行，但是其基本精神很少有人关注。

《国际歌》传达的是“自我实现”，是“全靠我们自己”。所以，它代表着主体性、现代性。类似武侠小说这种不是基于“自因”的文化，是缺乏现代主体性的表现。它是长期“无我”“灭欲”的文化驯化的结果。它是“弱者文化”，是受压迫者的呻吟着的幻想。弱者在生活中是受强权、强人欺压的，而又看不到希望，也就是说，他在正常情况、通过正常道路是获得不了成功的。所以，它是一种绝望的梦想。它寄托于奇迹出现，寄托于命运女神的突然眷注，进而惩罚恶人、揭露强权。所以，武侠小说的“奇幻性”正反映出现实的“暗黑性”。

这方面正与大量的当代其他现实主义小说相呼应。比如余华《活着》，反映了“好人强人命不长，唯有做牛做马活得久”的“愚文化”。在生活中，这是一种“弱者自慰”的文化心理。

中西美学“借鉴”漫议

有知名教授很谦虚，问我关于中国美学借鉴西方的意见。其实我是谈不上什么“高见”的，只能厚着脸皮讲。其中我就讲，应当加强宏观思辨的成分。

搞中国美学，离不开结合西方美学。欲了解认识一事物，必须建立“他者关系”。所谓辩证法，就是“普遍联系地看问题”。所以，你想看清中国，必须基于世界，基于国家之间的关系；同理，你欲看清中国美学，必须基于世界美学，了解中国美学在世界美学的位置。这个道理黑格尔早讲过，而且讲得非常好：“凡一切实存的事物都存在于关系中，而这种关系乃是每一实存的真实性质。因此实际存在着的东西不是抽象的孤立的，而只是在一个他物之内的。唯因其在一个他物之内与他物相联系，它才是自身联系；而关系就是自身联系与他物联系的统一。”（《小逻辑》第135节附释）这一段话是“关系思维方式”的经典表述，值得反复回味，它讲清楚了为什么必须“置入关系看问题”的根据。这个道理也就是为什么搞中国美学必须借鉴西方美学的理论依据。

具体讲“借鉴”，又必须搞清楚“求同”与“求异”的两条路线。中国很多学者研究中国哲学、中国美学，等等，往往是“比附求同”，是在西方文化中发现自己，本质上就是“自我认同”。像钱锺书的比较，主要还是基于“中西攸同”，所谓“打通”主要还是建立自身的文化自信。汉学家朱利安在一次访谈中直言不讳地说，这种研究意义不大。这种“求同”本质上不是“借鉴”，因为“借鉴”必须基于“异”。“借鉴”，一是“借”，是“拿来”，是因为我们没有那样的东西；一是“鉴”，也就是“别”，分辨出来彼此的不同，通过比较来发现彼此的“特征”。所谓“特征”，就是“区别性”。所以，讲中国文化、美学的特征，必须基于“鉴”。

因此，讲“借鉴”就要与“求同”的路线相区别。西方有，中国也有，这就没必要“借鉴”。有的人读西方文化典籍，满脑子都是“西方有的，我家都有”，这就是“文化自恋”。他没有真正走出“自我”，他固然也建立了“他者关系”，但是，只是为了确证自己的合理性、优越性，并不尊重“他者存在”。所以，所谓中西比较、借鉴，本质就是论证“中国文化最美好”。这样一来，就吸收不了别人的优长，起不到“补短”的发展效果。

阴阳关系与隐现问题

中国阴阳观念是传统基本的思维方法，如果我们把阴阳关系转化为隐现问题，则对接西方哲学、进而对话沟通就可能是一条路径。

“阴”“阳”都与“光”有关。从汉字看，这两个字都与“阜”对于“光”的遮挡有关。“阜”就是“山”类。《易》中《艮》的直接取象就是“山”（“艮为山”）。“艮其背，不获其身，行其庭，不见其人。”这句话出自此处，也和“遮蔽”有关。总之，“阴阳割昏晓”，阴阳关系就是“可见”与“不可见”的关系，或者是“隐”与“现”（“显”）的关系。

自从有了阴阳关系，世界就二重化了。中国人看待世界的方式就是“一分为二”。很多人爱讲“天人合一”，其实却忽略了阴阳观念支配下的“一分为二”。存在被“二”分非常重要。存在从“一”到“阴阳”，于是一部分是“可见”一部分是“不可见”。按照这个思路，人的生存方式、生存空间就二分了。一部分是“公”，是公开暴露出来的，一部分是“私”，是遮挡掩饰起来的。“知人知面不知心”，“面”是“看见”的，“心”是“看不到”的。一般而言，我们偏于“看见”的，而忽略了“看不见”的。这就是问题所在。

西方现象学是哲学大宗。但是它有问题。它偏于“显”而于“隐”有所略。海德格尔横空出世，入现象学而出现象学，所以他提出“敞开”与“遮蔽”的争执。他赋予“遮蔽”更高的地位，但总体而言，他仍是以“敞开”为主的。我们讲“隐匿哲学”就是要扭转这一局面。

黑格尔哲学的三个基本概念“自在”“自为”“自在自为”非常重要，代表着其哲学总路线。如果运用阴阳关系来翻译，这三个词就是“阴在”“阳在”“阴阳合在”。显然，“自在”就是“隐”而未彰的阶段，“自为”就是“突破自我”的阶段，它走出自己，积极建立异在关系，而最终达到统一，即“自在自为”。黑格尔曾经批评中国文化缺乏“自为”的精神，也就是“阳”方面欠缺。中国传统文化虽主阴阳调和，但毕竟更主“阴”，喜欢“隐”起来。我们讲中国文化，以及艺术风格，要高度重视“隐”的技术。

“德统”与“性统”

粗翻冯友兰《论道统》旧文（《冯友兰全集》（第2版）第11卷），不免有一些感想。中国喜欢“统”，所以有“正统”“治统”“道统”的说法，其实就是圈定势力范围的东西。历来，“治统”（又称“政统”）与“道统”是若即若离的关系。你名义上完成了国家政权的占有，但是还需要“道统”的认可，拥有了民意的解释权，这才算彻底。“民意”这玩意说不准，就好比“人民”这个词一样，全凭谁说了算。这个“凭谁说了算”，就是“解释权”，把“人民”“民意”的“解释权”牢牢抓住了，就可以造舆论了，就比“挟天子以令诸侯”还要过瘾！也正因此，“治统”与“道统”就有斗争。在历史的某个阶段，民间势力如果强大到一定程度，“解释权”就可能被转移到民间领袖那里了。比如东汉末年、明朝末年，都有“党人”的问题，实质上就是“解释权”的下移。

“道统”这个词我还是觉得不够适切。本质上，它是儒家搞的东西。儒家搞的这一套，严格来说，是“德统”，是按照道德标准来议论政治得失问题，以道德风尚为观察政治动向的一个尺度。我小时候在农村，对一个女性的最好的诅咒就是“破鞋”，对一个男性的最恶的诅咒则是“扒灰佬”。中国的“泛道德化”实质上又往往是“性道德化”。所谓“性道德化”，就是“性”本身被无限“道德化”了。“性道德”这个词没问题，但“性道德化”就有问题了，因为它很容易没有边界，或者造成“模糊地带”。

中国民间势力或草根文化很有诡异性。一方面，粗俗的性笑话、荤段子大量源于此。另一方面，也往往视“性”为道德标尺，一个人“性”方面有瑕疵往往就斯文扫地，民众背后就戳脊梁骨了。比如“坐怀不乱”的柳下惠，比如“武圣关羽”，他带着嫂子就非常能够经受考验。这方面最好的例子就是《水浒传》，草莽英雄往往是“厌女症”，也就是没有“性”的瑕疵。反例也有，比如王英，比如《西游记》猪八戒，《封神榜》土行孙，等等，这些人是陪衬的，有喜剧效果。

所以，如果把“性”和“德统”相联系，倒不如说是“性统”。在“性”方面进行管控，大概从“非礼勿视”这个词就开始了。儒家搞各种修身之类，最核心的还是“性欲”的克制。

“知”被片面地理解了

我们经常把“知识”与“感性”“体验”对立起来。这是错误的。实质上，“人”只是有分工的区别，有此时彼时的畸轻畸重，在生活中，“人”是整体的存在。我们尽管可以做出区分，但是不能割裂地看问题。

我在读哲学书的过程中，经常激情澎湃，有时候想起来手舞足蹈。这说明什么？说明即使是处理最抽象的事情，也是有情绪伴随着我的。人的感性和知性、体验和认识的关系，是一种始终伴随着的关系。用佛教的叫法，是“主伴圆明具德门”。无非有“主”有“伴”，但是不可分割。

在认识的过程中，可能暂时屏蔽了很多东西，但是，这些“隐退”的东西并不是不存在了。它随时可能从“幕后”走到“前台”。在高层次的认知境界中，可以“呼”出它们，同时共在，实现“人”的高度统一。所以，认知就是一种可以“感性”地把握，可以“体验”的方式。换言之，“知”就具有向“情”“意”转化的潜在性。

“知”并不“片面”，而是“知”被片面地理解了。

西方也有“道德传统”

西方的“道德价值观”传统，在黑格尔《精神现象学》《法哲学原理》等书中受到批判，包括斯多葛学派、“优美灵魂”“不幸意识”，等等。在《精神现象学》的第五章“德行和世界进程”、第六章“道德世界观”“良知；优美灵魂，恶及其宽恕”等节，黑格尔举起批判的手术刀，无情地否定了诸种“道德意识”的虚妄性。这与尼采后来的“非道德论”有一定的一致性。仅由黑格尔、尼采的批判即可知，西方的“道德伦理传统”也是强大的一股力量。

给一名学术同行的建议

建议看看福柯《主体解释学》，里面就讲“关注自我”的另一条线索，福柯其他讲课也涉及“自我的技术”，更是把现代哲学精神理解为“说真话的勇气”。福柯其实梳理了西方哲学的另一个传统，那就是“自我治理”的传统。这本质上就是强调“为己之学”。以前熊十力诸先生痛斥西方哲学为“离心”“向外”的。事实上，深入了解古希腊哲学以来的道德伦理学、神学，等等，会发现人家的“修身”“养心”的方面也非常丰富，蔚为大观。这方面以亚里士多德《尼各马可伦理学》为始，以康德《道德形而上学的奠基》为粹，都可以找到非常精彩的论述。西方圣人其实也很多，乃至于徐复观称施韦泽为“西方圣人”，其《文化哲学》吸收了中国道家等思想，提出的“敬畏生命”主张值得关注。

存在即非存在

如果我们理论联系实际，如果哲学直面现实，那么最迫切的问题就是：我们能不能做真人说真话？如果我们不能说真话，不能心安理得地“现身”，即，以一种真实的面目在场，那么，这样的生活就不值得过。我到处看到沉默的人，说讨好的话的人，不敢以本真示人的人。这样的人的存在犹如不存在。所以，一个矛盾就出现了：为了生存，只能以“遁离”的方式在场，也就是，只能以假面或隐匿的方式出现。为了存在必须“不存在”，存在总是转向非存在，这就是“异化”。

统治的类型

今天聊起马克斯·韦伯的“支配的类型”的话题。韦伯在《经济与社会》《支配社会学》等书中，概括了“服从”与“支配”的类型。它讲的实际上就是“统治的类型”(如何让人服从的机制)。人统治人，这是一门源远流长的权力运作的技术。结合我的理解，大体来说，无非这样几种：(1)凭借拳头硬，武力征服，不服从就是死路一条；(2)凭借精神吸引力，或者是信念的力量，比如宗教力量或传统继承制的正统性，或者是个人的魅力(Chrisma)，尤其是通过个人崇拜的“造神运动”产生的“领袖魅力”；(3)凭借经济诱惑力，把蛋糕做大了，让人分得其中一份的好处；(4)凭借竞争机制的裁判权，比如设置一些奖项，颁发一些荣誉，让大家为之驰逐不已。当然，这之中可能是交织在一起的，是综合性的。

“瞬间模式”之弊

再次思考慧能的偈语：“菩提本无树，明镜亦非台。本来无一物，何处惹尘埃。”这里全是否定式的表述，两“无”字一“非”字，“何处”亦是反问句而实际是否定句，即“无处惹尘埃”。慧能这个偈子的问题出在哪？出在他设定了一个全然不拘泥，而实则全无落实的境界。处处皆无住，纯然是绝对的否定。空灵有余，而踏实不足。牟宗三讲，逞一时意气，往往是一时光景，因为不能“久驻”而流为泛滥。

我们教育子女或学生，常常强调动之以情，晓之以理。好的老师父母，亦常常说到动情处涕泪交加，学生子女亦感动不已，瞬间提升其发奋图强的信念。但过后，往往依然如故。王阳明主张“良知良能”，亦是如此。但是，看看王学实践，造就几个“良知良能”出来？除了寥寥门人弟子，于世道人心有何实效？再追溯到孔孟“知行合一”，瞬间模式而已！

一种“避免顶点”的人生哲学

我曾经反思过传统“避免顶点”的人生哲学。所谓“避免顶点”，就是有意的低调，或者有意地避免达到成功的顶点。读传统史书，读各种修身手册，多的是这种告诫。“保此道者不欲盈……故能敝不新成。”老子哲学就是这样的。然而，问题恰恰在这里。它说明什么呢？说明一种社会环境、文化制度是不能保障“成功极致”的。于是，人生追求“成功极致”就是愚蠢的事情。这是有惨痛教训的。历史上，一个个“极致的成功者”（或功高震主，或富可敌国，等等）都得不到好下场。老百姓看在眼里，“眼看他起高楼，眼看他宴宾客，眼看他楼塌了”。《红楼梦》讲来讲去，也是宣扬这种虚无主义。其实曹雪芹自相矛盾。他一方面宣扬《好了歌》的哲学，但另一方面他本人就很“执着”，非要“批阅十载，增删五次”。活在这种价值观下很可笑。我给学生讲《精神现象学·导论》，就提到黑格尔批判的那种观念。这种观念一方面觉得“真理”“绝对”达不到，另一方面又煞有介事地做出奋勉的样子。你一方面认为“顶点”达不到，另一方面还劝人努力或自己很努力，也与之类似。

一个国家的历史是有延续性的。我们应该看看这种“避免顶点”的哲学产生的根源。我们应该思考一下：一个社会中顶级的成功人士应该是什么样子的。一个良好的环境，是让大多数人都能自我实现，自然也应能保障所谓“顶级成功”。我们姑且不考虑法律层面的问题，单纯地从文化角度，看看这个世界的真相。如果不管是“成功人士”还是“落魄底层”都活得不开心，那么，毫无疑问，这种文化出了大问题。有多少所谓“成功人士”战战兢兢，又有多少普通人甘愿“躺平”呢？既然“爬得越高摔得越狠”，倒不如像余华《活着》里的福贵，人生的意义已经退化到了极致，只求活到最后了，反正那些个比自己争气的人，一个个都失败了，而且先于自己可悲地死掉了。

学术之不易

我读古希腊哲学，了解到中西文化比较的困难。因为古希腊哲学本身就很复杂，不是“铁板一块”的。比如亚里士多德哲学，它与赫拉克利特的思想就有区别。甚至亚里士多德本人就存在着模棱两可或者“虚晃一枪”的情况。比如《形而上学》第十四卷第一章，亚里士多德对于“对立原理”的态度就不大令人满意。李真教授就认为他“大帽子下面开小差”（李真：《亚里士多德〈形而上学〉解说》，人民出版社，2020 年，第 480 页）。所以，宏大的判断是需要谨慎的。我读老子哲学，是高度重视“玄”这个概念的，它本意就是“黑暗”或“黑色”，那么它与西方哲学是什么联系呢？读聂敏里译的《前苏格拉底哲学家：原文精选的批评史》，则知古希腊的俄尔甫斯教派认为“黑夜”是宇宙的第一个阶段。那么，老子哲学与之是不是相近呢？其实，赫西俄德的《神谱》的叙述又具有不确定性，因为它毕竟是神话形式。所以，真要进行比较也不可轻易定论。

“直言”与美德

所谓“直言”，简单一点，就是说实话的方式。福柯讲，直言即自由，直言即政治结构。（《治理自我与治理他者》，1983 年 1 月 12 日第二课时）但是，直言需要承担风险，有时会付出生命代价。因此，哪里没有直言，哪里言路堵塞，哪里就没有自由，哪里就有生存之忧。因此，真理与直言就具有内在的关系。对于哲学来说，实质上对于政治、道德也一样，保障直言就是美德的体现，而失去直言的保障则意味着对立面。因此，我们可以看看哪里是“禁言”的，哪里是“直言”缺失的。“嘴巴要上锁”，当这句话普遍流行时，就表明语言是关了禁闭的，用福柯的话讲，“嘴巴是受奴役的”。

谈论“绝对”的发生过程

很多人可以轻率地谈论“天”“天道”“公理”“上帝”这类“绝对”，但却不知道或不自觉这时发生了什么。那么这时发生了什么呢？

第一，一个现实的思想者，他作为个别意识，经历了一个提高过程。他作为单个人，却站在“绝对”的立场想问题。比如宋江，他有自己的“小九九”，但口中说着“替天行道”之类的口号。问题就是，这个过程是需要批判的。凭什么某一个人的自我意识（自以为是）可以代表“绝对”？谁赋予他这个“代表权”？他凭什么获得了“绝对”的“发言权”与“解释权”？

第二，“绝对”被“内在化”“个别化”的下降过程。“绝对”往往就是“真理大全”，如今它却被某一个人意识到、思考着，这样它就“落实”在“个别意识”之中。这就是“有限化”“局部化”。那么，这个过程会不会导致“真理本身”的“损减”或者“歪曲”？所以这个过程也是值得怀疑的。

第三，“绝对”的“个别表达”过程。“绝对”不仅被个别人思考，而且被表达出来。这个表达的过程也很值得注意。它是以哪种语言表达出来，具有怎样的个人意味，这是不一样的。比如，以德语的形式和以汉语的形式，这是不一样的。同样，同是“是”这个词，在黑格尔眼中与海德格尔眼中也不一样。这本质上也是一种“区别化”“差异化”的运动。

总之，所有这些问题，都是“同异”问题。那“唯一者”（同一者）在经过不同人的思与言之后，发生了“异变”。这就是它自身的“分裂”过程。很多中国哲学专家爱讲“天人合一”，却不知道，经他这么一讲，就必然发生了“分裂”的运动，那绝对的“天”已经转化为他这个人的个别思想物了。这就是“共相”总向“殊相”的过渡性。但是，这个过程并没有真正地严肃地进行对待。我们总是一蹴而就地完事了，这个过程就省略或忽略了。

“为己性”随想

“为己性”这个概念非常重要。什么是“为己”？它不是通常讲的“自私自利”，因为这个表述极有问题，带有道德判断的局限性。“为己”从根本上看，就是“本性的实现”。所以，“己”的问题就是“质”，就是“规定”。所以，“为己”就有“非己”的对立性问题。才讲“为”，则“不”已在其中矣。所以，在“为己”中就内置了“否定”，它实现出来就是“排他性”。那么，它同样具有“自闭”“自环”的特质。它建立自己的同时，必然就同时建立了“否定”或者“排他性”。这个问题要搞清楚。我们讲“为己”，不仅是从通常的存在物来讲，而且更要从“绝对”的高度来讲。比如黑格尔讲“理性的狡计”，实质上其根源在于“上帝”与其存在物的差异。“上帝”的“为己”不同于普通事物的“为己”。“上帝”为了实现自己，与普通事物的实现自己在目标上是绝对不同的。问题在于，“为己”的辩护者和被辩护者是谁？总之，搞清楚“为己性”这个概念，就可以搞清楚“目的性”，进而可以搞清楚很多问题。比如康德的“无目的的合目的性”，其核心实质上也涉及“为己性”。所谓“合目的性”，这个“合”必然基于某个主体而言，实现了其目的实质上就是符合某一“为己性”。

老问题：为什么“诗穷而后工”？

有两种文学观。一种是对现实持肯定态度的，一种是对现实持否定态度的。我们看古今中外的文学价值观念的主流，主要是对现实持批判态度的。这是为什么呢？这是因为真正的文学天才，是代表了时代精神的先锋的。我们看中国的屈原、陶渊明、李白、杜甫、苏轼、关汉卿，他们的成功之作就在于能够反映当时的被压抑的感情，表现出来的是一种不屈从现实的抗争精神，质言之，他们的文学体现的就是“否定性”。为什么必须如此或者非如此不可？因为最具有先进性的文学精神，必须是要改变现状的，是不满现实的，是要向世界提出更高要求的。他们代表着一种进步性，是要向阻碍性的力量提出抗议的。反过来，正是因此，他们必然遭受对立面的反噬，必然遭受打击，乃至于一生颠沛流离，甚至付出生命的代价。

要有“不在场”的生命自信

我近年来一直提倡“不在场”的正当性与真实性。所以，我一直反对只顾“远方”而不顾“近旁”。人类文明进步的体现之一，就是不必“事事躬亲”。人类文明的很大一部分，是“纸上”的，是间接性的存在，是想象性的或虚拟性的。这就是“不在场”或者“离场”。不要迷信自我的在场，不要陷入感性、直观的迷狂。很多人非要去现场看风景，看比赛，等等，无非就是坚信这种第一现场的真实性。但是，它其实具有很大的局限性。“第一人称视角”是受到很多限制的，不可能全面反映事实。你拿个手机或相机，千里迢迢去旅行，拍出来的照片不见得就是最好的。当然，你追求享受这个过程的美妙，这是无可厚非的。然而，我只是想说，“不在场”的美好就在于想象力的释放，越是“不在场的”，越利于想象的翅膀飞翔。据说范仲淹没有亲历岳阳楼，而是凭想象力写出《岳阳楼记》的。你看王勃的《滕王阁序》，其中最美妙的内容不见得就是眼中所见身之所触，而是大量的想象的产物。因此，我们要有“不在场”的自信力，不必“到处看看”，而是“不出户知天下”。倘若借助科技手段，我们完全可以“不在场”而胜过“在场”。“在场”是耗费性的，需要大量的时间精力金钱，而“不在场”则是极其节约的、经济的，“寂然凝虑，思接千载；悄焉动容，视通万里”，“观古今于须臾，抚四海于一瞬”，何其潇洒自如、经济划算！

所以，我们完全可以以“不在场”为自豪，不必舍近求远，认真地欣赏“近旁”，珍惜“眼前”，从而赢获的却是“天下”。

在“远方”与“近旁”之间，是有辩证法的作用的。比如，你花钱费力地去“远方”，实质上就是把“远方”变“近旁”；但是，与此同时，你的“近旁”也变成了“远方”。所以，你固然“贴近”了“远方”，却同时“疏远”了“近旁”。你的“远方”也是别人的“近旁”，你的“近旁”也是别人的“远方”。如果人人都只顾“远方”，那就人人都魂不守舍了，都失去了立足之地。如果人人都“在场”，那就拥挤不堪了，空间就没有了，想象力就缺失的。

“新精神的开端”

“古今中西之争”的核心问题就是中国要不要实现现代化，尤其是实现文化的现代化与价值的现代化。所以，解决“中西之争”的关键还是“古今之争”。我们能不能足够胸怀宽广，实行“拿来主义”，从而认为：只要“西”里面好的，拿过来就自然变成了“中”的。黑格尔说：“新精神的开端乃是各种文化形式的一个彻底变革的产物，乃是走完各种错综复杂的道路并作出各种艰苦的奋斗努力而后取得的代价。这个开端乃是在继承了过去并扩展了自己以后重返自身的全体，乃是对这全体所形成的单纯概念。但这个单纯的全体，只在现在已变成环节的那些以前的形态，在它们新的元素中以已经形成了的意义而重新获得发展并取得新形态时，才达到它的现实。”（《精神现象学·序言》，贺麟、王玖兴译）可见，开辟一个新时代，需要的是极大的包容性与创造性，它既需要继承各方面的文化精华，更需要创造新的形态。从而，无论是狭隘的“崇洋媚外”还是狭隘的“怀古复古”，都是不能承担这一任务的。

矛盾冲突检验法

了解一个人最重要的方法，就是矛盾冲突检验法。尤其是具体的利益冲突，比如金钱，最能够看出来一个人的本性。平时大家都一团和气，只是因为没有利害关系。很多人有一个体会，越是级别高的人，越是和蔼可亲，甚至温润如玉。这其实不能说明什么问题。级别高的人只不过善于用所谓修养掩饰自己罢了。级别高的人在生活中已经遇不到太多的利害关系相当的人，低级别的人构不成对他的利益威胁，他看普通人本身就处于优势地位，当然就和颜悦色为主。越是级别低的人，越不容易控制情绪，修养固然是一方面，最关键的是他的生活接受的挑战很多，他的利益威胁很多，所以就容易脾气暴躁。总之，不要被修养迷住了眼睛，要善于利用矛盾冲突的机会观察了解一个人。

哲学与科学

哲学干哲学的事，科学搞科学的研究。我看过哲学家去评判科学的事情，比如黑格尔、海德格尔，老实说，并没有真正对于科学研究有什么本质性的作用。哲学是形而上学，解决的是“意义”“价值”问题，是“至虚”的领域；科学是实证领域，解决的是具体问题，最重求证的程序。还是康德比较本分，老老实实地确立自己的领地，不越界。硬要用哲学理论去侵犯科学实证的地盘，是要闹笑话的。有人拿《周易》《老子》去凑科学的热闹，硬要与现代科学研究攀亲结缘，近乎无聊。玄学就是玄学，科学就是科学，少攀扯。

现实矛盾要现实地解决

现实的矛盾要现实地解决。思维的问题最终要转化为现实的问题。黑格尔也讲，思维必须异化，也就是必须现实化、客观化。倘若钻进牛角尖，在纯思维中兜圈子，那就是绝对的空。纯存在就是纯抽象，反过来，纯抽象就是非存在。只在思想内部兜圈子，就是非存在。马克思讲“人的激情的本体论”，而所谓“激情”，就是对象化的冲动，“是人强烈地追求自己的对象的本质力量”。人必须行动起来而不是陷入思想的苦恼。纯粹的思想烦恼就是现实的无力，就是意志的贫困。谁单纯地依靠反省自己生活，谁就等于空洞地生活，不仅是精神的空洞，而且可能陷入物质的匮乏。

由圣西门想到的

以赛亚·伯林《自由及其背叛》一书讲到圣西门，提到进步社会的四条标准。其二是，给最优秀者达到顶峰的机会。这令我想起自己《异在论与比较视域下的老子新解》对于“避免顶点”的反思。中国自老子开始，就有“避免顶点”的人生告诫，总结起来就是“不欲盈”。所以，中国的成功人士从古到今都最好低调做人，甚至夹起尾巴。我就以韩信为例，他的不幸结局的板子不该打在他身上。真正良好的社会环境，是奖励真正的有功人员的，是让他们扬眉吐气的。像“衣锦还乡”或“春风得意马蹄疾”，都是正常的，这些人奋斗过，甚至拼杀而九死一生，那么，社会就应该允许他们潇洒，这也利于他们作为榜样来激励努力奋斗的后来者。反之，如果一个社会，让成功的人活得不开心，战战兢兢，那么就会导致价值虚无主义。那么，就有很多人不愿意奋斗，更不愿意追求好上更好，因为谁达到顶点谁倒霉。在中国历史上，无论是《桃花扇》还是《红楼梦》，都书写过“眼见他楼塌了”“白茫茫大地真干净”的虚无思想。如果人人都这样，那就全社会“躺平”。

不要迷信直接性

不要迷信直观、感性、直接性。人类的知识体系、文化资源都是建立在间接性的基础上的。你不可能事必躬亲，也不可能锱铢必较地一一见证或亲证。人类创造的符号世界就是间接性的世界，是以想象、思念、观念为主体的世界。所谓有限而无限，从根本看，就是超越直接性而信任间接性。黑格尔说，人类的直观、“自发的原始性”，也都是长期教化的产物。(《小逻辑》第 67 节）人的眼睛、耳朵，等等，都是长期的演化成的，从而经历过反反复复的间接性积淀而转化为包含亿万年的间接性因素的直接感官罢了！因此，片面地信从第一人称视角、第一手的接触或经验，并不可取。一切文化创造包括艺术创造，只要经过了符号化，都是观念的产物，是间接性的世界。

“独断”的根由是什么?

我们中国人自己对学术文化传统有一个判断：“高明者多独断之学。”要突破汉宋学之争、狐狸刺猬型之争想问题。“独断”的根子是什么？中国传统喜欢直觉、顿悟、诗意的活泼。但是，其弊端就是留下了“主观任性”的“后门”。黑格尔《精神现象学·序言》批判天才的灵感和超凡的作风，原因在此。《逻辑学·第二版序言》也说：“这样限于单纯东西的办法，就为思维的随意性留下了自由驰骋的场所，思维本身不愿意停留于单纯，而要对它进行反思。”这里面涉及天才灵感型思维和平民日常化思维的对立，是诗性话语和散文话语的对立。谢林、叔本华、尼采、海德格尔，都是诗性的追求。

理论与实际

中国理论建设不能紧跟西方。西方大批现代性，你不能也有样学样。黑格尔说，密涅瓦的猫头鹰黄昏起飞。这句话是讲，理论是“后思”。《精神现象学》结尾也讲，绝对精神是世界历程的“回忆”。如果吸取其合理性，那就是说，理论不能太超前了，理论至少要与实践一致。很多西方新锐理论是西方实践的总结和批判。所以，照搬西方理论常常是文不对题的。比如，有人看西方批判技术，就跟着批判技术。实则，中国最需要技术，技术的基础并不牢固。这就是理论与实际脱节了。老庄哲学也批判技术，但是，跟海德格尔的思维方式并不一样。这里面有可商榷的东西。对于技术，庄子也是两种态度，不尽批判。

“丑”范畴

“丑”的发展经历了三阶段。一是从属性的，只是“美”的陪衬；二是共存性的，与“美”对峙而立；三是独立性的或主导性的，构成“美”的挑战，代表着颠覆性、批判性、创造性。“丑”从否定性的范畴到肯定性的范畴，从负能量到正能量，从痛感到快感，这是人类的认知能力突破，也是传统审美疆域的开拓，更是观念的解放与自由的精神。所以，“丑”起着开路先锋的作用。

“命”是什么？

“命”是什么？无非就是不确定性、偶然性，但其根源还是个人的有限性。你问它有没有，或者信不信？那么，首先要界定它的内涵。其次是要回答：你提出“命”这个概念的意义是什么？“命”这个概念的提出，往往是源于对于外部环境的否定性的认识。外部环境向着单个人的行动说“不”。几乎每个人都要遭遇这样的“不”。它就是所谓拦路虎、一道门槛，越不过去了。那么，怎么办？遇到这种情形，无非就是“认命”，顺从这个“不”。所以，“命”这个概念就起着解释人生的终极作用。它也是一种“安慰剂”。只要你承认人的有限性，那么，这个“命”就是无限性、绝对性。由于人克服不了它，它就是绝对否定。然而，人并不是总是顺从它的，既然人意识到了“界限”，那么就已经超越了“界限”。那绝对否定就已经作为否定内化为“命”。因此，“命”这个概念的创造与使用，就表明了人对于此绝对否定的否定，就是对于它的占有。人以“命”自命，行使着对单个人的否定：你不行，认了吧！当此之际，总有某个人身上附着了“命”，而他一边行使此绝对否定的特权，一边又不自知“命”的向己转化。

再说表达的“晦涩性”

几年前（至少2017年），我就说过，通俗易懂不该作为哲学表达的要求。重读阿多诺《晦涩，或者该如何阅读黑格尔》一文，我回想起这个问题。“明白性与清晰性”的要求，或许是违背哲学性的。阿多诺说：“理解哲学，甚至理解黑格尔哲学这个任务，就必须走向反抗流行的明白性规范。”（《黑格尔三论》，中译本，第83页）我一直以为，诗与哲所面临的，既有明白、清晰的对象，但也有晦涩难懂的对象。对于对象的特性，语言表达也要相应地调整。那明白清晰的对象，自然就以明白清晰的表达方式呈示；而那本来就模糊晦涩的东西，语言表达也应以模糊晦涩的方式来再现。是对象的特性决定了语言的策略。只有懂得世间存在着本来就深奥难晓的事物的人，才能理解表达本身的晦涩性。表达固然是为了沟通，但是，并不是所有表达都能符合接受者的需要，因为世间不仅有“上士”，而且最多的是“下士”。因此，面对“明白如话”“深入浅出”的要求，就不必太当回事。而且，什么是“明白如话”“深入浅出”，以及相对于谁“明白如话”“深入浅出”呢？

对“量”的追逐

海德格尔对技术进行过批判反思。但是，技术的本质是什么还有待于弄清楚。最早对技术进行批判的，是庄子的“抱瓮老人”，他提出“有机事必有机心”。但最终技术使西方压倒东方，船坚炮利统治全球。技术既促进了中国的发展，实现了物质生产的现代化，甚至还实现了管理制度的现代化，然而，技术也导致很多问题。数字化管理、“表格拜物教”盛行，导致只重形式，而忽略内核。而这种“形式统治”是“抽象统治”的实现方式。一切都高度抽象化、形式化了。“质”彻底地转化为“量”，疯狂的物欲转化为迷狂的“量欲”，对“量”的追逐成为新的风潮。

从“有限”做起

读德国古典哲学，会发现不管是黑格尔，还是谢林，都很重视“有限化”的实现过程。今天看书，里面引用歌德的话说：“你愿迈步在无限中，但你必须通过有限的道路。”这句话可谓“有限化”思想的精要表达。

我们都知道，人类的形而上学冲动就是“求无限”，谁不渴望那种绝对、彼岸、神圣的境界呢？但是，在这个前提下，就可能有两种思路。一种是把绝对、无限与相对、有限相对立，用前者否定后者。这就可能会导致前者的孤悬、虚设。另一种就是看到两者之间的过渡、转化、依存的关系，尤其是要求从后者才能达到前者，前者本就在后者中。所以，绝对并不远在天边，而就在眼前。佛教的“解脱日常化”的意义也在于此，“祖师西来意”本就是“庭前柏树子”。但是，这种思想还是没有获得进一步明晰的哲学发展。“有限就是无限”，或者，“舍有限本无所谓无限”，进而，“无限必须向有限运动方可为真”，否则，所谓“无限”就是“虚妄”。由此更进一步，则必然是“个体化原则”。这是普遍性的实现之路。

尼采《朝霞》讲，“取法乎上”不一定就好，有可能导致一种矫揉造作的作风。看来，还是“下学而上达”比较稳妥一点。由此又涉及儒家的“尊德性”与“道问学”之争，倘若从稳妥的角度来看，也不见得“道问学”就不好。

中国传统思想教做人，往往高标准严要求，一讲立志就是“成圣”，但可能连一个普通人、正常人也没做好。倒不如老老实实，承认人的有限性甚至劣根性，从低标准宽要求做起来。如果这样，“圣”反而可能比较容易实现了。还是从“有限”开始，从“凡”入手吧！

“见利思力”更重要

比起“见利思义”，更重要的是“见利思力”。能力最重要。好东西人人都想，但是最终还是看“力”。所谓“自知之明”，无非就是两条，一是“智”，一是“力”。既不要受别人鼓噪，也不要欲望膨胀，不要光想着“要”，也要看看“得”的条件够不够。很多孩子的教育如果缺乏这一条就很麻烦。他什么都想“要”，父母什么都得满足他，一不满足就死闹，长大就容易出事情，会为了“要”自己得不到的东西而干出出格或者违法犯罪的勾当。所以，必须懂得自己的限制条件是什么。所谓自由，不是胡作非为，而是懂得自己的限制条件，懂得自我限制，在自我限制的范围发展、实现自己。

关于“理性直观”及其相关词语的讨论（理论思维要有概念意识）

群里有老师说：重读汪裕雄先生的书，他提到“理性直观”这个概念，这就与“感性直观”相对。于是引起了群内的讨论。又由此涉及“知性”“悟性”的使用问题。我的发言寥寥数语，照录如下：

牟宗三有部书讲“智的直觉”，胡塞尔讲“本质直观”，都涉及这个问题。

康德《纯粹理性批判》里也设想过“理性直观”（比如上帝式的那种），只是没有坐实。牟宗三认为康德所谓的就是“智的直觉”，而中国哲学早就有落实了。

关键是看语境。比如感性、理性、悟性的划分要看符合不符合胡塞尔的实际。每个人的概念理解不一样。那么，作者的使用情况也不一样。

一般讲知性，understanding，《存在与时间》英译本就用这个词，中译本则译为“领会”，差别太大。

在康德、黑格尔的汉译处理上，是“知性”。但海德格尔的处理上，则既有“领会”的翻译，又有人译为“理解”。这之间区别实在太大了。

汉语的“悟”显然常常比较高级别。“悟性”常常是很空灵的，与灵感妙悟联系。至少汉语使用大多如此。

而在通常的国人理解中，特别是以前教科书批判“形而上学”式的思维方式，受这种影响，“知性”往往显得呆板、僵化。甚至于，一提“知性”，就联想到“形而上学”（静止的、僵化的、孤立的）。

两种“理解”或“知”

“理解”有两种意思。一种是“解蔽”“扒光对象”，但偏于自己的到场，偏于主体性的张扬。另一种则是“呵护”“不揭开”，日常生活中常讲的“理解一下”或“看透不说透”，或者“不揭短”“不戳伤疤”，就有这方面的意味。所以，“知”就有两种，一种是侵犯性的，一种是保护性的。人类的“知”将来要从前者转向后者。记得有人比较东方文化与西方文化的差异，就举了英国诗人丁尼生看花诗与日本俳句大师松尾芭蕉的例子。丁尼生是把花摘下来握在手中看，这是破坏性的观看；而松尾芭蕉则是远观其美而静赏之，这是保护性的审美。所以，讲“理解”讲“知”要区别这两种情况。海德格尔虽然有倾向东方文化的地方，但本质上，还是把“知”“理解”奠基于“剥光事物”，其立场虽既讲“遮蔽”又讲“解蔽”，但“解蔽”始终是主要的，也是其主导性的运思方向。

简说“不定”

我们碰见“不确定”怎么办？作为“现代性”标志性情绪的“焦虑”的根源，可能与个体的日益不能掌控未来、命运由社会大分工后的无数个千丝万缕联系的

“部件”决定有关。什么都不再“前定”，而是一切都靠偶然性、拿不准。

你去办事，办事员告诉你：“这事还没定。”你可能会焦虑，尤其是事又紧急的时候。这是工作中的“不定”。一个男生追一个女孩，女孩优柔寡断，她连自己这辈子要什么爱情与婚姻都“搞不定”，所以这件事更是“不定”。男孩只好要么等，要么走。这是恋爱中的“不定”。你跟一个人辩论，他随意更换话题或者概念，甚至随意改变立场，你就像抓泥鳅一样难办了。这是日常对话中的“不定”。

那么，在学术上，也有各种类似的“不定”。老子的“道”就最不好“定”，因为它“恍惚”。《坛经》讲“出语必双”，见机行事，也是搞“不定”。算命的、看相的和玩权术的相似，往往说“模棱语”，等你选择了他就顺水推舟，这就叫随机应变，总是能“中”。中国人爱玩这个“中”，其中的“不确定性”是“油滑”还是“灵活”，真不好说了。

答学生问佛教的有关“主体性”问题

课下有学生问：佛教与“主体性”有没有关系？简答如下。

佛教文化正如东方文化，主流是排斥“我”的。我以前就讲过，儒家的反对“私欲”，道家的主张“无己”，佛教的否定“自性”，本质上都是反对“个体化”。中国传统哲学，没有西方哲学的“个体化原则”，这是中国长期以来个体受压抑的根源。中国历史上当然不乏“主体性”追求，但突出表现在异端分子那里，尤其是诗人文人那里。这也是中国儒家正统历来贬低文人的根源。

具体到佛教文化，情形比较复杂。佛教整体上主张“缘起性空”，对于万物的“自性”是彻底否定的，一切只是“缘”而毕竟都是“空”。但是，佛教发展到后期，开始注意“色空不二”，连道家都跟着受影响发展出来“重玄学”，主张“有无双遣”。就慧能来说，他具有强烈的“主体性精神”，他开始主张佛性平等，甚至“立地成佛”，那就要肯定人人都有觉解的可能性。“主体性”本身就有“觉解”之意味。禅宗发展到后来，“诃祖骂佛”，就是在提升俗世众生的地位，乃至于“砍柴担水即道”。但是，佛教的“主体性”还不够彻底，整体上还是偏于对于“我性”的否定。

佛教反对“执”，主张“放下”，《金刚经》讲“无住”“无我相”，这是反“主体性”的显著之处。但是，一切信仰都要落脚到信众，而信众正是一个个的活人。这些活人，都是行为的“执行者”，这本身就是“主体”。一切行为、著述、言谈，都有一个具体的“我”。当然，很多人一边讲“无我”，一边却不知道他自身即是“我”。

真正的学问为什么要警惕“用”

古今中西，在很多问题上是有巨大的分歧与争议的。但，或许在一个问题上，有不少思想家、哲学家具有共识。比如讲学术，尤其讲哲学的追求，中国的孔子、老庄，西方的亚里士多德、黑格尔、海德格尔，都表述过对于“用”或“利”的戒惕，海德格尔更多次讲哲学就是“无用之学”。为什么要提倡“无用”呢？

这是因为，一切“利”或“用”都具有暂时性，尤其是牵缠着具体的现实利益的时候，其局限性是很大的。黑格尔讲，凡是工具，其命运就是被消耗。我们经常讲“过河拆桥”，对于急功近利的“过河者”，那“桥”的存在是极短暂的。这也就是为何康德提出，任何人不得以任何理由把人作为工具的根源。康德提出“人是目的”命题，就是对治这种“工具论”的。

真正的学问，尤其是哲学，其追求的价值必然不是短暂的、速朽的。哲学思考的问题涉及永恒性、普遍性问题，而其他学问的积累也需要长期的稳定性、传承性，这之中往往并不切近现实的需求。反之，你研究学问如果跟风，那么这股风过后你的价值可能就过时了。学术与现实保持适当距离，以间接而非直接的方式影响生活，这既是保护学术也是尊重生活。

人文学科之意义更多的是涉及人类尊严、精神守护、文明传递。它跟“用”“利”的关系是间接的，甚至是较远的。凡涉及“用”，总是和有限的品位、风尚、时好有关。比如手机，更新换代非常快，它的“用”虽显著但又极短暂。人类的知识传承不能这么搞，否则就乱套了，就会导致虚无主义。所以，人文学科的学术研究不能类似于手机生产，它虽然不像手机那样“实用”，但是，它也不像手机很快就被淘汰换代了。

记住，当你充当了具体某“用”时，那淘汰你的新“用”也早就备好了。

简说情感的现代化（周二研究生课回顾及思考）

我讲《存在与时间》时说，这部书一看就是现代性的，其中反映了二战之前民众普遍的惶恐不安，尤其“焦虑”（中译本“烦”“畏”，英译本 anxiety、care）是现代社会的基本情绪。你焦虑吗？你焦虑就对了，说明你现代化了，你的情感是现代化的了。

我一直讲，中国现代化，不单纯是制度的现代化，而且还是全体中国人的现代化，尤其内在为心灵、思想的现代化。这之中，就有情绪、情感的现代化。哲学是时代的精华，黑格尔、海德格尔、萨特，都体现了这一点。在表现现代人的焦虑、惶惑、荒诞、尴尬、恶心方面，海德格尔、萨特是非常突出的，福柯、德勒兹也是如此。

阅读海德格尔，我发现海德格尔最了不起的，还不是思想深刻的方面，尤其还在于他的情感体验的时代性与丰富复杂程度，他有长篇大论讨论“无聊”问题，这些文字是有温度的。

诗歌也是时代的精华。诗传情。作为现代诗，不单纯是表现手法、话语方式的现代化，而且还是心灵状态、情感气质的现代化。现代诗要把当代人，尤其是转型期的中国人的精神分裂性、矛盾性、变态性等特质传达出来。如果时代是“病”的，当代诗也要跟着“病”，这就是与时代共呼吸。

释“本然”及其他

有同行问起“本然”问题，简要说明如下。

事物的存在方式有两种，一是在自身中的存在，按照自身的方式存在。王维“木末芙蓉花，山中发红萼。涧户寂无人，纷纷开且落”大抵就是这种。它是按照自己的生命节奏，按照自己的本性花开花落。另一则是在他者中存在，受他者的影响，经他者的反映而呈现。这种存在就沾染上了他者的因素，就变得“失真”，就不“纯然”“本然”了。

人是万物的他者。从中国传统尤其道家讲，一切皆着人之色。所以，道家哲学是“去人化”的哲学。

庄子曾经讲金属“就范”而踊跃激动的寓言，讲“天人之别”，原因就是人为因素改变了事物的自身发展方式，变得不“本然”了。

禅宗讲担水砍柴即道，是因为这种生活方式是遵从自己的生命本性、符合自己的生命节奏。但是，当代人定闹钟，因为参加一项活动就打乱作息，就受外部影响而失去自我了。

道家、禅宗讲的“自然”“自家面目”，并不神秘，无非就是坚持自己的生存方式，坚持在自身中存在。所以，西方的讲“光”，讲“反映”“反思”等等，尽管也追求“如其本然”“是其所是”，但从中国传统看来，就是多此一举，因为已经加入他者的干预了。

比如，“如来”意即“如其所来”，就是从自身中发展而来。花到一定季节自然就开了。但是，人类搞出反季节的花，就不是“如其所来”了。

区判“本然”与否的关键是，是基于“自身”还是基于“他者”。康德讲“物自身”，就是想搞明白事物的纯然、本然的情况。黑格尔认为，他者因素并不能简单地否定，完全可以做到由他者而自身，由现象（包括假象）而本真。

海德格尔虽然被很多人视为反西方传统，但仍然是西方哲学的传统。比如，现象学的本意是消除观察者的影响因素，达到事物的“如其所示”，就是要事物按其本然而显现出来，追求所谓“面向事物本身”。但是，海德格尔偏偏认为，人作为优先的存在者，总是具有“先行视见”“先行把握”“先行理解”的一系列“先结构”。所以，他化胡塞尔的消极预防而取主动利用，高度重视“先理解”的积极作用。这与黑格尔之与康德，思路是一致的。这就无怪乎列维纳斯等人认为，海德格尔仍是西方在场形而上学的老路。

晚期海德格尔稍微近于中国传统，但是，也只是“稍微近于”而已。早期海德格尔，与中国传统差异极大。

以海德格尔哲学为例，它在西方文化中传播、发展，就相当于“按其本然”“如鱼在水”。但是，它传入中国，经过汉语化，经过中国人的思维改变，就是“在异质性文化”中的传播了。

对于海德格尔的理解，要注意中国文化与西方文化的异质性，简单求同不如尊重差异。这也是我不主张照搬西方理论的原因。西方理论可以参照，作为对比，谨慎使用。

以海德格尔之矛可以攻其盾。海德格尔既主“天地人神”四座架，则“神”只是其一。岂可以其一而遮蔽其三？

海德格尔《存在与时间》有自相矛盾，其晚期与早期又有矛盾，当然也可以理解为发展。

人的解放问题与现代化进程问题——由群里聊天引起的思考

人的解放，其本质就是摆脱自然属性的束缚。同时，一个人的成长应该摆脱天然的条件束缚，比如土地的束缚、血缘关系的束缚、地域环境的束缚，等等。中国是“人情大国”，重各种人情世故，本质上还是一种束缚。李泽厚讲“情本体”，我就认为这不利于中国文化的现代转化。人与人之间的关系，只有冲破了私人的、亲缘的圈子，才会海阔天空。比如，在凌晨深夜，天下大雨，但是我照样可以叫到外卖。外卖小哥与我无亲无故，但是他及时送到。长远来看，普遍来看，这种陌生人的服务，比亲友间的帮助更加经济、快捷、专业、有效。

基于现代的经济机制和国家治理机制，你并不需要牺牲“私”，也不需要背负着“自私自利”的罪名。因为，通过完善的制度运行，你的一切“私”都必须通过转化为“公”才能实现。比如外卖小哥深夜送货，纯是为了赚钱养家，但是，他的行为是商品化的、社会化的，这就是“公”。同样，我花自己的钱，无论怎么花，都必须通过满足别人的物质利益来实现出来。我的身体欲望，这些最“私”的东西通过金钱而转化为“公”了。这就是说，在良好的现代机制下，越是“私”的就越是“公”的。

目前干扰中国现代化之路的，一是传统文化派，其中道德理想主义者尤甚；一是西方后现代主义、非理性主义等形形色色的解构思潮。这两派的共同敌人就是“现代性”。所以，必须坚定不移地坚持现代化，并与这两派保持距离，但同时也借鉴吸收它们的合理价值。

说“六经皆史”

翻《陈登原全集》至《太白读书记》“六经皆史”条。这展示了历史学家的博学。但我还是想从哲学上讲“六经皆史”。我想提一个问题，这个问题可能是第一次提：为什么中国古代没有由此发展出“天理即史”？

“六经皆史”的意义在于，它打破了“经”的神秘化，附会地说，它是“经”的“祛魅”(Disenchantment)。“经”本是永恒的，“道不变天亦不变”。但是，“史”是时间化的、有限的，尤其是具体的、与时俱进的。所以，“六经皆史”的积极性就在于，它赋予了阐释者的自主权，可以权变，可以更改。这就为“六经注我”留了后门。

“六经皆史”本来应当进一步，因为“经”的所在就是“天道”“天理”，故其进阶就是“天理即史”。也就是说，“天理”也必须时间化，也必须从验诸实事的立场来理解。但是，传统中国并没有发展到这个地步。

“六经即史”发展到“天理即史”，再进一步又会如何？那就是，凡不能验诸实事的，凡不能客观实现的，都是空的、假的。这就是黑格尔的立场了。黑格尔的哲学立场，简言之，就是“理念即时间”。《精神现象学》就是展示绝对理念的时间链，是其在历史意义上的“显象”。所以，必须转化为时间性的存在，理念才是具体的、真实的。

牟宗三曾经说，黑格尔的哲学气质更接近中国传统哲学。或许有其一定道理。就“六经皆史”与“理念即史”来说，两者是可以比较的。且提一下黑格尔的名言：“凡是合理的，都是现实的。”这个“合理”应当从“天理”“绝对理念”的高度来理解，而不是主观的、随便哪个人以为的“合理”。这句名言的意思是，凡是合乎“天理”的，都是必然会转化为时间性的存在，必然成为一种实事。所以，“天理即实事”或“合乎天理者必达于实事”。

总之，中国传统的“六经皆史”并没有达到“天理皆史”的程度。这种遗憾有二，一是它没有为主观任性的解经设置防火墙；二是它没有就“史”的角度讲透彻客观性与时间性的关系。进一步说，中国传统没有意识到，一切绝对的存在都必须发生一个“异化”才是真实的，即，无限者必须有限化，高高在上者必须降格以求其落实。质言之，绝对之“真”必须承受“假”的代价。

简说“真诚地说谎”

人的确会“真诚地说谎”。但是，此处讲“真诚地说谎”不同那种“谎话说久说多了自己都信了”的情况。而是从根本上来说，人人都“真诚地说谎”。即是说，不是从主观动机上，而是从其客观效果上，“说谎”是必然的。

何以故？其一，人的认知是有限的。故，即使言说者本人很诚实，他的认知局限决定了他的任何言说都具有片面性或局限性。其二，人的言说是有限的。一是语言的个人表述能力的问题。二是语言本身的效能问题。其三，事物的“反转机制”或“颠倒效应”。（1）言说本身具有反转作用，我说“我眼前这棵树”，但写出来以后，这句话发生了反转作用，一己之感性转化为人人可见之抽象文字，个别性反转为普遍性。（2）事情本身具有反转作用，涉及通常讲的“物极必反”。但是，“物不必极而反”的情况是存在的。从自身到他者，从内到外，这个转化过程就是“异化”，这里面就有“反转”。（3）接受者的“反转作用”。师长对孩子说：“我是为你好！”但孩子却觉得“很不好”。这种“反转”也很常见。

这个“真诚地说谎”现象就是客观性的意识虚假性。它也不同于《德意志意识形态》中揭示的那种欺骗性的意识形态。统治阶级把自己的思想冒充为全人民的利益，这里面可能是“有意的”，故具有自知的欺诈性。但“真诚地说谎”是不自知的，言说者本人的确是“真诚地”。

每个人都是有限者。这是客观事实，这种客观性导致言说者之所言具有不真实性。故，所谓“真诚地说谎”区别于通常的“说谎”。此处所谓“说谎”是指，所有的言说都具有非真的一面。

“无往不复，天地际也”（元旦随记）

从昨天晚上到今天，脑子里反复地想着“反复”这个词。前几年，我对于辩证法想要用“颠倒”一词概括。从今年，我就重点转到了“反复”这个词。这一年来，这个词在我心中的复现率很高。

读史，回忆人生，所谓规律的东西，就是“交替往复”，从“颠倒”到“反复”。人是矛盾，既有分裂性，又有反复性。所谓“反复小人”“反复无常”，都应该取消其贬义色彩，从中性价值讲。我观我心，反反复复，反刍、反思、反省，都是如此。我观世态人情，“万物并作，吾以观其复”，通过其可重复性，来思考问题。我观人之本性，思考“什么能够改变一个人”，也是从重复、反复、推翻又重来，来总结之。再想到国家、民族、世界，“反复”“倒退”，尼采的“永恒轮回”，萨特的“前进—逆溯”……

“无往不复，天地际也。”《周易》这句话我今早第一念之想。

人的意识（聊天及思绪）

倘若我们把世界存在二分化，比如按照“可见性”（显）与“不可见性”（隐），那么，意识、观念就是这“不可见”的存在，即通常所谓之“虚”。所以，它的存在就非常麻烦及复杂。

一个人自以为是，觉得如何如何，能不能算数？比如一个人觉得自己得到了“人生大自在”，这算不算事实？所以，需要一个检验标准与审查方法。这个标准、方法就是“显”以知“幽”，或者是从现象到本体，总之就是从外部可见性入手。

但是，历史上有很多思想流派拒绝意识被审核与检验，它们就必然强调意识、观念的特殊性，比如内在性、隐秘性、不可知性，等等。这就是把意识孤立起来、绝缘起来，等于建立了一道抵御或防备窥伺的墙。

马克思最瞧不起的就是意识，在《1844年经济学哲学手稿》中就讲“意识很倒霉”。意识为什么“倒霉”？就是因为它没有人们自以为的地位那么高。意识的存在取决于很多制约因素，比如物质因素、社会条件。马克思强调最多的就是经济因素。意识觉得自己很高贵，很“自由”“逍遥”，其实离不开一系列的保障机制。

意识形式具有虚假性、幻想性、有限性，乃至于意识之间相互矛盾、对立。所以，我们的任务就是揭穿这一点。你对自己的评价，你对现实的认识，可能都有暂时性、片面性、虚假性。其基本判断方法就是：（1）现实对照法，拿意识与其反映、指向的现实比较，这是最基本的方法；（2）主体间的交流方式，通过对话、碰撞来互相检验、校正；（3）自身矛盾法。一个人在不同的时间、地点对同一问题的观点不同，这就是自身矛盾，足以证明其问题；（4）阶级分析法。这个方法过去经常用，现在好像过时了。但是，方法之为方法，关键在于如何用。我们拿这个人的身份地位与其观点进行联系，这种方法目前仍然广为运用，只不过不再叫阶级分析法，地位优裕的人，不了解百姓疾苦，不了解他人痛苦，这都是“阶级地位”造成的。古代有“何不食肉糜”，当代有“饱汉子不知饿汉子饥”，或“站着说话不腰疼”。

关于《乡土中国》的思考

《乡土中国》是费孝通先生写于20世纪40年代的旧作。这部作品已经被称作名作，但是，其中所涉及的对象，那个“乡土中国”正在加速度地逝去。对于乡土，很多人都寄托着一种乡思、乡愁，甚至引发一种田园牧歌式的诗意。包括费孝通先生，他的这部朴实的作品渗透的情感是复杂的。我们必须以一种高远的哲学视域来对待“乡土中国”的问题。我这里先讲几个哲学家的观点。

一是黑格尔的立场，他对于人们迷恋“天真未凿”的“淳朴”是不以为然的。他直截了当地指出，人类必须走出这个阶段，必须承受精神分裂的诸种痛苦，因此，认为知识进步导致罪恶满盈，导致道德沉沦，这是错误的。

一是海德格尔的立场，他是农民出身，他后期的哲学完全沉浸于某种田园诗意之中，所以他执迷于“林中路”，寻求那种幽暗包围着的“微明”。在他晚年接受《明镜》记者采访时，他对于西方文明，尤其是“新时代技术的全球化”具有深刻的敌意。所以有人讽刺海德格尔是“一个被惊呆了的农民”，他面对技术统治全球的大趋势，无能为力。

黑格尔的立场是城市文化的立场，海德格尔的立场是乡土文化的立场。两者是对立的。这里，我再提供一个立场，就是《共产党宣言》的立场，里面的观点至今还不过时。《共产党宣言》涉及的内容很多，姑且介绍与我们的论题相关的：（1）从生产方式上说，资本主义运动淘汰了过去那种家庭作坊式的生产方式；（2）从社会关系上说，资产阶级把温情脉脉的人际关系变成赤裸裸的金钱关系；（3）从道德伦理上说，旧道德教条被彻底抛弃，“一切神圣的东西都被亵渎了”；（4）从个人生存上讲，人人被推入巨变的洪流，陷入“恒久的不安定和变动”。我们可以和“乡土中国”对照一下，《共产党宣言》讲的这些，都是基本事实，都是导致“乡土”遭遇致命冲击的根源。

回顾历史，我们要具有“古今中西大视域”。中国的“乡土”代表的旧的生活方式、生产方式、道的方式，这是“古”的根源。而所谓“今”，基本上是以现代文明为标志的。所以，“传统关系”从属于“现代关系”。中国近代以来的大变革，是“三千年未有之大变局”，本质就是中国传统文化与西方资本主义的遭遇。梁漱溟说过，如果没有西方列强入侵，我们的文明说不定还是老样子。“中西关系”是我们思考一切中国问题的基本框架，就是现在，我们还是遭遇中美贸易战，这就是现实。在此，我们就要从振兴中华的基本立场，来审视“乡土中国”的诸种现象。

第一，“乡土中国”代表的“乡土梦”与中华民族崛起为核心的“中国梦”是什么样的关系？我个人觉得，“乡土梦”是早晚要醒的，这种梦是极其脆弱的。甚至说，“中国梦”的实现必然牺牲掉“乡土梦”。这是因为，要想国家富强，民族崛起，就必须彻底地实现工业化，就必须进一步发展应用科学技术，就必须推进“城镇化”。所以，“乡土梦”与“中国梦”的基本关系是对立关系。有一首歌叫《常回家看看》，有一种现象叫“留守儿童”“留守老人”，这都是必然的结果，也是人们要付出的代价。中国的经济力量是空前巨大的，它是一只无形的大手，把千千万万的穷乡僻壤的农民从蛰居的土缝里抠出来，把他们赶向城市，让他们面对城市的灯红酒绿。

第二，“乡土中国”代表的传统观念与现代文明是基本冲突的。传统中国是人情大国，是“面子文化”，是血缘关系与地缘关系为主。

第三，感情与金钱的关系。有句话叫：“谈钱伤感情。”这在费孝通描写的《乡土中国》的时代，更是如此。那个时代，人们安土重迁，大家低头不见抬头见，乃至于一辈子接触的人就那么多，所以，人际关系比较稳定、单纯、淳朴，道德约束力也强。当此之时，“情”是人际交往中很重要的纽带，“德”是行为准则的很有效的机制。但是，今天这个时代，人们的工作、居所是变动不居的，人的交往是不确定的，再靠传统的那一套就不太合适。所以，现在有一种讲法，叫“能用钱解决的事，尽量不要用人情”。动用熟人关系办事，甚至可能“宰熟”，而且缓慢拖延。公平地说，金钱并不肮脏，甚至于说，基于金钱而发生的人际交易、交换相比之下可能是较为干净的。在家庭内部，在亲人熟人圈子，感情很重要；但是，走出家庭，进入职场，进入社会，利益占的比重就大起来了。

最后，我想谈一些当代的思想混乱或纷争。面对现代化进程，面对当代中国的各种问题，我们该怎么办？有各种不同的声音。要不要退回到“乡土中国”的那种情况？有人说“人心不古”，有人痛恨道德滑坡，有人担心价值观混乱，有人痛骂“崇洋媚外”，有人讲“文化自信”，等等。

我想说的是，“乡土梦”的本质源于“城市病”，对于田园牧歌的向往，对于远方诗意的憧憬，是因为激烈的竞争、现代生活的焦虑、人际关系的冷漠。但是，这就是中国崛起的代价。现在有一种倾向，试图用传统文化、传统道德伦理来解决问题，这种思维方式就是简单地复古，妄图回归过去。因此，面对各种问题，不能靠简单地开倒车。

这里我想提一个词，就是黑格尔讲的“扬弃”，“扬弃”就是既保存又发展，是发展地保存，因此，它不是照搬。

最后，我想提一个问题，那就是：“你活得累吗？”这并不完全是一件坏事，而是：

你累，因为你是人，

你焦虑，因为你追求，

你痛苦，因为你深刻！

我还要提起一本书，保罗·蒂利希的《存在的勇气》，是 Courage to Be，但是，在今天，我希望各位 Courage to be yourself，是活出自我的勇气！

说“本质力量”

昨天讲《文学理论·导言》，涉及“人的本质力量的对象化”，并且布置作业要求读《1844 年经济学哲学手稿》的有关论述。

“人的本质力量”是什么？涉及“人是什么”，康德讲三大问题，归结到这一点。从黑格尔角度来说，人的本质力量就是从事概念思维的能力。从马克思这里讲，就是“改变世界”的力量。但可以广泛说开去，涉及身体能力、精神力量、语言能力，等等。学生发言也提到各种力量，比如创造力、审美力量，这是我很满意的回答。

具体到中文系师范生，其“本质力量”应该是什么呢？我的答案是，卓越的思考力与强大的表达力。

具体到“文学是什么”，我引用《周易》“鼓天下之动者存乎辞”，这种“鼓动力”（“兴”）就是文学的“本质力量”。

有一种“苦”是“纯思之苦”

有情皆苦，佛教善于讲各种“苦”，所谓“苦集灭道”，“苦”是奠基性的存在。人生不易，遭遇各种各样的否定力，这诸多否定力交集于心，就是“苦”。

但人生大多之“苦”，是基于利害冲突的，是患得患失。但也有一种超越于利益关系的苦，比如在纯粹的思想领域的痛苦，这种苦我谓之“纯思之苦”。

比如，胡塞尔的《逻辑研究》，是经历过至少十年的“从绝望到绝望”的黑暗摸索的。胡塞尔把它提高到决定自己“存在还是不存在”的高度。再比如，海德格尔从 1907 年左右开始接触现象学，到他 1926 年出版《存在与时间》，中间近乎二十年，他自己回顾这一过程说“太漫长太艰苦”。

那些历史上数得着的哲学家，大多经历过“纯思之苦”。有人说很多哲学家心理异常，其实是难免的。因为他们沉浸于高精尖的问题，长期从事极其艰苦的思考，这种“纯思之苦”自然导致人的种种心理问题的。

颓败线上的随想

从世界繁荣的立场讲，光有“爱”“仁”是有问题的。那是天真的想法。万物沐浴于“爱”“仁”，则万物皆有“惰”，世界必归于大空乏。细想来，那些敌对的力量，那些讽刺你否定你的人，都让你不舒服，这就逼你走出“舒服区”。这些力量的存在并非一般以为的毫无意义。

我近年的哲学思考，皆是由切身体验经历而来。那些抽象的概念，有生气灌注于其中。我们既要总结那推动人进步的力量，也要思考那导致一个人失败，乃至于付出生命的力量。这些力量的存在，必须是哲学的核心问题。

“无我之境”只能是极少数人的。那推动绝大多数人的，乃至于全宇宙万物的根本力量，必然是“欲力”。只有极少数人才能实现的，必然是与绝大多数人背道而驰的。

那违背你意愿的存在，那否定你的东西，那导致你挫败、沮丧的事情，这些构成了“不”。必须认真思考其必然性与合理性。

哲学问题必须源于残酷现实。比如读史，那种亡国灭种之痛，能不能成为哲学问题？事实上，西方现代哲学、后现代主义，是与法西斯大屠杀有联系的。那尸山血海、累累白骨，都必然激发出深邃的哲学之思。

论本性的呈露

那种藏着掖着的本性只是单方面的，唯有激烈冲突中，事物的本性在矛盾的最高峰才彻底暴露出来。未经冲突的本性可能是廉价的，唯有历经冲突的本性才展示了证明了其存在的合理性，也才最终赢得认可与尊重。在相互的碰撞中，人才清楚地认识到自己的有限性，唯有基于有限性的贞认人才认识到异己存在的必然性。

我们历经磨难不是为了扬眉吐气，不是为了出人头地，而仅仅是为了一个朴素的目的：做真实的自己。但是，甚至那种种虚假性的、伪装性的存在也不是毫无意义，它们正证明了：做真实的自己需要多么大的勇气，需要付出甚至事倍功半的努力，但是，恰恰因此，它才是最可贵的。很多人之所以人前掩饰伪装，只是证明了其实现过程的曲折性与艰巨性。

倘若康德的“人是目的”是人道主义的最高命题（后来，费尔巴哈、马克思都基于此提出类似“人的本质就是人本身”命题），那么，把这个宏大命题个体化，则是：本己存在就是目的。人的一切困难都来自世间存在都想实现各自的本己性而拼命地否定他者。在自性与他性的斗争中，人的本己性受到了多重的扭曲与伪饰。甚至，那口口声声活出真我的人，也只是戴着一种面具。

“万物静观皆自得”

世间尽有各种美好的存在。甚至那些所谓的恶人，还有那些道德有瑕的人，他们也往往不由自主地创造了美好的事物。甚至那些所谓的罪恶行径，也往往间接地推动了社会的进步，激发了人们的思考，丰富了人们的阅历，活跃了现实的生活。想到此，终是认同“万物静观皆自得”之理。尤其是，那些异己存在，那些违背自己的理想期待、欲望要求的现象，也各有其宜。我们是不是应约束自己的“否他冲动”而贞认之呢？我们是不是应该反思“改变他者”的目的有限性而提倡包容、肯定的精神呢？

关于有教授反对理论话语而力推诗性话语的聊天记录

实际上，这涉及诗与思之争。有一本书《诗与哲之争》。

其一，诗性与理性是不是冤家？其二，诗性用逻辑性、理论化的话语会不会导致诗意的丧失？其三，在当代社会，采取诗话的表达方式（隐喻的、象征的）是不是最佳的方式？其四，诗人气质的学者与学术本位性的学者的价值追求的分歧有没有和解的可能？其五，实践派（鄙视光说不练）与理论派（强调理论的独立价值）的对立。

很显然，平时接触具体艺术实践活动多的学者，注重体悟感觉的学者，会担心“煮鹤焚琴”，会鄙视学究，这也是很正常的。而且，学术界也确实存在着千言万语洋洋洒洒的论文泛滥而与具体实践严重脱节的现象。就我个人而言，我是一直坚持写诗的，从初中到现在，尽管写得不怎么样，但还是坚持实践的。从个人气质上，我最喜欢的是《查拉图斯特拉如是说》的话语形式。

但，我不知道其他老师教不教《文学概论》《美学概论》，如果教过几轮这种课，就有一种知识化、理论化的追求，因为既来之则安之，得把东西说清楚。

我们的这种争论，就是“可信不可爱，可爱不可信”的悖谬。我读过大量的古代诗话，美文妙语、吉光片羽，美则极美，然而，“可爱而不可信”，乃至云里雾里。

还有，我们现在已经是西方文化影响的学术体制。现在的关键问题，随笔诗话不算成果吧？我们当然理直气壮地反对批判那种假大空的理论匠、学究气，但实话说，很难决定大气候。所以，我觉得，可求同存异，自由发展，各搞各的。

真正的思考是不计利害

真正的思考要达到时代的顶峰，就必须承受那登顶的代价！乃至于说，真正能够代表时代精神的思考，必须参悟世界之巅的大苦。不付出坚毅的努力，不舍弃世俗的牵绊，又如何达到人类智识的高度呢？

但是，大多数人是功利熏心的，做不到黑格尔《逻辑学·第二版序言》要求的不计利害，根本达不到“无所需要的需要”，更遑论置身于“宁静领域”！在追求“纯粹思维”的方面，一向与老子哲学立场对立的黑格尔，竟然也提出类似于老子的主张。事实上，这种致力于“无用之用”的思考努力，在中西文化史上并不罕见。

但遗憾的是，终究只有极少数人能忍常人所不能忍，耐得住寂寞，恒兀兀以穷年。这些极少数人，甚至一边哭泣一边追求，乃至于把生命放入熔炉，为了提炼出来哪怕只是几克的瑰宝！

真诚就是全力以赴

今天讲课时我提到铃木大拙的观点：真诚就是全力以赴。全力以赴地投入一击，这个力就是“不欺之力”。

所以，人对于自己的目标是要全力以赴毫不旁骛的。按照心理学家卡伦·霍尼的论述，神经症人格的基本弊端就是各种内心冲突导致的力量分散。

这样，我们讲真诚不欺就不再局限于通常的道德品质的性质，而是从一个人的实践能力与意志控制上讲的。这样，我们讲全力以赴，也不是从一般做事的层次上来说的，而是从自我价值的实现的高度来说的。

什么才是真诚地现身，或者自我力量的真实在场？这就要从全力以赴来讲，唯如此，自我才全幅地呈现出来。

黑格尔在《逻辑学·序言》中讲到“纯粹思维的需要”，其中的要求就是忘记“利害之情”，也就是摆脱现实生活中的各种利益纠葛与人情世故。但是，置身于当下的中国人情社会，我们能够做到“纯粹思维”吗？当我们陷身于现实利益的时候，如何“全力以赴”呢？

牟宗三《为学与为人》讲“汉子气”而反对“婆气”，实质上就是要求舍弃现实牵系而全力以赴地“为学”。但是，在中国社会，我们首先考虑的，又是什么呢？所谓的做人做事的道理，恰恰不是直面事情本身，而是会不会得罪人。这种先顾及人情脸面的做人原则，又如何达到做事的全力以赴呢？

所以，在传统的道德信条中，从小灌输做人的道理，我们渗透了太多太多的“利害之情”，正是这种“伪”导致了我们不能全力以赴。

在何种意义上知就是行（午睡醒来随记）

王阳明讲“知行合一”，其“知”是“照管”义，而非通常所谓“知”。故，在其语境中，“知行合一”绝非现代讲的理论与实践相结合。

在通常情况下，尤其是认识论、科学方法论上，应该允许知行不一。要尊重“知”的独立价值，即使它“行”得不彻底，乃至于与“行”无关，总有其抽象意义。

就“知行合一”讲，王阳明讲的主要是为人之学，是道德良知及其践履。这是其适用范围，而超出这个范围，侵犯到其他领域就不适当了。

从哲学上讲，有纯理论的哲学，也有重实践的哲学。要尊重纯理论的哲学。有人批判说，现代哲学家多做人与做学问脱节。但，不因人废言。

真正要讲“知行合一”，就涉及人生哲学、道德哲学，等等。这个时候，“知”就是“行”，这个“行”甚至说就是“品行”。你不能讲一套做一套。

我就想，“知行合一”要贯彻，首先是“思”得真诚。什么是真正的“思”，各人有各人的想法。那么，我认为，能够付出生命代价的“思”，或者愿意为了“思”忍受失败，承受压力，那么，就算得上是真正的“思”。古人讲，不能“曲学阿世”。

那么，“曲学阿世”的“思”显然就是虚假的“思”。

所以，能够忠诚于自己的“思”而不逢迎，能够坚守学问的本分而不搞谋利的邪道，就可以算得上“知行合一”了。

专业性阅读的本质

阅读有种种。有消遣性阅读，无目的，如花前月下之漫步；有学习性阅读，多困难，有时是不得已；有研究性阅读，也就是专业性阅读，目的明确而集中，不是漫无边际而具有强烈的问题意识，但其最本质的特点是阅读的系统性或系统性的阅读。

系统性阅读，就是围绕一个主题而团团展开，尽量多而广地占有相关文献资料。但还不仅于此。对于搞理论的，尤其重要的是，欲搞清楚对象必须深入系统地精读其原著，原原本本，连汤带水。

在系统性阅读方面做得好的，中国我推牟宗三，他读书思考下过死功夫，碰到了难题往往肯死磕。西方我推海德格尔，他讲柏拉图、黑格尔、尼采多基于文本细读。当然，不管是牟宗三还是海德格尔，都同样因主观性强而误解原著甚大。这是难免的。有人说海德格尔的《尼采》是“暴力诠释”，这是因为海德格尔有自己的一套思想，一切对象都总是落入其思想的手术台上。

系统性阅读区别于零敲碎击的阅读，不是那种随意散漫的阅读，更不是东看看西看看地图个稀罕，那种逛超市一般的阅读是不成的。

系统性阅读需要长期性、重复性的工作，需要深入细致而非不求甚解地耕犁文本。系统性阅读当然也就耗时久，吃力深，有时候是傻读，它不是那种投机取巧地为做项目发文章而苟且。

系统性阅读需要良知监督，需要自我批判，它更需要一种使命感和责任感的驱动。否则，仅仅是为了稻粱谋，是极不划算的。

系统性阅读带来的是系统性效应，是思想能力的极大提高与理论素养的跃迁。它与钱锺书那种卡片式的阅读也有巨大区别。但是，这里面也有重大风险。当你老老实实地下笨功夫做呆学问的时候，别人早就走捷径地收割了一堆荣誉，身份地位压得你喘不过气来。所以，是下笨功夫，坐冷板凳，还是精心谋划，急出快出成果？对于大多数人，也许后者更明智。毕竟，大多数人是普通人，而且也承受不了太大的压力。与其搞得身心憔悴乃至于精神崩溃，倒不如去做一些表面文章。

对于大多数人来说，我甚至劝他们不要碰哲学原著，尤其是康德、黑格尔、海德格尔。为什么呢？因为这都是大坑啊！是思想的黑洞啊！你花费十年时间，可能还仅仅了解一个皮毛。而哲学高端的残酷性在于，要么你跳出来搞一个自己的体系，要么就终身受其奴役，顶多做一个注脚。

可重复性发展

昨天上课的时候，我提出一个概念，即可重复性发展。

我讲到如何理解“本性”这个概念。学生各有其解。但，关键问题不在于如何定义它，而在于如何验证它。那么，如何确定“本性”是什么？答案是，根据行为的可重复性，或不由自主性。比如“食色性也”，这个命题的“色”且不说，单就“食”而言，它就是可重复性最高的行为。“人是铁，饭是钢，一顿不吃饿得慌。”所以，“食”是人的一种本性之一，或者说，它最相关于人的本性。

你评价一个人，不能光看其激情状态，更不能让一时崇高迷糊了。所以我反对“瞬间即永恒”或“一悟成佛”。你们谈恋爱，看对象，要看其可持续的行为模式。那种偶然性的“表白”都不靠谱。

可持续发展的本质是可重复性发展。你“三天打鱼，两天晒网”就是不可重复性的冲动。你坚持一件事情，其可重复性越长，则它越是你的本性显现。所谓习惯成自然，说的就是这种可重复性。

俗话讲“事不过三”，这是从负面事件讲的。“过三”就构成了可重复性模式。比如说“家暴”，打你三次以上基本就可毅然决然地选择分手了。根据坏事的可重复性，就大体可以判断坏人了。

中国古代最好的哲学存在于文学（课后回顾）

我近年有一个想法，认为中国最好的哲学思想存在于文学中。屈原、陶渊明的作品，有一流的哲学思想与思辨性。我还认为，传统的赋这种文体，留下了很多哲学思想，乃至于本身就是哲学作品。比如白居易的赋，有一篇是极好的哲学作品，即《动静交相养赋》。

今天讲金圣叹的《恸哭古人》，我把它视为哲学的杰作。核心概念是“浩荡大劫”（人生的必逝性、速朽性），由此突出“我”之在世的“无根底性”“偶然性”，进而追问：人生当如何度过？提出“无奈而消遣”的诸种活法。进而取消“我”与“非我”的界限，等等。金圣叹从人生速朽转到万法“皆可”，这个内在的思路有待于进一步思考。他的局限性也与之相关。

这篇文章可以与怀特海的《过程与实在》、海德格尔的《存在与时间》进行深入对话，可以与西方“上帝死了，怎么都行”进行对照。如何克服虚无主义，如何度过此生，这最终还是一个现实实践的问题，是每个人都只能自选的路。

人生第一义

我过去给学生以及自己的孩子讲：人生最要紧就是搞清楚三个问题：“我要什么，我有什么，我做什么”。“要什么”就是“志”的问题，“有什么”是现状，“做什么”是“行”的问题。现在我想明确地讲“志行合一”是人生第一义。

过去经常讲“知行合一”，这个“知”从中国传统哲学讲，不是那种外部知识。冯契先生有个讲法，就是《认识世界和认识自己》。中国传统讲“知”实际上更偏于“认识自己”。我以为，要“认识自己”就是搞清楚上述那三个问题，尤其是“志”与“行”的关系。所以，倘若要把“知行合一”进一步明确，就是要讲“志行合一”。

黑格尔《小逻辑》讲英雄“志其所行，行其所志”（商务印书馆，第293—294页），这是很乐观的讲法。黑格尔主张通过“行”来了解其“志”，而未落实到“行”

的“志”就是假的、空的。这样讲当然有其积极意义。但是，从马克思的“异化劳动”理论讲，这个立场就有片面性了，它忽略不计那种“志”与“行”对立的情况。事实上，我们常说的“壮志未酬”“出师未捷身先死”，就是“志”难以“行”的情况。

王阳明有《示弟立志说》一篇，我常思之。倘若合取王阳明与黑格尔之义而统一之，则“志行合一”之旨可得。倘若再结合马克思《关于费尔巴哈的提纲》等思想，则于人生道路将愈见其明。

评价人生幸福与否，虽有各种标准，但“志行合一”应该是第一标准。我也说过，人生乐事就是乐其所事。做你喜欢的事而求你所愿，这就是“行其志”。当然，我这辈子未必就做到了，然“虽不能至，心向往之”。

我们是否足够诚实地面对文本？

我们常常在原始文本的重重障蔽之外看问题。我们的眼睛并没有真正作为自己的眼睛在看，我们往往是通过前辈的教导去看，弊端就是在这里。

比如，阅读老子的《道德经》，你先要克服文字的障碍，通训诂，正版本。这就需要通过前辈的帮助，但一助必有一弊，因为原始文本发生了中介，发生了变化。所以，就有了“延异”。

比如，要了解禅宗，个别国内名家就照搬铃木大拙的观点。问题是，铃木大拙的观点有没有问题？不了解整个禅宗史，不全面阅读禅宗公案，仅仅靠只言片语地感悟，是不是靠谱？

比如，要了解海德格尔，有的国内大牛就照搬张世英老先生的见解。但，张先生的说法符合不符合海德格尔的原意？

再比如，要了解儒家思想，有的国内学者就照搬港台老先生的理解，比如方东美、余英时、成中英，等等。问题是，他们的讲法是不是经得起检验？

通过中介去了解原著，这就是道听途说，不是彻底做学问的道路。当然，我们也承认学问要继承前人成果。

学术界还有一个弊端就是，研究什么就崇拜什么。把研究对象当作偶像，这就不是研究该有的态度。独立思考尚不具备，谈何真正的学问？

学习在日常生活中

我中学时是仰慕陶渊明的。我在高三的时候，曾经闹过不想高考而想回家种地的事。别人忙着备考，我则睥睨不屑，大抄哲学书或勤翻《哲学小词典》，并迷恋过形式逻辑之类。后来总算是参加了高考，上了河南大学本科。

我毕业后又迷恋老庄哲学，在郑州铁路一中的时候，一位老教师叫我“田庄子”。我抄写赵孟頫《道德经小楷》，虽不求甚解而亦沉迷其中。后来又大读了一通佛经，对于禅宗也不算陌生。当然，中国新儒学旧儒学也是熟知的，《论语》也曾大段背诵的。至于刘宗周、王阳明，也颇激动过我的心灵。

但是，真正令我心智成熟或获得醒悟的人，却是黑格尔，或许部分地包括马克思。所以，我是要与以上迷恋的东西决裂的。这个过程当然是漫长的，至少要有二十年。因为我是二十年前就常读《小逻辑》。中间，还有尼采的激发，克尔凯郭尔的提点，等等。

我虽然写了关于黑格尔的两部书，但今天看来还不够通透。近三年我的思力又有提升，天天都在结合实际来磨砺头脑。所以，传统的那一套自然理解得更上一层，但西方的那一套也不再一味地推崇。连海德格尔哲学，我也发现其弊。抽象的文字只是空皮，必须灌注以生气，充填以现实。

为解决生活难题而读书。真正的思考源于人生之惑。现实的一切都是思考的燃料。这种思考起来无休止的乐趣是一种独得而不可言传的享受。

必须破除虚假意识

这么多年读黑格尔、马克思，最大的收获归结为一条就是，要与虚假意识做斗争。尤其是这样的虚假意识：“我以为我如何如何。”《德意志意识形态·序言》讲：“迄今为止人们总是为自己造出关于自己本身，关于自己是何物或应当成为何物的种种虚假观念。”这一论断至今广为有效，而且包括我自己。马克思语境中的“意识形态”一词，原本专指虚假意识。马克思哲学的最大意义，就是要人们直面现实的矛盾，不要被虚假意识欺骗。

中国常见的思想迷误，就是“我以为我如何如何”。比如老好人，“我问心无愧就好”。比如幼稚病，“外在的一切都不重要”。这都是迷狂于一己之臆见而不觉如寐。

很多人说黑格尔是唯心主义者，其实他是清醒到极致的现实主义者。黑格尔《小逻辑》讲“七鸟在树不如一鸟在手”，这是很现实的表现。他反对那种假如谁谁没有早死则成就更大的设想，他说评价一个人不能看他的自认为，而要看其行动证明。

哲学家与暴政

这是个大题目。讲哲学家与暴政的著名的书首推卢卡奇《理性的毁灭》，把许多著名哲学家都与德国法西斯联系起来。

中国古代哲学家中，与暴政联系在一起的，首推韩非，而又总是牵连到老子。钱锺书《管锥编》把统治者的凉薄残暴和老子的“圣人无情，以百姓为刍狗”联系起来。此虽不合老子原意，但的确也非无因。

海德格尔与纳粹德国的关系至为不堪，但他几乎没有辩解什么。我觉得，的确可由其哲学思想看到那种凌蔑众生的趋势。何以故？他一向追求“存在”的意涵，非追根究底不可，故一切现成都被超越否定，这种孤往精神正如黑格尔《历史哲学》中刻画的英雄，为了实现其抱负而践踏无数花草。

哲学家往往高视阔步，悬设一个高高在上的本体，这个本体往往是大杀器，行使其对于万物的绝对否定力。柏拉图的理念、老子的道、海德格尔的存在，皆有难以摆脱的嫌疑。《周易》云：“天地之大德曰生。”故化解其杀机而激活其生意，从绝对否定力转而为绝对肯定力，庶可矣。

关于一教授论文的简单回应

粗略读了何老师的文章，姑陈拙见如下：

1. 关于西方哲学的论述不一定合适。西方本体与现象的二分，以及所谓静态认识与动态体验的中西之别，这种论述不一定正确。事实是，西方有重动态体验的，而且不仅是狄尔泰、西美尔如此，海德格尔更倾向于本体的动词化把握。甚至说，西方古代哲学就有这种重体验而非认识论的流派。比如，西方源远流长的道德实践哲学与宗教哲学。福柯讲古希腊早就有“关心你自己”的强调（见福柯《主体解释学》以及相关讲演录）。西方神秘宗有大量的不亚于庄禅的那种神秘体验，比如奥古斯丁《忏悔录》。

2. 关于中国的儒家与道家，不应该囫囵言之，尤其不宜陷入静止认识论与动态体验论的二分。这种预设一种问题框架的“先理解”是可疑的。比如关于濠梁之辩，“鱼乐”与“我乐”的区分问题，是不是就是这种认识论与体验论的问题？乃至说，庄子在辩论中的“诡辩”伎俩被忽视了。即使是从动态体验讲，“我乐”与“鱼乐”仍然有“异类间性”问题。这不是靠所谓“非对象化”就可简单消解的。庄子的“鱼乐”问题实质上有其致命错误。在张扬个体体验的同时，本身就陷入了《逍遥游》《齐物论》所攻击的那种“一孔”之隅见。这种凭靠自己的一时生命体验而放言高论的做法，本身就有把瞬间绝对化、永恒化的理论矛盾。

3. 所谓静态认识论与动态体验论的区别，事实上是今人的强做区别，套到古人那里不一定合适。比如，老子、庄子的“虚静”理论，这种“虚静”的本质是什么？这种“静”与今人所反对的静止认识论的“静止”如何区别？

4. 所谓“天人合一”的讲法是不是包治百病？文中也提到，相异的万物如何齐一？这个齐一是靠“化”。然而，这种“化”是暂时的、不确定的。把这种“化”绝对化、本体化是否合理？凭什么把“梦”视为真理而否定“醒”的价值？

5. 话语夹缠的弊端。当代学者（包括我）在建构自己的理论体系时，面临着借重他者话语（古人的、西人的）来自我言说的困难。这种嫁接方式，或者严重点说，拼凑方式，导致问题越辩越糊涂了。首要的问题是，我们言说者可能带着结论找资料，从而曲解他者话语以就己，所谓“六经注我”的弊端难以避免。因此，学术话语的纯净化、一体化，就值得作为任务提出。强势的当今体系建构者，就可能是黑格尔《小逻辑》中所讲的自我的“洪炉”，把一切都熔释其中。

6. 当代学人诉诸感性、体验、直观的理论困难。简言之，都面临着个别与普遍的矛盾。感性、感觉、体验之类，都是直接的、瞬间的、个人的、不确定的、朦胧的、含混不清的。但是，我们学者恰恰是理论思考者与理论言说者。这之中，就发生了一个普遍化、理论化的转变。我们总在使用概念、判断、推理。这个转变难题，康德《判断力批判》就讲过。但是，今人还是没有较好地解决这个问题：单个人的体验、感觉如何获得"共同感"的资格？如何把一己之感推扩到宇宙共感？单靠所谓庄禅之道能够实现吗？我们的著述方式从根本上就是背离庄禅之道的，我们的说理、辩论之学术研究，总已经陷入静态认知中。我们的说理越明晰、条理，越追求所谓普遍规律（尽量提升放之四海而皆准的解释力），可能越远离了那种感性、体验的刹那真实。我们实现理论抱负的方式与过程，恰恰是非感性、非体验的。我们总是诉诸"理"而非"感"的。

总之，在关于"西方"与"中国"的学术区判之中，今人的论述有明显的强作解人的弊端。"西方"与"中国"都被简单化为静止认识论与动态体验论的理论框架内了。那么，这个理论视野是不是过于狭隘了？中西形形色色的理论流派单靠这种二元划分是削足适履的。

鉴别水平高下、思辨强弱的办法

有的人议论滔滔不绝，顾盼自雄，貌似学问很大、论证有力，实则不然。聊举识破的办法：

（1）看能不能达到纯粹思维的水平。凡是局限在以类比、比喻为主要论证方式者，多是俗人常识的层次。他貌似讲得有声有色，讨人欢喜，没有用的。对此，康德、黑格尔、海德格尔都强调过，通俗易懂不该是哲学的努力方向。海德格尔甚至说，晦涩艰深是伟大的标志。深入浅出的讲法，是极其误人的，深层次的东西、高精尖的理论，根本就没有浅俗到普通人理解的必要。不讲西方的，就讲《道德经》与《庄子》，很多东西一般人就领会不了。不信，用《齐物论》一试便知。

（2）看论据与观点的内在联系。论证水平高下的首要条件是，论据充分、逻辑严密。我看很多当代的论著，就看他提出观点之后如何展开论证的。一些所谓知名学者，我所知道的，其论证孱弱的情况也不罕见。乃至于，他举的论据与其观点是对立矛盾的。最重要的是，去分析他的材料，看看他是否深入材料的内在层次，还是仅仅满足于极其肤浅的意思。那种浮光掠影的阅读，是由此不难暴露出来的。

（3）看他的话语表述方式。是对话式的还是独白式的。自说自话，只图自己过瘾的，就根本没有交流的必要。这种人虚荣心强，而且自欺欺人，做学问不诚实，不值得深入接触。他要是对话式的，必然有积极创设顺利沟通的自觉性，必然讲求概念表述的可传达性与观点的可验证性。那种"不可传达""不可验证"的独语独悟，就最好避而远之。他本质上就是"独体思维"，不具备"他者维度"，是封闭性的而不是敞开性的。

（4）你说东他道西，顾左右而言他，不肯就同一个概念、同一个话题来具体深入地展开讨论，完全是绕着问题瞎转悠。他不断切换话头，蜻蜓点水，飘忽不定。这种人就是不敢直面问题，因为他不敢暴露自己的不足。哲学讨论不要陷入逸闻趣事的猎奇，最多只能是点缀，最实实在在的讨论就是围绕核心概念，深入理论体系，进行文本的具体分析。

"无益"随感

清代词人项鸿祚："不为无益之事，何以遣有涯之生。"此理金圣叹《恸哭古人》提出的"消遣法"讲得很具体透辟。人啊，到底就是寻得一"无益之事"以为"消遣"生命的方式。生命如磨盘之转动，哪怕是磨上无物，它也在转动不息直到死，倒不如堆积上去一些东西，或许磨盘间有物反而磨损得轻一点。你二十四小时不做事，时光也照样流逝，所以反不如执着一件"无益之事"，辗转不已下去。

天下事都是既可以"无"又可以"有"的。人生意义是什么？你做事情有没有意义？任何人都可以对它的"意义"加以"无"，这就是否定主义；同样，任何人也都可以赋予它"意义"，这就是肯定主义。人就是有可以任意地"无"或"有"的自由。真正的自由，有两个层面，一是实践选择的事实层面，一是意义赋予的价值层面。你选择做什么事，最好是进而赋予它意义，肯定它，贞固它。哪怕许多人指手画脚，说东道西，你也不要动摇。他们有否定的自由，你有肯定的自由，如此而已。

"以出世之心做入世之事。"这真的好吗？也许很洒脱，其实是否定主义打底的。你"出世之心"是看穿，那么"入世之事"就显得无奈何。这里面有挣扎，有分裂。

所以，反不如那一心一意做事的笨汉子。其实，“不为无益之事，何以遣有涯之生”，以及金圣叹的“消遣法”，都是“哀莫大于心死”的产物，是一番绝望之后的“不得已”。“你笑他人看不穿”？你这个“看穿”也得“戳穿”了才行。只懂个“空”，就是“看穿”而已；而懂得“空空”，方是把“看穿一切”的否定主义也要戳一个大洞的。

“落得个白茫茫大地真干净”，那又如何？生命如磨，想不转也得转，终究还是碎屑纷落。你是让磨空转而磨蚀净尽呢，还是倒上去什么粮食粒，欣赏那粉末飞舞呢？

海德格尔或许受老子“当其无，有室之用”的影响，大讲“壶”的“虚无”与“林中空地”的“澄明”。“壶”之“挖空”了是为了“充满”什么的自由，“林中空地”是为了照亮什么的美好。你若只是停留在“看穿一切”，与那空张其嘴而虚其腹的傻壶有什么区别？那傻壶啊，想要珍惜着自己的“空”而拒装任何东西。但是谁知道结局是什么呢？记得《红楼梦》里的妙玉吗，其结局亦复如何？

读书偷懒一例

重读《存在与时间》第 82 节，重翻了张汝伦的《存在与时间释义》，发现我在相关页码批注了“作者偷懒”。张汝伦猜测“哲学与这个‘还有’作斗争”是黑格尔的话。我为什么说他“偷懒”？就是张汝伦对于黑格尔的书没有去查对。查《存在与时间》中译本，就可知这句话明明原注有出处的。这句话实际上出自黑格尔《自然哲学》第 257 节附释（中译本第 48 页）。张先生是治德国哲学出身的，可是他显然对黑格尔著作并不熟悉。这导致他针对海德格尔关于黑格尔批评的解释就不够深入准确。

读书是不是下功夫，思考是不是精熟，著述是不是严整？这是深夜扪心自问的事情。在这里，人情、面子，都不顶用的。总有一天，总有陌生的读者会发现你的问题破绽的。

青年要多读尼采

年轻人最好是读读尼采的书，比如《论道德的谱系》(三联书店，周弘译)。

尼采的书读起来容易一些，当然真要理解透彻也不容易。比如尼采的《查拉图斯特拉如是说》，我早二十年前，就读了徐梵澄的译本（《苏鲁支语录》，商务印书馆）与楚图南的译本（《查拉斯图拉如是说》，海南国际出版），但现在看来是糊里糊涂地读，多是文字方面的欣赏。

尼采的《权力意志》(又译《强力意志》，推荐孙周兴译本，商务印书馆）更值得一读。年轻人，应该按照尼采讲的，大胆地去做，强力地追求。

中国儒家也讲“志”，比如王阳明讲“立志做圣人”。但，这个“圣人之志”是以欲望的取消或压抑为前提的。年轻人正是生命力旺盛的阶段，强行抑制欲望就容易出问题。欲望不是坏东西，关键是用于何处与取何途径。尼采说，欲的强弱与力之强弱是正比例的。你为什么欲弱，源于你力不及。所以，年轻人要练本事，要在“强力”上多下功夫。靠减欲解决问题，这应该是中老年人的选择方案。

谈“思想自信”

对知识要有自信，对诚实的思考要有自信。首先要付出艰辛的思考劳作，不能弄虚作假，懂就是懂，不懂就是不懂。在这个基础上，我提倡“知识自信”“思想自信”。培根讲“知识就是力量”，本质上就是“知识自信”。马克思讲思想要掌握群众，从“批判的武器”变成“武器的批判”，本质上就是“思想自信”。

脑力劳动的成果可能比体力劳动的成果更难以获得公正的认可，可能要有一个曲折迂回的过程。无论多么伟大的思想，要社会普遍接受与承认，都不是一蹴而就的，需要经历大量的中介，这就有可能导致一种难以避免的滞后性。所以，指望一出成果就名利双收，是不切实际的。那种急速成名的机遇，带有很大的偶然性，也就难免各种鱼龙混杂的情况。

因此，真正的爱思者，要做好籍籍无名的准备，要做好事倍功半的打算，那种急功近利的想法估计是要碰壁的。只问耕耘，不问收获，是基于一种“思想自信”，“先难后获”而已。尼采说：“快乐的科学，本身就是一种报偿，是对于一种长期的、勇敢的、勤奋的、隐秘的、严肃工作的报偿。”(《论道德的谱系·前言》)这就够了。

读书要善于建立理论的对话

读书要善于广泛地联系，尤其是就同一个问题，看看不同的作者之间的立场差异。

比如说，我今天散步与爱人讲认知视角的问题，就举了古希腊悲剧《俄狄浦斯王》。俄狄浦斯王的悲剧是，他一出生就被命定，而他自己却对此无知。等他彻底地弄清了真相，他就只有自我贬黜——刺瞎双目，自我流放。这就涉及“知”的悲剧性，或者说真理的悲剧性。一般人不愿直面现实，但愿长醉不愿醒，是基于怯懦，但也有合理处。所以，英明神武的俄狄浦斯的神智之“明”换来了身体之“盲”。以上，只是我散步过程中的随谈。

下面重点强调的是黑格尔与海德格尔的不同看法。黑格尔讲希腊悲剧，在《精神现象学》第七章。他从矛盾对立的诸环节来分析，重点是“知”的双重性，尤其是神圣启示（命运预言）的二重性，它既引导俄狄浦斯走向辉煌，又最终导致其毁灭。等等。海德格尔对《俄狄浦斯王》的分析在《形而上学导论》第四章，主要围绕“显象与存在”的关系讲，突出了人向存在（遮蔽）挑战的伟大精神。这里就非常有意思。限于时间，以后再具体分析。

总之，读书就是善于对话性的思考。在具体的问题域，兴发出一种活生生的话语交锋，唯此，读书才不是孤立地思，而是一种全面联系的运动过程。

当代人精神空虚的根源及其积极意义

人只有一件事是真正不可不认真的，那就是死亡。所以，在死亡的迫逼中，人才本真地现身。于是，在绝对的剥夺中，人反而呈露了真相。因此，在场的绝对不可能性反而激发出绝对的在场性。这就是一种颠倒效应。这样，绝对的“无”反而是绝对的“有”。

由此亦可见，寻常人的“有”反而是“无”。人之有钱，有身体，有家园，这种种“有”倘若不经过一番剥夺尚不能作数。常言身在福中不知福，就源于“有”未经否定的过程为必要环节。失去方懂得珍惜。当着绝对的否定，人的肯定才有价值。所以，问题就昭然若揭了。物质越丰富，欲望越满足，人的精神越空虚，人的价值越虚无。

但，这不仅仅是消极的。在根本上，它反而是进步的体现。因为，人的精神空虚与价值虚无，恰恰会激发出、催逼出人的形而上之思。人因物质丰富、衣食无忧而焦虑不安，乃至于惶惶不可终日，这恰恰是人之为人的本性。动物从未有此奢侈的机会。唯在这种吃饱了无事可做的空虚中，人把自己逼到了形而上学的边缘。只有人才会自己逼问自己，这就是伟大的否定精神。在极大的百无聊赖中，在对于万物皆失去了追逐欲望时，人自己彻底地剥夺了自己，茫茫然地孑然自处。他迫使自己独自地面对自己，绝望地思考自处的意义。他成了宇宙中的“孤家寡人”，当此之际，他的精神最空洞，然而正是这种极端的空洞，反而会颠转为极大的充实。他不得不重新激发出来一种拥抱万物的热情；否则，他就只能去死。

正因科学技术的进步，人越来越摆脱了自然的束缚，这极大地解放了人的精神，所以才有余裕去痛苦，去绝望。这样，人的精神越痛苦，越意味着自由时间的大量剩余。所以，“闲愁”就具有了积极意义，它是人的独立性的标志。

这同时也表明，想要通过发展彻底地解决人类矛盾是不可能的。人就是矛盾，矛盾就是人。人若是消灭了矛盾，就消灭了人本身。在矛盾尖锐激化中，人才迸发出其全部的能量。而死亡，就是生命矛盾的最彻底的表现方式。

小议“争执”的缺席

喧嚣过后是泡沫。现在回想美学、文学理论的学术研究与体系建构，对比一下世界级的著作，就可以看得很清楚。在对康德、黑格尔、海德格尔等的解释与模仿中，并没有多少值得称道的东西。圈内人的碍于情面而不能直言，乃至于相互结成利益共同体而互相揄扬，都导致了真诚表达的缺席。当真诚表达的意愿与能力都尚且是一个问题，那么，面对实事本身而争执就几乎不可能。按照海德格尔《尼采》中译本译者《译后记》所言，“实事”本身即有“争执”之义。然而，在现在的理论界，“争执”之畏惧乃是普遍心理。谁还会真诚地争执呢？所以，当少数重量级学者大度地表态“欢迎批评”时，迎面而来的却是无边的沉默与空虚。

任何东西都不是现成的、理所当然的。真理是争得的，它存在于争执、争辩的运动过程。争执、争辩的缺席，必然就是真理的遮蔽。

饭后散步思及“向死而生”

“向死而生”已经是一个用滥了的词。这正如“诗意地栖居”这一表达，连从未读过海德格尔的人也附庸哼唧。“诗意地栖居”，这个“栖居”严格讲，应该译为“逗留”，意思就是“人生过客而已”。更何况，这首源自荷尔德林的诗还有半句是“充满劳绩”，这个“充满劳绩”近乎屈原的“人生之长勤”（“勤”，“劳苦”之意）。由此可见，俗人之耳食而途说，多不可信。

回头还是得说“向死而生”。这个词本不是轻飘飘的人可以说的。黑格尔讲，年轻人不阅世不历劫难，说再好的格言警句也不如老人之饱经风霜。这个“向死而生”是把“死”设置在前的，凡所“生”皆是“死”的思考方式。海德格尔一辈子的哲学要义，一问以概，就是，人面对有限性如何自处？“死”是最本已的，是最无限可能的“至极不能”。所以，面对此，人要本已地活一场。你天天秀，天天做戏，你演一辈子，那就连死也不本真。

所以，“向死而生”的结论必然是良知的呼吁，无非就是借“死亡之畏”来迫逼出本真的自我。海德格尔批判流俗的“闲言”之叨叨，“两可”之首鼠，“好奇”之逐臭，皆是基于此。

一段时间以来的读书感怀

我近年处于个人的知识结构重组更新的关键期。这源于我近年绝望般的怀疑、亡命般的批判、自戕般的揭底。我知道，要么挺过去，重鼓勇气，继续著述；要么就此封笔，沉默以终，乃至虽生犹死。

自 2017 年开始，我就有意识地研读了大量的经济、政治、哲学、文学、心理学的著作。这里面，既有世界级的牛人，例如康德、歌德、亚当·斯密、克尔凯郭尔，对于他们的代表作我系统地、字句斟酌地阅读；又有中国现当代学界的名家，比如熊十力、冯友兰、梁漱溟、方东美、牟宗三，他们的书也择要地温习。此外，马克思的《1844 年经济学哲学手稿》《德意志意识形态》《论犹太人问题》，等等，也重过了至少一遍。

书读百遍不为多，熟读成诵复如何？倘若只是把自己的头脑变成了他人思想的跑马场，倘若只是充当了两脚书橱，“虽多，亦奚以为”？

这个暑假，我把黑格尔、尼采、海德格尔的代表作，集中回顾了一遍，还浏览了罗素、鲍德里亚等人的著作。其收获就是，思路更加清晰，方向更加明确，概念更加精炼。《周易》《论语》《老子》《庄子》《陶渊明集》，以及张载、二程、朱陆、王阳明，等等，也是时时温习。

但是，须放出眼光，大胆地想。比如，佛教经典我以前比较崇仰，但我现在感觉到，它既是活人剑，又是杀人刀（取方以智语而变其味）。比如《维摩诘所说经》讲“不二法门”，其好处很多人知道，其害处未必广为关注。

现实生活的催逼愈加紧迫，世情的真相愈加沉重，唯有凭借以命相搏的“争辩”（海德格尔屡言之），才能挤破矛盾尖端溢出来的脓血。不要轻易饶过这个时代，正如时代也如此严厉对待每个人。鲁迅说，“一个也不宽恕”。对此，浅人只怨其冷酷；而不知，一切宽容本质上就是基于优胜立场而对弱者的不尊重。

临秋之季，谁还在做着春梦？但总有人以残酷的善意展示：人可以死得很难看，但要足以思得庄严。

有感于李泽厚的“情本体”

中国传统弊端的对治之路是社会共同体的承认机制的建立。

必须警惕神秘主义，必须对偏于孤证内省的那一套东西高度戒备。那种重内修、冥会的东西，那种夸大什么“目击道存”的直觉、顿悟，都不靠谱。问题的根本，就是如何避免主观的任性，如何避免把一己之偏执盲信为真理。牟宗三讲“智的直观”，李泽厚讲“情本体”，都克服不了这种弊端。“直观”“情”“体验”“感悟”，这些东西都容易滑落到任意胡来的地步。必须强调社会共同体的承认机制的建立。必须约束任何人的僭妄任性。无论是天才还是圣人，不经过共同体的承认，都不算数。

牟宗三、李泽厚，两个人都由康德入门，最终的解决方案仍是中国特色的，仍然落入了主观任性的窠臼。无论是“智的直观”，还是“情本体”，都无视康德的“辩证的幻象”之警告。我认为，这两种都难免“心象”之障，都极容易成为“幻”而以“幻”为真。

李泽厚自己讲，“情本体”的背后是一套“天地国亲师”（注意不是“天地君亲师”）。这就无话可说，如何对治那压抑个体的醒觉的东西呢？在此基础上，讲什么个体、自己，都是乌有之事。

有感于李泽厚的《伟大的真理就是简单的》这个标题

通往真理的道路是艰难的。乃至于说，真理就是艰难。人若活得轻易，就不会提出“真理是什么”的问题。能提出此问者，必有现实的艰难。这正如追问“人生的意义是什么”。凡追问此，必有人生不得已。所以，“问”必奠基于“艰难”。真正的“问”是生活本身的催逼。凡讨论哲学问题者，当起于情之不能自已。海德格尔讲“真理”，屡言及“急难”与“争得”，这是对的。凡是半路出家当和尚或者改信宗教，多是因为生活中有“急”，这个就是“死疙瘩”，解不开就出家了或信教了。哲学有时候就是“死疙瘩”，真理常常基于“解不开”。凡“真理”之争成为大讨论，必是时代巨变之际，此无它，“死疙瘩”已经打不开了，急需要亚历山大的那把剑直接砍断。

小言中国知识分子的“油滑浮浪”

李泽厚我对他有看法，始于他的《浮生论学》，感觉他的“油滑浮浪”。李泽厚的书，我读的较多的是《批判哲学的批判》，感觉这本书虽然有时代局限，但毕竟还是下了很大功夫的，那时候他还有读书思考的热诚。《浮生论学》我认为是他作为读书人的“初心”不再的东西，反正令我不舒服。

在康德、黑格尔、海德格尔等人的著作中，能够清晰地辨认出来那种特有的恢弘庄严，那是源于求知之赤诚的卓越品质。尼采讲“用血写的”与“用水写的”，这是可以感受到的。李泽厚的后期制作，以及大部分的国人制作，都缺乏那种哥特式教堂般的巍峨崇高，源于缺乏求知之赤诚，源于“油滑浮浪”。

中国知识分子的“油滑浮浪”，多源于对于现实政治的不抱希望，或者索性玩世不恭，玩世进而玩学，玩着玩着就成了玩主。认真、虔诚、崇高，对于他们来说就是傻帽可笑。反正改变不了现状，就以学贩财，润身而已！

理论的风险

读哲学，搞理论，确实有风险。跳进一个坑进去，有可能就爬不上来。有的学者，搞了一辈子，实际上说了一辈子胡话。我从高中阶段就生吞活剥地读相关的书，很多经典书读的遍数不可计。然而，直到近年，才稍微有点领悟。这就好比一条漫长的隧道，我才刚刚看到洞口的光亮。

一切神秘东西的共同特点

一切玄乎其神的东西，那种秘而不宣、幽冥怪谈的东西，都有一个共同的特点：见不得人，不能或拒绝接受知识共同体的长期严格的检验。传统文化中的最大的弊端，就在于抗拒外在的检验而自闭于个人的证悟。世间一切牛鬼蛇神或所谓超凡入圣，都只存在于单个人或小圈子的观念臆想中而已。

黑格尔说："绝对不许可援引自己的单纯感受作为依据。谁这么做，谁就从一切人共有的理由、思维和事实的领域退回到他的个别的主观性，最无理智的东西和最坏的东西，与理智的东西和善的东西一样，都能够挤到它里面去——因为这种主观性是一个本质上被动的东西。"（《精神哲学》中译本，第 89 页）

一个人的内心感受无论多么真实，倘若不能进入大多数人的对话平台，不能光明正大地讨论检验，那它怎么摆脱一种纯粹的个人臆信呢？举个极端例子，精神病人的内心世界可靠吗？倘若仅凭内心体验来证明，精神病人的幻觉就是真理。纯粹诉诸于心，盲目自信于一己自悟，乃至于坚持瞬间的电光石火般的灵感彻悟，都容易走火入魔，对此需要慎之又慎。惜哉，至今仍有自误误人而不知者！

对于自己有效的方法，自己信以为真的东西，如何普遍推广，而能够对他人有效，让他人确信？这个由己及人的过程，这个由个别到普遍的运动，一直被忽略了。

腐败的本体论之思

必须把腐败提升到本体论概念来思考。所谓腐败，就是不肯尽力提高自己，或者说，总是不肯尽全力来实现自己的价值。腐败的生命是这样的，总是寄希望于他人，总是想自己省力，总是想走捷径。腐败的生命缺乏足够的自信，不相信单靠自己就能成功，这样它自在地就种植了否定的因子，它做事的起始就已经是我自己不行。因此，在人情社会中，在关系社会中，人人都是腐败生命。因为人人都没有自力自强的自信，人人骨子里都暗暗地说"不"（我自己哪能行啊，必须得靠关系啊）。

我在黑格尔的"自我实现"的理念中，在尼采的"权力意志"中，发现了一种对治腐败、对治虚无的东西。这就是坚信自己，努力于靠自身力量来实现理想。所谓自由，就是"由自"，靠一种内在于自身的力量来创造价值。反之，那种总是归因于他人，总是强调外部制约，总是怨天尤人，是终身不懂自由的真义的。

反腐败不仅仅具有政治意义，它更有哲学本体论的意义。从捍卫生命尊严的高度反腐败，就是解放生命的重负，就是彻底释放自己的力量，就是全力投入地实现自我，而不是因人成事，而不是一切寄希望于他人的努力。反腐败要从家庭出发，首先就是父母是不是自己努力奋斗，而不是“我这辈子反正就是这样子了，孩子你来实现我的梦想吧”。

对治虚无主义

我从20世纪90年代末，就有意识地动用黑格尔的力量来对治自身根深蒂固的虚无主义倾向。个人奋斗没有意义，一切努力都是空的，身体欲望就是原罪，一己小我实在渺小，这些观念总是可以在社会言论中觅得影踪。我后来又取资于费希特与尼采，觉得这种行动的呐喊对于治疗老庄哲学或许很有力。我喜欢陶渊明，喜欢庄子，但是，我得警惕着它里面的负面东西。

论阻力的根源

为什么每一人的实现自我的道路上都会遭遇阻力？为什么任凭你怎么做、做什么，都有人否定你？答案就是，每一个人的质都不一样，正是这独一无二的质产生了否定性。无论你如何隐藏自己的本来面目，只要你想要实现自己，只要你想要如璞石一般剖出真己，你就必然遭遇阻力。人人都通过否定他者来证明自己，这种“否他性”我见证了太多。中国传统文化一直想消除了这一枪口朝外的“否他性”而开启“自否性”(“日省吾身”“吾丧我”)，皆是通过把自我的个别性之质取消或淡化来与宇宙大生命融为一体。这反而证明，所谓“天地与我为一”是以个体性之质的丧失为代价的。传统想要歼灭小我而取容于大我，这个路径并不成功。现实生活经历告诉我们，你即使一事无成或毫无个性，下场也无非是被轻蔑为废物而已，所谓“人善被人欺”，此之谓也。

费希特讲自我必然伴随着非我。自我甫立，必有非我乍起。你刚欲建一物、立一说，则否定、批评接踵而至，此无它，你与他人不同之故。你之建立，必改变了世界现状，必影响到他人的存在。他人必有所反应，所谓否定与批评，乃是必然的。黑格尔讲“质必伴随着否定性”，乃是把非我内化了，也是把否定性与痛苦的根源归结于质了。这就意味着，你之为你的质，就决定了你必遭遇否定与批评。

需要一遍遍地返回到斯宾诺莎的“规定即否定”。黑格尔创造性地（当然也许改变其本义）理解了它，这就等于说，“质即否定”。“否定”=质。自我的实现是“否定”的运动，必须展开面对现实世界的否定，这是马克思“问题在于改变世界”的预告。

随想

艺就是艺，可以依于德，亦可以背于德。传统“洗心”云云，可以培育君子，未必适于艺术家的养成。中国讲做事先做人，往往是训练成一个老好先生，百样取巧求全，弄得个性全无，只会人际关系圈里滋润，而毫无创造力。毕加索、达利，这类“名教罪人”估计在中国永无出头之日。

很多人慕名王羲之，但所谓“书圣”从来不是儒家意义上的那种“圣”。王羲之为人处事，从来没有把“名教”（道德伦理之类）看在眼里。

杜甫被尊为“诗圣”，他自己当然有儒家情结，也因此被人往儒家方面套。但阅读《旧唐书·文苑传》，杜甫之为人何曾“君子儒”过？他为人是“褊躁”，甚至是“佻达”，根本不符合儒家人格要求。

牟宗三想要超越康德规定的“界限”，提出“圆善”云云。康德讲终极不可逾越，否则为僭越，亦陷入“辩证的幻相”。中国儒家的“圣”，是牟宗三的立论依据，是其“智的直观”的落脚。然而，所谓“圣智”“圆善”仍然克服不了那种“内在独证”的弊端，它达不到康德要求的客观普遍有效性、普遍可通达性。中国讲“圣”，是极少数人孤悬一个“高格”来崇拜，无法长久、普遍地推行为道德通则。这就沦为少数人的理想对大多数人的强求。中华民族的强大崛起，靠少数“圣”是不行的，必须靠那绝大多数人的挺立。这就必须照顾他们的普通欲求，满足他们的世俗愿望。

西方政治文化设计的出发点是：大家都是自私自利的小人，环顾皆恶狼，当如何和平共处？于是制度出焉，以保护私利；于是哲学出焉，为私辩护，以为假私可以济公。黑格尔哲学尤其重这“私”反转为“公”的正能量。而中国文化则反之，有极少数“圣人”出焉，立主“性本善”，其学专以灭私杜利为本，欲人人为尧舜。

其梦虽美，终究是梦。中国自古讲“圣”，乃至于看到“满街圣人”，然而，翻开一部二十四史，仍在字里行间只看到“颠倒”二字！

随想

改变自己都是那么地难，指望改变别人？难上加难！所以，不经过动心忍性的挫折，不经过艰苦激烈的斗争，尤其是不经过内心深处的冲突，人是很难做出改变的。在这个意义上，汤因比的“挑战与回应”是对的，人都是被逼着才做出调整的。

所以，教育的第一问题就是，教育对象是不是具有可塑性（可变性）。所以，恋爱的第一问题也是，恋爱对象是否具有可塑性（按自己的理想，为自己做出改变）。否则，一切就只能是接受现状。

事物与人的“质”（本质规定性），本身是虚的，只有置于关系网络中，只有通过矛盾冲突才能彰显出来。这是黑格尔《逻辑学》中值得注意的问题。但克尔凯郭尔显然更愿意从生存论来理解，从“痛苦”“恐惧”“颤栗”中来确证。两者的共同处在于，都肯定“激情”的积极意义。这与东方哲学讲“平和”是对立的。

亚里士多德讲过“潜能”与“现实”的区别。这可对照一下老子的思想。《老子》第六十四章讲“为之于未有”，就是主张静守着“未有”的状态，近乎亚里士多德的“潜能”。老子强调“其未兆易谋”，就是侧重于“隐而不显”，他是要摄“动”归“寂”。所以，“合抱之木，生于毫末”云云并不是通常理解的“积累渐进”之发展。他只是守着“毫末”，如同种子不要萌芽一样。

哲学思考是追根究底，故本源性之运思至关重要，这就要求我们搞哲学必须一次次地追溯思想史，尤其是回溯哲学原创期。

关于李贽、戴震（一次辩论的部分记录）

传统的价值立场是“理”高于、先于“欲”。李贽、戴震之伟大，就在于完成了一个基本价值立场的颠覆！那就是，生命保存更重要，欲望满足更根本！这个基本立场就是“欲”比“理”更根本，这就颠倒了传统的“理欲”关系。

李贽：“穿衣吃饭，即是人伦物理；除却穿衣吃饭，无伦物矣。”(《李贽全集注》，社会科学文献出版社，2010 年，第 8 页）戴震：“民之质矣，日用饮食，自古及今，以为道之经也。”(《孟子字义疏证》，中华书局 1982 年，第 92 页)

由此可见，李贽、戴震之价值立场就是为一向瞧不起的生命欲望辩护。而陈来的反击首先从文献材料上讲就不合格（文献材料要求准确、全面，至少要有代表性），他仅仅引述了戴震批判“以理杀人”的话(《宋明理学》，陈来著，北京：生活・读书・新知三联书店，2011 年，第 6 页）。而且，他歪曲戴震的立场为针对统治者（同上书，第 7 页）。但是，这是错误的。戴震的直接理论对手就是程朱理学乃至整个传统价值立场。这种价值立场恰恰就是贬低人的基本欲望与生命需求。

从西方民主自由的根基看，尊崇个人的生命保存与欲望满足是一切前提。李贽、戴震的立场本是趋向于这个方向，尽管二人还不够彻底。

随笔

按照经济学的机会成本概念，当你把宝贵的时间精力激情耗费在垃圾的对象上，你必然错过了很多宝贵的东西。

尼采：与恶魔战斗时，要当心你也变成恶魔。当你望向深渊，深渊也深入到你的内心。想到世间还有那么多的好书没人关注，再想到那么多的世人把目光投向别处，我就偷偷地笑出声来。

知识分子解决一切问题的最擅长的方式，就是读书思考。倘若他放弃了读书思考，而诉诸别的方式，就立自己于尴尬境地。

世间任何事情都息息相关。但人只应做分内之事。社会有分工，职业有限制，如此而已。越俎代庖乎？代大匠斫乎？鲜有不伤己手！

法的精神

贯穿法律的基本矛盾就是普遍性与特殊性之间的矛盾。具有特殊利益、特殊身份的少数人如何制订出具有普遍的约束力与普遍的代表性的法律，这是探讨法的精神的根本出发点。法的欺骗性亦源于此。同时，人间的法律与自然界的规律有一有异。其一致在于，两者都诉求普遍有效性，竭力避免主观局限性。其差异在于，法律更基于人类的自我规定，而规律则须反映异在的他性。黑格尔讲法基于一核心范畴，即“意志自由”，但此“意志自由”恰恰是“任性”的反面，或者说，它是约束“任性”的。法的根本精神，就是约束自身的“任性”，避免自身妄称普遍性而把自身的利益诉求夸大为或粉饰为天下的“大法”。“奉天承运，皇帝诏曰”这一套，有时候只是换一种讲法，叫作“历史的必然选择”。其实，这是没有现代的法的精神的。只要制订规则者走不出“法是为人而设，而我独享特权”的根本误区，则现代性的法律建设就无从谈起。

斯宾诺莎讲“规定即否定”，但黑格尔进而讲“规定是自否定”。一切“规定”必须转而“限定自己”，然后才能走向他者，这是康德“自律”的进一步发展。惜哉，国人尚不及此!

传统儒家的困惑，“内圣”为何开不出“外王”? 或许当从“法”的基本精神入手进行反思。人人修养到一定程度，则或者“自许为圣”或者“奉人为圣”，不见对于“圣”的基本限定，更不见把“圣”限制到“凡”的层面来进行制度设计。譬如一女子与一男子独处一室，女子说“我相信你不是坏人”，这就是麻烦事。即使不出事，心事已是病。此男子既不可自许柳下惠，更不可欣然于女子的“信”，必须基于“自规定”而规避之。世间事，仅靠“信”是不行的，必须从“凡”的立场预先设计约束机制。

痛苦是进步与创造力的源泉

孟子讲“动心忍性，增益其所不能”，这话题有个关键，就是“何谓动心忍性”？我个人的理解，就是“内心痛苦，意志坚忍”，或者说“内心痛苦”逼迫“意志坚忍”。朱熹讲“竦动其心，坚忍其性”(《四书章句集注》)，“竦动”一词甚妙，就是那种发自内心的震撼，是强烈的不可遏抑的内心痛苦。正是这种内心痛苦促使人奋发图强。后文讲“困于心，衡于虑，而后作”，正是讲这种痛苦积压于心中而后促人振作。

黑格尔《逻辑学》上卷讲：“质在自己的否定性中（在它的痛苦中），从他物建立并巩固了自己，总之，那是它自身的骚动不宁，就这种不安静而言，质只有在斗争中才会发生并保持自己。”（中译本，第108页）在《逻辑学》下卷中，黑格尔说：“痛苦是生物的特权……它们在自身中是自己的否定性，它们的这种否定性是为它们的，它们在它们的他有中保持自身。”（中译本，第467页）《精神现象学》第四章讲奴隶的劳动创造源于内心震撼：“恐惧的环节和一般服务以及陶冶事物的环节是必要的，并且同时两个环节必须以普遍的方式出现。”（贺麟、王玖兴译，第148页）

孟子关于“动心忍性”讲的一系列事迹，就是逆袭的励志故事。黑格尔讲奴隶通过劳动而发挥了创造力，这都是由外部刺激与压迫而激发出来的内部力量，那种积极改变现实的生命力爆发。

图书在版编目(CIP)数据

我异故我在:"异在论"思想者哲学文化随记/田义勇著.—上海:上海人民出版社,2024
ISBN 978-7-208-18736-8

Ⅰ.①我… Ⅱ.①田… Ⅲ.①哲学-世界-文集
Ⅳ.①B1-53

中国国家版本馆 CIP 数据核字(2024)第 034157 号

责任编辑 王 蓓
封面设计 雷 昊

我异故我在
——"异在论"思想者哲学文化随记
田义勇 著

出　　版 上海人民出版社
(201101 上海市闵行区号景路 159 弄 C 座)
发　　行 上海人民出版社发行中心
印　　刷 上海新华印刷有限公司
开　　本 720×1000 1/16
印　　张 19.5
插　　页 2
字　　数 300,000
版　　次 2024 年 4 月第 1 版
印　　次 2024 年 4 月第 1 次印刷
ISBN 978-7-208-18736-8/G·2179
定　　价 78.00 元